D1719028

L'Archipel
COMMUNISTE Une
histoire électorale du PCF

La collection histoire aux Éditions sociales est dirigée
par Serge Wolikow. Elle publie essais, archives et documents.

Déjà paru:
Xavier Vigna, Jean Vigreux, Serge Wolikow, *Le Pain, la paix, la liberté, expériences et territoires du Front populaire,* 2006.

© La Dispute-Éditions sociales 2008
109 rue Orfila 75020 – leseditionssociales@orange.fr
Diffusé par CDE, distribué par Sodis: 722802.3
ISBN: 978-2-35367-002-4

L'Archipel
COMMUNISTE Une
histoire électorale du PCF

Roger Martelli

HISTOIRE / ESSAIS

◄◄les éditions sociales►►

Introduction

Le 4 décembre 1946, au Palais Bourbon, a lieu un événement inédit. Les députés à la première Assemblée de la Quatrième République doivent désigner un Président du Conseil, le premier chef de gouvernement prévu par la nouvelle Constitution. Candidat à l'investiture : Maurice Thorez, le secrétaire général du Parti communiste français. À l'époque, rien de surprenant à cela : pour désigner le chef de l'exécutif, la tradition républicaine veut que l'on se tourne d'abord vers le parti qui a le plus de voix. Or, en novembre 1946, le premier parti de France est le PCF : 5 488 288 voix et 28,6 % des suffrages exprimés.

À plusieurs décennies de distance, pour l'élection présidentielle d'avril 2007, la plus structurante de toute la vie politique française, le PCF a décidé de présenter sa secrétaire nationale, Marie-George Buffet. Le soir du 22 avril, le résultat est sans appel : la « numéro un » du PC obtient 707 268 voix sur le territoire métropolitain, elle est en septième position avec 1,9 % des suffrages exprimés.

Là encore, pas de surprise, dira-t-on. Le Parti communiste français a été une pièce du mouvement communiste international. Il est né de l'attrait exercé par l'Octobre russe de 1917 et a fait corps, pendant des décennies, avec le modèle soviétique. Ce modèle a disparu, entraînant dans sa débâcle l'ensemble des partis communistes qu'il avait fait naître. Il arrive au PCF ce qui est advenu à la totalité des partis communistes, dans les grands pays de l'Occident capitaliste tout au moins. L'autre grand parti communiste européen, le PC italien, n'a-t-il pas disparu et, au printemps de 2008, les communistes italiens n'ont-ils pas été éliminés de la Chambre des députés, pour la première fois depuis la Libération ? Le PCF, qui s'est longtemps enorgueilli de ses scores électoraux, est

aujourd'hui dans les moyennes basses du communisme européen. L'exceptionnalité a laissé le pas à l'alignement vers la
marge.

Ce livre ne prend pas parti sur la question de savoir si le
communisme du xxe siècle était ou non voué, par nature, à
l'expansion limitée dans les pays occidentaux, puis à l'extinc-
tion progressive, jusqu'à la sclérose ou à l'autodissolution.
Mais il part de l'idée que l'histoire ne connaît ni de mystères,
ni de fatalités. Tout phénomène historique s'inscrit dans un
réseau de déterminations plus ou moins lourdes, qui lui sont
extérieures et qui conditionnent les choix de ses acteurs.
Conditionnement relatif : l'histoire, jamais linéaire, est toujours l'histoire de bifurcations. Des possibles se dessinent,
et des choix s'opèrent à partir de ces possibles, redessinant
l'espace social, définissant de nouveaux champs de contraintes et de potentialités. Ces choix sont ceux des individus et
des collectifs : au travers d'eux, ils expriment à la fois leurs
racines, leurs appartenances et leur liberté.

Par méthode, je préfère partir de l'idée qu'il n'y avait de
fatalité, ni dans l'expansion exceptionnelle de l'espace électoral du communisme français, ni dans sa rétraction. Quand
apparaît, au début de 1921, le nouveau parti issu du Congrès
de Tours des socialistes, il peut appuyer son action sur des
substrats déjà constitués : une disposition des classes, une
écologie des territoires sociaux, des traditions politiques.
Autant de matériaux qui rendent en fait possible sa première
implantation, non négligeable dès les premiers pas. Toutefois, la surface électorale du communisme reste contrainte
jusqu'à ce que, dans la grande bifurcation des années trente
(la crise de 29 et la montée du fascisme européen), le groupe
humain structuré qu'est le « PCF » trouve les ressorts d'une
expansion qui n'en fait plus un parti second de la gauche,
comme tous ses équivalents européens, mais un parti majeur
et, bientôt, le premier parti de la gauche, voire de la France
pour un court moment.

Quant à la chute, elle ne présente à bien des égards aucune
espèce d'exceptionnalité : dans l'ensemble de la gauche, les
héritiers de la grande radicalité ouvrière, syndicaliste et socialiste de la charnière des xixe et xxe siècles, ne sont-ils pas partout minorés ? Il reste certes de grandes social-démocraties,
mais leur rupture symbolique est totale avec le vieil esprit sub-
versif de la rupture et de la révolution sociale. Et pourtant,
dans le cas français, on peut constater ce que remarquent
certains observateurs avisés, comme l'historien Marc Lazar :
le parti communiste est exsangue, mais l'esprit du communisme irradie dans toute la société.

Le PCF ne parvient plus à occuper l'espace qui a été longtemps le sien et qui, on le verra, n'est rien d'autre que celui
de la tradition plébéienne, démocratique et révolutionnaire
issue de la Révolution française. Cet espace existe, fluctue,
s'exprime ou se tait, mais il se reproduit. Le vote communiste
a été, au xxᵉ siècle, une de ses manières d'occuper le champ
politique institutionnel. Le vote en faveur du PC a reflué
comme inexorablement, peut-être à jamais. Or, pour l'instant
en tout cas, nulle force ne semble en état de prendre la relève.
Qu'est-ce donc que cette tradition et que devient-elle ? Comment le PCF est-il parvenu à s'y immerger, éventuellement
contre ses convictions initiales ? Pourquoi a-t-il cessé de pouvoir le faire ?

Les pages qui suivent, complétées par quelques annexes do-
cumentaires,[1] se gardent de vouloir répondre à tout. Elles dé-
crivent simplement l'histoire d'une implantation électorale,
devenue une imprégnation dans certains territoires et une
culture politique à l'échelle nationale. Ce qui au départ n'est
qu'un archipel de territoires épars devient un électorat. Au
fil des ans, le continent est recouvert par les eaux, redevient
archipel, à tout moment menacé d'être submergé par la progression des flots. Ce livre essaie aussi de raconter la manière
dont l'imprégnation s'est diluée, entraînant le vote dans une
spirale du déclin, laissant responsables et militants dans l'ex-
pectative, le désarroi et, au bout du compte, l'impuissance.
Cette description est l'objet des chapitres intitulés « chroni-
que », sur une base strictement chronologique. À côté de ce
récit, d'autres chapitres marquent un temps de réflexion ; ce
sont des « arrêts sur image ». Certains d'entre eux s'efforcent
de comprendre les mécanismes qui structurent une phase
ou une époque : le chapitre sur « la France communiste à
l'apogée » décrypte ainsi les modalités de mise en place d'un
« électorat » communiste et la manière dont il se structure et
se reproduit. D'autres observent l'espace électoral dans un
domaine plus particulier (celui sur « Apogée et déclin du
communisme municipal ») ou sur un territoire plus restreint :
celui de l'Île-de-France (« La fin de la banlieue rouge ? ») ou

---

1. La plupart des données statistiques utilisées sont issues de l'énorme travail documentaire accompli, à partir du début des années quatre-vingt, par
le Service de documentation du PCF, au départ sous la direction de Guy
Pélachaud. Ce travail a abouti à la publication, au début des années 1990,
d'un *Annuaire électoral de France de 1945 à nos jours* (ICADOC, hors-série n° 2).
Un logiciel de traitement des données a été mis au point en interne par Yann
Le Pollotec.

celui du département emblématique de la Seine-Saint-Denis
(« Neuf-trois, le bastion perdu »).

En fin de parcours, deux chapitres sont plus explicitement analytiques. Le « décryptage » (« La classe, la gauche,
le parti ») essaie de ramasser les pistes possibles d'interprétation et de l'expansion et du reflux. Quant au résumé
épilogue (« La fin de l'exceptionnalité ? »), il est un survol
général, ultime réflexion insistant sur la fluidité, les contradictions, les bifurcations. À la limite, l'épilogue peut se lire
en tant que tel, indépendamment des autres ; mieux vaut
toutefois après les autres...

Un épilogue n'est pas une conclusion. Si l'histoire n'est pas
fatalité, il n'y a pas de leçon de l'histoire. L'histoire se fait, ce
n'est qu'ensuite qu'on la déconstruit, qu'on la reconstruit,
qu'on la raconte.

Les résultats électoraux des PC en Europe et dans le monde			
Pays	Les PC	Alliances incluant des PC	Influence
Allemagne		Die Linke	8,70%
Autriche	1%		
Chypre		AKEL	33,30%
Danemark		Alliance rouge-verte	2,30%
Espagne		Izquirda unida (inclus le PCE)	3,80%
Finlande	0,70%	Alliance des gauches	8,80%
Grece	8,10%	Synapismos	5%
Hongrie		MUN Kaspart	0,40%
Italie		Arcobaleno	3%
Luxembourg	1,20%	Gauche luxembourgeoise	2,10%
Norvège	0,04%	Gauche socialiste de Norvège	8,80%
Pays-bas		Gauche verte	4,60%
Portugal		Coalition démocratique	7,80%
Russie	17,80%		
Slovaquie	3,90%		
Suède		Gauche suédoise	5,80%
Tchequie	12,80%	Gauche démocratique	0%
Ukraine	3,80%		
Japon	7,70%		
Inde	32,30%		
Népal	31,60%		

CHRONIQUE I.
LA CARTE ÉLECTORALE
SE DESSINE
(1919-1946)

Quand se produit la scission de décembre 1920, le socialisme français a réalisé la percée électorale qui l'installe comme un concurrent direct du radicalisme, à l'intérieur du vieux « parti républicain ». Mais les nouveaux « communistes », ceux qui ont choisi l'Internationale communiste de Lénine en décembre 1920, n'en sont pas les premiers bénéficiaires.

LA PREMIÈRE IMPLANTATION

Entre 1898 et 1914, aux élections à la Chambre des députés, les socialistes sont passés d'environ 800 000 voix à plus de 1,4 million.[1]

L'électorat socialiste jusqu'en 1914	
1889	175 575
1893	600 000
1898	800 000
1902	875 532
1906	877 221
1910	1 110 561
1914	1 413 044

La guerre n'interrompt pas leur flux ascendant. Sans doute, aux élections législatives du 16 novembre 1919, se trouvent-ils rudement pénalisés par un mode de scrutin, à la fois

---

1. Michel Offerlé, « Le nombre des voix. Électeurs, partis et électorats socialistes à la fin du 19ᵉ siècle en France », *Actes de la recherche en sciences sociales*, n° 71-72, mars 1988

majoritaire et proportionnel, qui réduit leur représentation parlementaire[2] : de 103 en 1914, le nombre de députés socialistes retombe à 68 en 1919. Face aux 437 députés du « Bloc national » de droite, ils ne pèsent guère, même avec l'apport des 86 députés radicaux et des 26 divers gauche. Il n'en reste pas moins que, avec 1,7 millions de voix et 21,2 % des suffrages exprimés, la SFIO gagne plus de 300 000 voix sur les déjà bonnes élections d'avril-mai 1914.[3]

Carte 1. Le vote socialiste en 1919

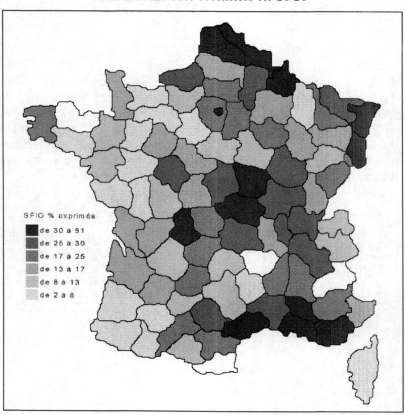

Depuis l'avant-guerre, le socialisme est installé dans les mêmes zones : le bastion parisien, celui de la France du Centre,

2. Le mécanisme électoral français est décrit, de 1875 à 1967, dans Marie-Thérèse et Alain Lancelot, *Atlas des circonscriptions électorales en France depuis 1875*, Cahiers de la FNSP, Armand Colin, Paris, 1970.

3. Il faut toutefois, pour comparer, comptabiliser à part les quelque 150 000 voix socialistes des départements annexés par l'Allemagne entre 1871 et 1918.

prolongé jusqu'au Limousin à l'Ouest et au Dauphiné à l'Est, enfin celui de la France méditerranéenne. En 1919, s'y ajoute le réduit alsacien, où la SFIO hérite des efforts de la puissante social-démocratie allemande. Le socialisme a ses parlementaires ; il a aussi ses attaches territoriales : quand le parti se divise, à l'hiver de 1920, les mairies administrées par les socialistes sont environ 700, tandis que 176 conseillers généraux se réclament des idéaux de Jaurès et de Guesde.[4]

Qui, du PCF et de la SFIO « maintenue », va conserver la plus grande part de l'héritage électoral ? Si la majorité des militants font avec enthousiasme le choix de Moscou, ce n'est pas le cas des parlementaires : sur les soixante-huit députés socialistes de 1919, treize seulement choisissent l'adhésion à l'Internationale communiste. Les autres sont rebutés par une Internationale qui fustige le « parlementarisme » et exige des élus une subordination totale à l'égard du parti.[5] La défection des grands notables va faire ses effets. Aux législatives du 11 mai 1924, la gauche a enfin le vent en poupe : elle n'obtient pas la victoire écrasante qui avait été celle de la droite « bleu horizon »[6] de 1919, mais les électeurs envoient à la Chambre une majorité de « Cartel des gauches » rassemblant socialistes et radicaux. Dans ce contexte, les électeurs ont fait plutôt le choix de la « concentration républicaine » : ce sont les socialistes qui, en recueillant près de 19 % des suffrages exprimés, font à eux seuls presqu'aussi bien que la SFIO de 1919. Les communistes ne font pourtant pas si pâle figure : la Section Française de l'Internationale Communiste approche les 900 000 voix, frôle nationalement la barre des 10 % (9,8 % des suffrages exprimés, 7,9 % des inscrits) et la franchit même dans 23 départements. Dans le Lot-et-Garonne, où il est servi par la personnalité charismatique du leader paysan Renaud

4. Jean Charles et *alii*, *Le Congrès de Tours*, Éditions sociales, Paris, 1980. Les annexes indiquent, pour chaque département, les effectifs et les résultats électoraux en 1919.

5. « Les Partis désireux d'appartenir à l'Internationale communiste ont pour devoir de réviser la composition de leurs fractions parlementaires, d'en écarter les éléments douteux, de les soumettre, non en paroles mais en fait, au Comité Central du Parti, d'exiger de chaque député communiste la subordination de toute son activité aux intérêts véritables de la propagande révolutionnaire et de l'agitation » (Onzième condition d'admission à l'Internationale Communiste, juillet 1920)

6. On désigne ainsi l'Assemblée élue en 1919, où dominent les anciens combattants (le « bleu horizon » était la couleur des uniformes français à partir de la fin 1914), marqués par l'esprit nationaliste et revanchard (« L'Allemagne paiera »).

Jean, dans le Cher du populaire député Gaston Cornavin et dans la Seine-et-Oise, le PC à lui seul est au-dessus des scores socialistes de 1919. De même, il récupère la presque totalité du patrimoine électoral socialiste en Corrèze et en Dordogne. Enfin, dans le département de la Seine, il dépasse les 26 %, contre un peu plus de 32 % pour la SFIO en 1919.

Carte 2. Le vote communiste en 1924

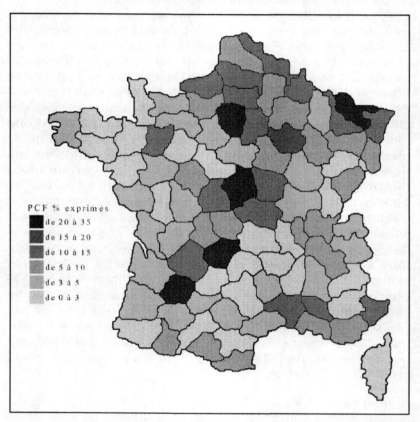

Le profil de la carte électorale du communisme est en place, dès le départ. Où s'implante le jeune PCF[7] ? Dans les zones de forte concentration ouvrière, en région parisienne (plus du tiers des voix communistes), en Moselle et dans la France du Nord ; dans les zones de puissante tradition républicaine

7. Le travail pionnier sur l'implantation du communisme français est celui de Jacques Girault (sous la direction de), *Sur l'implantation du Parti communiste français dans l'entre-deux-guerres*, Éditions sociales, Paris, 1977. En 1987, la revue *Communisme* publie une synthèse sur « Sociétés ouvrières et communisme français » (n° 15-16, 4e trimestre 1987).

démocratique, dans la France du Centre, les bordures du Massif central et le « Midi rouge ». C'est une France modeste, de métayers (Lot-et-Garonne, Allier), de petits exploitants agricoles (Corrèze), d'ouvriers de la petite industrie (porcelainiers du Cher), auxquels s'ajoutent les bataillons ouvriers plus denses de la mine, du textile et de la métallurgie et les corporations installées et remuantes, comme les cheminots. C'est une France combative, héritière des sociétés populaires de la Révolution et des « démocs socs » de 1849.[8] Les paysans-bûcherons du Cher retrouvent, dans le vote communiste, l'expression de la même radicalité qui avait conduit, en 1879, tous les députés du département à voter en bloc pour l'amnistie des Communards. Les ouvriers d'Halluin-la-Rouge ou ceux des mines de Moselle, les sardinières de Douarnenez et les « mal-lotis » de Bobigny expriment en même temps, au travers du vote communiste, quelque chose comme un ethos de classe et l'inscription dans une vieille pratique de mobilisation plébéienne qui va du « bleu » au « rouge ». Dès 1924, s'installe la propension urbaine du vote communiste, à Rouen, Tours, Reims ou Amiens, tout comme émerge l'impulsion des premiers groupes sociaux inducteurs, les mineurs d'Alès, les métallurgistes de la région parisienne ou les cheminots de Saint-Pierre-des-Corps ou de Vierzon.

N'allons pas croire pour autant que l'histoire est écrite par avance... En 1924, la carte communiste n'a rien d'homogène : on dira d'elle qu'elle « paraît constituée d'archipels ».[9] Elle conserve longtemps ce trait. En 1928, pourtant, la modification du mode de scrutin[10] ne semble pas pénaliser des communistes qui bénéficient de l'essoufflement du Cartel des gauches. Sur le plan national, le PCF passe de 9,8 % à 11,4 % des suffrages exprimés et il franchit légèrement le seuil du million de voix. Il s'implante un peu plus dans

---

8. Dans la revue *Esprit*, analysant les élections de novembre 1946, François Goguel fait pour la première fois la comparaison entre la carte du vote communiste et celle des suffrages montagnards aux élections de 1849. L'article est reproduit dans François Goguel, *Chroniques électorales. La Quatrième République*, Presses de la FNSP, Paris, 1981, p. 83.

9. Frédéric Salmon, *Communisme*, n° 45/46, 1996

10. La loi du 21 juillet 1927 décide le principe d'un scrutin de circonscription, uninominal, majoritaire à deux tours. Le scrutin a lieu dans le cadre de l'arrondissement (arrondissement administratif dans les départements ; arrondissement municipal à Lyon et à Paris). Chaque département a un minimum de trois députés (deux pour le Territoire de Belfort). Pour être élu au premier tour, il faut avoir la majorité absolue des suffrages exprimés et un nombre de suffrages égal au quart des électeurs inscrits.

les terres ouvrières, perce dans le Sud-ouest, s'installe dans la Loire et vient concurrencer sérieusement le concurrent socialiste dans la Haute-Vienne et l'Allier. Il progresse dans le Nord, en Alsace et en Lorraine, dans la France du Centre et sur la côte méditerranéenne. Mais il se tasse dans la Seine (25,3 % contre 26,5 % en 1924) et fléchit sévèrement en Seine-et-Oise (22,2 % contre 28,1 % au scrutin précédent). Sans compter que le second tour a accentué le recul, notamment dans les zones de faible implantation, comme les Charentes, le Tarn, la Vienne ou les Vosges. Seules les zones les plus prolétariennes, où le PCF incarne plus fortement la gauche, dans la banlieue parisienne ou dans le Nord, dans le Gard ou dans le Rhône, à Saint-Dizier ou à Tulle, offrent aux communistes des résultats encourageants jusqu'au bout. Partout ailleurs, le scrutin d'arrondissement a relancé les vieux réflexes de la « discipline républicaine », qui favorise la force supposée la plus efficace contre le camp adverse. Le communisme agrège un électorat sociologiquement typé, de concentrations ouvrières homogènes et combatives ; ses marges de progression sont limitées, là où la capacité à incarner le camp républicain dans son ensemble est la clé de l'attractivité.

L'INCERTITUDE

Au final, la progression du premier tour n'empêche pas le recul en nombre d'élus : les vingt-six députés de 1924 ne sont plus que quatorze, le 8 mai 1928. Dans l'immédiat, toutefois, les bémols ne sont pas perçus. Le bon pourcentage national est même interprété, par l'Internationale communiste et par les responsables français, comme une confirmation de la validité de la nouvelle ligne définie à Moscou, « classe contre classe » qui écarte tout désistement en faveur des socialistes et des radicaux.[11] Si l'on en croit les propos des dirigeants, les ouvriers français ont compris les impasses de la ligne trop prudente du Cartel des gauches ; ils sont prêts à l'affrontement décisif, dans une période où il n'y a plus de voie médiane entre capitalisme et communisme, entre conservation et révolution. En mai 1928, André Ferrat écrit sans hésiter, dans les *Cahiers du Bolchevisme*, que la stratégie antisocialiste a été suivie « par l'énorme majorité des ouvriers sympathisants dans les centres industriels décisifs ».

Erreur de perspective... Le refus de la logique de « bloc républicain » installée depuis la fin du XIXe siècle a atténué

11. Serge Wolikow, *Le Parti communiste français et l'Internationale communiste (1925-1933)*, thèse d'État, juillet 1990.

la dynamique d'implantation électotale. Les bons résultats du premier tour ont été avant tout le fruit de l'implantation intelligente menée entre 1924 et 1927, par un jeune groupe dirigeant qui s'efforce de concilier le bolchevisme intransigeant et l'insertion dans un tissu politique structuré par la passion du suffrage universel et par le conflit droite-gauche. En réalité, la conjoncture économico-sociale du début des années trente ne répond pas aux espérances de l'Internationale et de la grande majorité des dirigeants français. La crise qui touche la France après 1930 ne produit ni radicalisation sociale ni flambée révolutionnaire, mais le tassement sensible d'une lutte gréviste déjà bien échaudée depuis les rudes désillusions des années 1919-1920. Ce n'est pas que le monde ouvrier ne connaisse pas des sursauts, tout aussi violents que désespérés, à Roubaix, Vienne ou Strasbourg. Mais l'amertume et l'inquiétude ne tournent pas les gros bataillons prolétariens vers les révolutionnaires : ils les portent plus volontiers vers ces « sociaux-traîtres » que l'on fustige, avec la même ardeur à Moscou et à Paris.

Aux législatives de mai 1932, c'est la douche froide pour des communistes français qui, jusqu'au bout, ont cru discerner un mouvement populaire en leur faveur. Le 1ᵉʳ mai, ils enregistrent un recul de près de 300 000 voix et, le dimanche suivant, alors que le parti a diffusé son mot d'ordre de non désistement dans 284 circonscriptions, leur représentation parlementaire passe de quatorze à onze députés. L'élection de Maurice Thorez, de Jacques Doriot et de Renaud Jean ne compense pas les défaites cuisantes de Marcel Cachin, Jacques Duclos et André Marty... La direction peut bien tenter d'atténuer la déception : « Malgré la mobilisation de toutes les forces de la bourgeoisie contre notre Parti, nous avons réuni aux élections 800 000 voix, nous avons réussi à mobiliser des milliers de sympathisants dans nos comités du bloc ouvrier-paysan », écrivent les *Cahiers du bolchevisme* au lendemain du scrutin. L'argumentation a du mal à convaincre : entre 1928 et 1932, le PC a perdu environ un quart de son contingent électoral et plus de la moitié dans vingt-trois départements. Il ne progresse que dans cinq départements (Landes, Hautes-Alpes, Pas-de-Calais, Meurthe-et-Moselle, Lot) et, si dans la Seine, la Seine-et-Marne et la Seine-et-Oise, ses pertes sont un peu moins fortes que sur le plan national, elles n'en sont pas moins perçues comme un rude échec pour la Section française de l'Internationale communiste. À l'intérieur de nombreuses concentrations ouvrières, le PCF a bien réussi à damer le pion aux frères ennemis socialistes, en récupérant la plus grosse part de l'héritage socialiste d'avant 1920. Néanmoins, le vote communiste n'est

Carte 3. *Évolution du vote communiste entre 1928 et 1932*

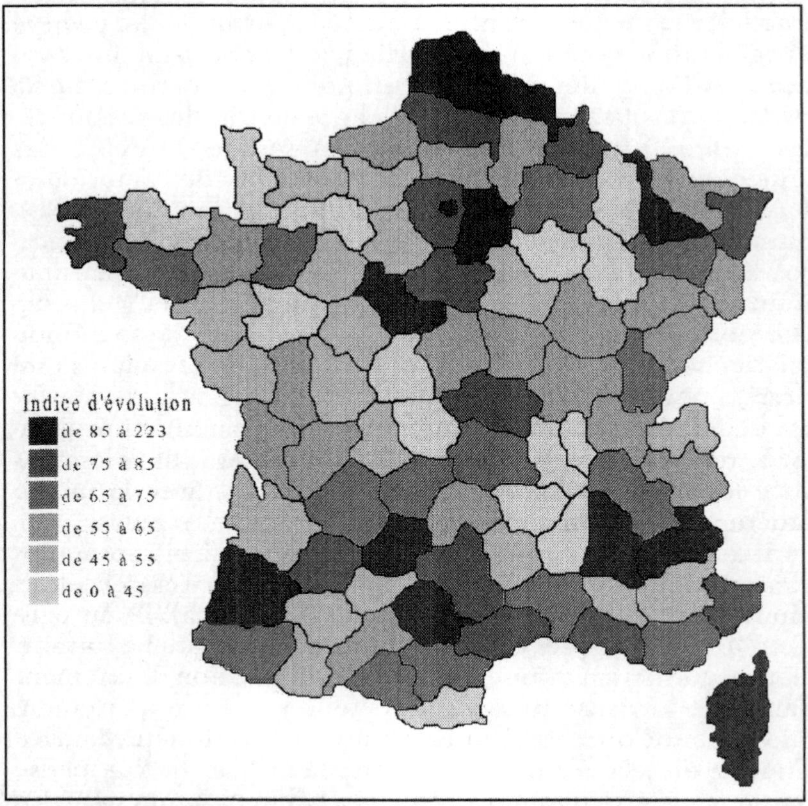

Indice d'évolution
de 85 à 223
de 75 à 85
de 65 à 75
de 55 à 65
de 45 à 55
de 0 à 45

plus au total qu'un puzzle dégarni, alternant quelques zones de forte concentration et des déserts électoraux. Si la création du PCF n'est pas une greffe artificielle, la nationalisation de son influence n'a pas été réussie à l'orée des années trente.

LE TOURNANT DU FRONT POPULAIRE

Thorez, au lendemain de l'élection, n'est pas complètement dupe, quand, dans l'*Humanité* du 13 mai 1932, il attribue le recul, pour l'essentiel, à « l'étroitesse qui, sous l'influence du groupe Barbé-Célor-Lozeray, caractérisa son activité de 1929 à 1931. » Mais pas question, alors, de remettre en cause l'orientation internationale de « classe contre classe ». Il faut attendre un peu plus tard pour que la donne change du tout au tout. Au printemps de 1934, une nouvelle stratégie s'esquisse à Moscou, stimulée notamment par le dirigeant bulgare Georges Dimitrov, tout juste sorti des geôles nazies. En juin, alors que Staline commence à pencher sérieusement pour une solide inflexion tactique, la décision est prise d'inciter le PCF à modifier son attitude à l'égard des socialistes. Thorez s'engouffre dans la brèche. Le 26 juin, il lance devant les cadres rassemblés à Paris la formule qui tranche avec les années de fer précédentes : « À tout prix nous voulons l'action. À tout prix nous voulons l'unité d'action ». Le 27 juillet, un pacte d'unité d'action est signé entre le PCF et la SFIO. Le Front populaire est en marche.[12]

En poussant à retrouver la pratique de concentration des gauches, les effets de la nouvelle orientation sont immédiats. Les élections cantonales d'octobre 1934 font passer les communistes de dix à vingt-sept sièges de conseiller général. Thorez, qui sent qu'il a maintenant la main, pousse les feux et cherche à élargir l'alliance : le front unique prolétarien se mue en rassemblement de toute la gauche, sous le mot d'ordre de « Front populaire ». Aux municipales des 5 et 12 mai 1935, qui voient la formation de nombreuses listes rassemblant les anciens frères ennemis, les communistes doublent leur représentation communale (297 listes élues contre 150 en 1929). Le communisme municipal prend de l'épaisseur en Région parisienne (54 municipalités), dans le Nord (45), dans l'Allier (30) et dans le Gard (une vingtaine). Le 18 mai 1935, la *Voix de l'Est* communiste s'exclame avec orgueil : « On peut, pendant des kilomètres et sans interruption, marcher sur la terre communiste ».

Le point d'orgue a lieu au printemps de 1936.[13] Quand se renouvelle la Chambre, le 26 avril, le PCF double pratiquement son nombre de voix (près d'un million et demi) et son pourcentage (il passe de 8,4 % à 15,4 %), alors que les radicaux reculent sensiblement et que la SFIO stagne. La progression communiste est moindre dans ses zones de force, et notamment en région parisienne, mais le PC nationalise son influence : quinze départements dépassent désormais la barre des 20 %, tandis que ceux où son pourcentage est inférieur à 5 % ne sont plus que seize. Dans le Midi et dans la région parisienne, les communistes mordent sur l'électorat socialiste ; dans le Centre, le PC commence à prendre la relève du radicalisme. La logique unitaire du Front populaire a été payante et, cette fois, les communistes ont bénéficié de la dynamique majoritaire du scrutin d'arrondissement en

---

12. Jacques Kergoat, *La France du Front populaire*, La Découverte, Paris, 1986 ; Serge Wolikow, *Le Front populaire en France*, Éditions Complexe, Bruxelles, 1996.

13. Georges Dupeux, *Le Front populaire et les élections de 1936*, Cahiers de la FNSP, Armand Colin, Paris, 1959.

renouant avec la règle du désistement à gauche. À l'issue du second tour, le 3 mai, on décompte soixante-douze députés communistes, élus dans dix-neuf départements contre quatre départements seulement en 1932. Là encore, inutile de mordre le trait : plus de la moitié des députés sont en Île-de-France. Mais la carte communiste n'est plus en pointillés, la chair s'est épaissie autour de l'ossature. À la différence de 1928 et de 1932, le PCF assume désormais consciemment son héritage plébéien-jacobin. Il se définit conjointement par son ancrage social et par son référent idéologico-politique à la Révolution française. À partir de 1935, le bolchevik et le jacobin tendent à se confondre[14] ; le PCF est bien à l'aise sur les terres d'une implantation à la fois sociale et politique. Il talonne la SFIO sur le plan électoral ; il l'a dépassée sur le plan des forces militantes (330 000 adhérents en septembre 1937).

Carte 4. Le vote communiste en 1936

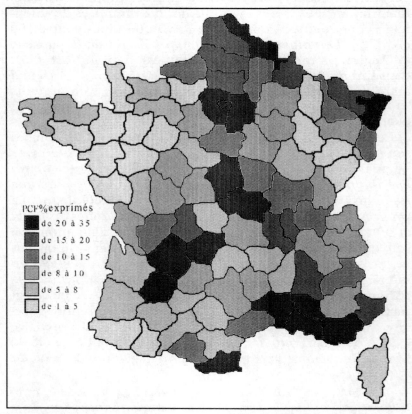

14. Roger Martelli, « Héritiers de la Révolution française », *in* Jean-Pierre Azéma, Antoine Prost, Jean-Pierre Rioux (sous la direction de), *Le Parti communiste français des années sombres, 1938-1941*, Seuil, Paris, 1986.

Que serait-il advenu, si la guerre n'avait pas interrompu le cours légal du calendrier institutionnel ? Difficile à dire. Manifestement, le PCF pâtit de l'essoufflement et de la crise du Front populaire. Dans les 18 élections partielles qui s'égrènent entre mai 1938 et juillet 1939, il recule d'un peu plus de 2 % en moyenne, mais conserve un niveau respectable (15 % en moyenne contre 17,3 % en 1936).[15] Alors même que l'esprit unitaire vacille globalement, la discipline républicaine continue de jouer en faveur de communistes qui ne sont pas retournés à l'isolement du début de la décennie.

LE PREMIER PARTI DE FRANCE

En tout cas, ils finissent la guerre à ce point renforcés qu'ils deviennent « le premier parti de France ». L'aura résistante des communistes parachève la lente imprégnation dans les périphéries urbaines et les terres de vieux républicanisme. Au printemps de 1945, les élections municipales font exploser la représentation territoriale du PC. Combien de mairies communistes ? Entre les 1 462 dénombrées par le ministère de l'Intérieur et les 1 999 comptabilisées par la direction du PC. Quel que soit le niveau réel, il est assuré qu'il est conséquent, bien au-delà des 317 municipalités de 1937.

À l'automne, l'élection de l'Assemblée constituante vient confirmer la percée électorale. Le 21 octobre 1945, le PC dépasse les cinq millions de voix et obtient 26,2 % des suffrages exprimés, contre 23,5 % pour les socialistes et 23,9 % pour le Mouvement des Républicains Populaires (MRP), le nouveau parti de droite qui se veut l'équivalent de la démocratie chrétienne des pays européens. Le scrutin départemental à la proportionnelle assure 159 députés aux communistes, deux fois plus qu'en 1936. La carte électorale garde sa silhouette générale, mais le pastel devient couleur franche. Les zones de force sont celles que décrivait François Goguel en 1951,[16] avec les « trois bastions principaux, celui de la France du Nord, de la frontière belge à la région parisienne ; celui du Centre, du Berry à l'Agenais ; celui du Midi, surtout méditerranéen et rhodanien ». Les zones de faiblesse n'ont pas changé elles non plus, départements réfractaires de l'Ouest intérieur, du Sud du Massif central, de l'Est alsacien et, dans

---

15. Jean-Jacques Becker, « Élections : le Parti marque le pas », *in* Jean-Pierre Azéma... , *Le PCF des années sombres...*, *op. cit.*

16. François Goguel, « Les élections du 17 juin 1951 », article reproduit dans *Chroniques électorales*, *op. cit.*

une moindre mesure, d'une large partie du Sud-ouest. Mais cette faiblesse n'est plus que relative : en 1945, aucun département français ne met le PCF au-dessous de la barre des 5 % et l'Île-de-France ne représente plus qu'un petit cinquième du vote communiste. Après les années noires de la guerre, la poussée de 1945 sonne comme une confirmation aux oreilles des militants : le choix de décembre 1920 était bien le bon. Voilà, en tout cas, le communisme qui fait mieux que la SFIO d'avant-guerre : la Région parisienne lui avait donné l'avantage dès le départ ; désormais l'hégémonie à gauche appartient nationalement au PC.

Carte 5. Le vote communiste en 1945

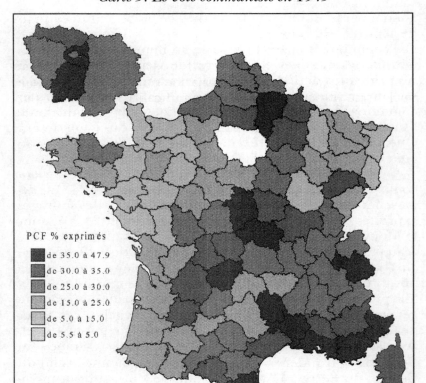

Son expansion est-elle irréversible ? En avril 1946, des sondages laissent espérer un score de 32 % pour les législatives à venir. En fait, les balbutiements de l'union socialiste-communiste, au printemps de 1946, tempèrent vite l'enthousiasme d'un parti qui a des ministres et qui se croit aux portes du pouvoir, comme ses équivalents de l'Europe centrale et orientale. Le 2 juin 1946, quand il s'agit d'élire la seconde Assemblée constituante (après l'échec du premier projet constitutionnel, le 5 mai 1946), le PC voit son pourcentage se tasser légèrement (de 26,3 % à 25,9 %), malgré un gain de 120 000 voix. Surtout, il perd la première place symbolique qui revient à la droite, en l'occurrence au MRP. La déception, il est vrai, est de courte durée. Le 10 novembre, quand il s'agit d'élire la première Assemblée nationale de la Quatrième République, le PCF parvient au score exceptionnel de 28,6 % des suffrages exprimés : plus d'un électeur inscrit sur cinq s'est porté sur une liste présentée par les communistes. Le PC et ses 183 députés dépassent à nouveau le MRP de 400 000 voix et distancent largement une SFIO qui recule, de scrutin en scrutin (23,5 en octobre 1945, 21,1 % en juin 1946, 17,9 % en novembre).

En une décennie, de 1934 à la Libération, les communistes ont réussi à faire basculer le rapport des forces interne à la gauche. En 1920, l'enthousiasme militant avait porté le socialisme français du côté d'une radicalité mêlant, dans un tout indifférencié, les souvenirs de 1793-1794 et le mythe de l'Octobre rouge. Jusqu'aux années trente, l'espace électoral était toutefois resté rebelle à cette identification : pour l'électeur, « l'utilité » restait majoritairement du côté de la « vieille maison ». L'impact de la Résistance a balayé les réticences : la tradition révolutionnaire française, l'antifascisme, le communisme politique apparaissent, aux yeux de millions d'électeurs français, comme des réalités superposables, la garantie d'une mémoire qui ne s'efface pas.

L'habitude française est respectée : chaque fois que, à gauche, une force hégémonique vacille, ou semble décevoir, une force nouvelle occupe sa place en se situant à sa gauche. Le radicalisme militant du dernier tiers du XIXᵉ siècle prend la relève de la République opportuniste « des Jules ». Puis le socialisme montant vient aiguillonner le radicalisme en voie d'assoupissement. Enfin, le communisme relance à son tour un socialisme qui se laisse surprendre par la modernité industrielle et urbaine d'après 1914 et qui bute sur l'exercice du pouvoir.

ARRÊT SUR IMAGE 1.
LA FRANCE COMMUNISTE
À L'APOGÉE

À la Libération, l'espace électoral du PCF n'est plus un archipel. Le vote communiste s'est diffusé sur tout le territoire. Il est désormais structuré et reproductible.[1] Il ne constitue pas partout la trame d'une société originale, mais, partout où il est dense, il installe les réseaux d'une véritable culture politique. D'une manière ou d'une autre, cette culture entretient des liens avec l'existence ouvrière.

LE MAGISTÈRE OUVRIER ET URBAIN

Au moment où naît le Parti communiste français, la croissance de la France ouvrière a commencé depuis longtemps.[2] Mais le début du xxᵉ siècle élargit et transforme la classe des producteurs. Ses bataillons se font plus serrés: un peu plus de cinq millions au début du siècle; à peine moins de sept millions au début des années trente.[3] Si l'on y ajoute la masse de salariés agricoles, qui se rétracte mais qui pèse encore dans le paysage social des campagnes françaises, on obtient une classe de travailleurs manuels salariés qui approche les neuf millions. Restons-en aux ouvriers d'industrie: ils regroupent dans les années trente 34% environ des actifs, ce qui en fait le groupe social le plus nombreux. La France agricole s'affaisse: les actifs de l'industrie et du bâtiment l'emportent sur ceux

1. Dans sa première partie, ce chapitre reprend un ouvrage écrit en 1995, Roger Martelli, *Le Rouge et le Bleu, essai sur le communisme dans l'histoire française*, Éditions de l'Atelier, Paris, 1995.

2. Gérard Noiriel, *Les ouvriers dans la société française XIXᵉ-XXᵉ siècles*, Seuil, Paris, 1986.

3. Olivier Marchand, Claude Thélot, *Le travail en France, 1800-2000*, Nathan, Paris, 1997.

de l'agriculture entre 1921 et 1926; ceux des services en font autant entre 1926 et 1931. Le primaire, le secondaire et le tertiaire s'équilibrent presque au milieu des années trente.

S'agit-il des mêmes ouvriers qu'avant 1914 ? Pas tout à fait. La guerre a accéléré la seconde révolution industrielle, qui a tardé chez nous à faire connaître ses effets, tandis que les pays voisins s'y engageaient avec plus d'ardeur. Dans les trois premières décennies du siècle, la France met les bouchées doubles, en enregistrant la plus forte croissance (40 % de 1900 à 1930) de tous les grands pays industrialisés. De ce fait, le tissu de l'industrie n'est plus le même. Les ouvriers travaillent de moins en moins dans le textile. La sidérurgie multiplie ses effectifs par trois en vingt-cinq ans, la construction automobile par cinq, les constructions électriques par sept et demi, la chimie générale par sept... L'industrie mécanicienne, celle de *La Vie est à nous* de Jean Renoir et des *Temps modernes* de Charlie Chaplin, peut imposer ses images dans la conscience des hommes.

Il y a plus important encore. Le premier tiers du xxe siècle voit la percée de ce qui demeurait encore l'exception: la concentration du salariat ouvrier dans la grande entreprise. Michelin, à Clermont-Ferrand passe de 3 000 salariés en 1911 à 18 000 en 1925. Citroën embauchait 4 500 personnes en 1919 et plus de 31 000 en 1929 ; Renault employait 110 ouvriers en 1900 et plus de 20 000 en 1930. C'est dans ces réserves ouvrières que la norme de travail se transforme, avec l'expansion d'une mécanisation dont certains estiment qu'elle est plus forte en France qu'aux États-Unis. Or la mécanisation s'accompagne peu à peu de la mutation que l'on a raccordée au nom de l'ingénieur américain Taylor. « L'organisation scientifique du travail » – qui sous-tend la chaîne et qui s'identifie concrètement au chronométrage – apparaît timidement dès avant la Première Guerre mondiale. Elle s'élargit dans les années vingt et trente, dans tous les domaines: aux Chantiers navals de Saint-Nazaire, où les outils normalisés font leur entrée dès 1916; à Citroën, dont la direction décide d'imposer brutalement la chaîne au début des années trente.

Le processus de modernisation taylorienne est décisif pour l'univers du travail. Il élargit le champ de la salarisation en généralisant l'usage de la main d'œuvre non qualifiée des « ouvriers spécialisés ». Il réduit l'autonomie des travailleurs qualifiés, qui étaient naguère l'ossature du mouvement ouvrier organisé. Il accélère la mobilité du salariat ouvrier en « flexibilisant » les besoins de main d'œuvre des entreprises. Partant, il modifie les conditions de reproduction de la classe. Celle-ci renouvelle continûment ses effectifs, avec l'apport massif des ruraux détachés de la terre et des immigrés (trois millions au début des années trente) venus d'Europe. Une classe et une seule? En fait, le groupe est perpétuellement tendu entre la parcellisation de ses statuts et l'unification potentielle de sa condition. Qu'est-ce qui va l'emporter de l'éclatement ou de l'unité? Cela dépend de beaucoup de choses, objectives et subjectives, et, notamment, de l'existence ou non de groupes dits «inducteurs» qui, par leur expérience et leur exemple, en constituant l'encadrement du «mouvement», travaillent les représentations collectives au-delà même de leur impact social immédiat.

À plusieurs reprises, une catégorie ouvrière parmi d'autres tend à cristalliser sur elle-même les caractéristiques de la classe tout entière. Le Second Empire a son «Sublime»,[4] ce métallurgiste parisien, qui fait la transition entre le compagnon d'autrefois et l'ouvrier moderne: gouailleur, insolent et indiscipliné, il contrôle l'apprentissage et ordonne le travail en équipe, en concurrence avec le patron. La fin du XIXe siècle promeut la classe souffrante, celle des masses ouvrières de la mine, «gueules noires» surexploitées mais fières de leur identité, de leur solidarité et de leur courage, au travail comme dans le combat de classe. De la même manière, l'entre-deux-guerres voit émerger un nouveau stéréotype ouvrier, qui tend à se fixer sur le «métallo» parisien: l'ouvrier professionnel sur machine, ajusteur, tourneur, mécanicien ou chaudronnier, s'installe au cœur de la modernité technicienne et sait contester, *via* l'action syndicale ou politique, les normes patronales de la taylorisation. La charnière des XIXe et XXe siècles promeut l'ouvrier ruralisé de *Germinal* ; les années trente impose la figure résolument urbaine de Gabin.

Chaque type ouvrier a ses modes de vie, ses formes de socialisation, ses cultures. Il a aussi ses normes d'engagement politique. Le «Sublime» est l'homme des sociétés secrètes, du «parti républicain» puis de la Commune. Le mineur donne ses bases au syndicalisme réformiste, au municipalisme, puis au socialisme unifié de l'avant-guerre. C'est la faiblesse de la SFIO maintenue d'après 1920 que de ne pas parvenir à opérer le glissement vers une autre matrice ouvrière, ce qui la voue aux marges des nouveaux contingents ouvriers. C'est *a contrario* la force du communisme politique et syndical que d'avoir pu s'identifier au visage du «métallo», qui lui donne chair et qui irrigue tout son encadrement pendant plusieurs décennies.

---

4. Georges Duveau, *La Vie ouvrière sous le Second Empire*, Gallimard, Paris, 1947.

Comment y parvient-il? D'abord par une présence plus soutenue sur le lieu du travail et dans la zone de résidence, à un moment où la fraction qualifiée de la classe s'interroge sur les conditions de l'industrialisation. Les premières percées de la taylorisation se produisent en effet dans une France dont les relations sociales restent primitives, où le droit du travail n'existe qu'à l'échelle d'une ébauche. Paradoxe majeur d'une vieille démocratie politique qui considère que l'entreprise est du seul registre du privé, en dehors de toute norme publique... La SFIO, comme la CGT réformiste de Léon Jouhaux, ont eu trop confiance dans les capacités de redistribution sociale que pouvait générer la participation au pouvoir en temps de guerre. L'insertion prudente dans les mécanismes institutionnels de l'État interventionniste, autour d'hommes comme Marcel Sembat ou Albert Thomas, n'a pas été sans efficacité. Mais la crédibilité de la démarche s'érode après 1918 et s'effondre avec la crise des années trente. Le communisme en bénéficie, avec l'attrait de sa radicalité politique et la formidable espérance sociale qu'il véhicule en même temps que les images de la Commune soviétique.

Or la seconde révolution industrielle ne se contente pas de déplacer les normes techniques et de redistribuer les groupes professionnels: elle modifie en profondeur l'ensemble des rapports sociaux. Avec la fin du XIXᵉ siècle, l'industrie quitte le cadre campagnard qu'elle avait conservé jusqu'au Second Empire. Elle envahit la ville, ou plutôt sa périphérie. Les usines s'installent à Ivry, Saint-Denis, Aubervilliers, Boulogne-Billancourt, et Vénissieux, en soixante ans, est passé du statut de bourgade agricole à celui de banlieue ouvrière à 80%. Il en sort un nouvel univers; qui ne détruit pas nécessairement l'ancien – les isolats ouvriers classiques – mais qui le déborde de toutes parts.[5]

C'est dire que le monde ouvrier est doublement déstabilisé: socialement, par l'intégration dans la classe des contingents nouveaux de ruraux et d'immigrés; géographiquement, par le brassage qui accompagne l'exode rural et le *turnover* de la main-d'œuvre ouvrière. Car la croissance exponentielle de la ville est trop rapide, pour une armature qui n'est pas prête à accueillir de telles masses, et dans une période où l'État s'investit encore très peu dans le domaine du bâti collectif. Quand la population de Bobigny est multipliée par sept entre 1906 et 1931, quand la région lyonnaise voit ses effectifs tri-

5. Jacques Girault (sous la direction de), *Ouvriers en banlieue XIXᵉ XXᵉ siècles*, Éditions de l'Atelier, Paris, 1998.

pler dans la même période, l'équipement des périphéries ne peut suivre. Annie Fourcaut[6] a fort bien décrit la situation qui en résulte: on s'entasse comme on peut, dans des logements surpeuplés (depuis le tiers jusqu'à la moitié de logements de ce type en banlieue), dans des garnis, des hôtels meublés, des loges de concierge. Et on attend la réalisation du vieux rêve: comme leurs ancêtres ruraux, les nouveaux ouvriers visent cette accession à la propriété que fait miroiter l'expansion massive du lotissement pavillonnaire. Or les pavillons se construisent dans des zones déshéritées, à l'environnement incertain, sans électricité, sans eau courante et sans égouts. Ce n'est plus la campagne, ce n'est pas encore la ville... Pendant quelques années, l'espace de la banlieue est donc d'abord celui des «mal lotis», du mal-vivre, du provisoire ou de l'à-peu-près. L'imaginaire populaire va en retenir l'image, jusqu'à l'après Seconde guerre mondiale. En 1945-1946, le film sur *Les Enfants d'Aubervilliers,* écrit par Jacques Prévert et réalisé par Éli Lotar, témoigne encore de ces temps de misère et de boue, dont la confusion et le désarroi ont nourri, dans les années trente, l'idée d'un «Far West» français.

De ce délaissement surgissent le mécontentement, la frustration et la colère. Et surtout s'exprime l'attente d'un nouvel encadrement social, qui puisse compenser la perte de la sociabilité ancienne, celle de la ville-centre, de l'isolat ouvrier en zone rurale ou de la communauté de village. L'État aurait pu récupérer cette attente, s'il avait eu une intuition aussi vive que celle des «pères fondateurs», quand ils avaient ancré la République dans la démocratie au village et dans la redistribution élargie des services publics. Mais l'État d'après 1918 répugne à s'engager plus avant. Le radicalisme a perdu sa capacité d'initiative et le socialisme, malgré la créativité urbaine d'un Henri Sellier,[7] n'est pas en état d'assurer efficacement la relève, tétanisé qu'il est par la concurrence de l'ancien frère communiste. Quant à l'encadrement catholique, l'irréligion avancée d'un milieu urbain devenu pour lui terre de mission[8] ne lui permet pas de s'insérer de façon suffisamment dense et efficace.

---

6. Annie Fourcaut, *Bobigny, banlieue rouge,* Éditions ouvrières et Presses de la FNSP, Paris, 1986.

7. Claude Pennetier, Nathalie Viet-Depaule, «Biographies croisées des maires de banlieue», *in* Annie Fourcaut (sous la direction de), *Banlieue rouge 1920-1960,* Éditions Autrement, Paris, 1992.

8. Etienne Fouilloux, «Des chrétiens à Ivry-sur-Seine (1930-1960)», *in* Annie Fourcaut (sous la direction de), *Banlieue rouge..., op. cit.*

Le communisme, lui, trouve une réponse dans la jonction de ses deux matrices, syndicale et locale. Les travaux des années 1970 sur l'implantation, amorcées sous l'impulsion de Jacques Girault,[9] ont suggéré l'existence de deux modèles. Le premier, illustré par les exemples d'Ivry ou de Montreuil,[10] est celui des banlieues industrielles anciennes, très ouvrières et de vieille tradition socialiste: là, l'influence communiste est plutôt centrée sur la grande entreprise, bastion ouvrier où le parti puise ses cadres et son souffle. Le second modèle, représenté par Bagneux ou par Villejuif, est moins prolétarien: il fait reposer l'hégémonie communiste plutôt sur l'habitat local, des zones pavillonnaires ou de ces prédécesseurs de l'HLM que sont les HBM, habitations à baux modérés. Dans les deux cas, le point d'appui essentiel de l'expansion communiste est le tissu associatif. Le syndicat, comme à Ivry, ou l'amicale des locataires, comme dans la Cité des Oiseaux à Bagneux, sont les vecteurs principaux de l'insertion. S'y ajoute la kyrielle des «organisations de masse», associations diverses qui, à l'instar des Amis de l'URSS, des Pionniers, du Secours rouge international, ou du Comité mondial des femmes, sont à la fois des outils de combat et des ferments de socialisation. Le réseau associatif, professionnel ou non, encadre et donne sens à la vie, quand celle-ci hésite sur l'avenir. La fête, le bal, le dîner champêtre, la manifestation artistique, la bibliothèque, le théâtre ou le film regroupent les isolés et les déracinés, ceux qui sont à la quête d'un environnement qui valorise leurs aptitudes et concrétise leurs désirs.

UNE DYNAMIQUE POLITIQUE

Au total, c'est une nouvelle classe qui s'installe dans l'entre-deux-guerres. On pourrait en tirer la conclusion la plus évidente: à classe nouvelle, parti nouveau. Et pourtant, si les espaces prolétariens sont, dès le début, un lieu de prédilection du jeune communisme «bolchévisé», l'attraction du communisme reste plutôt faible dans les premières années. Tout se passe comme si la connivence sociale ou syndicale, qui naît de la présence communiste au quotidien, ne parvenait pas à compenser l'étrangeté d'un mouvement qui se situe volontairement en marge du système politique «bourgeois».

9. Jacques Girault (sous la direction de), *Sur l'implantation du Parti communiste français...*, *op. cit.*
10. Maurice Cassier, «PCF et région parisienne», *Société Française*, n°2 et 3, 1982.

Et l'étrangeté est un obstacle à la reconnaissance qu'exprime le vote. Car les urbains de fraîche date qui peuplent les périphéries et les nouveaux ouvriers de l'industrie mécanicienne ne sont pas une friche sans passé et donc sans culture. Que leur origine soit à la ville ou dans les champs, ils viennent de terres déjà socialisées, sur lesquelles la politique joue toujours, plus ou moins, le rôle de coagulant. L'ouvrier déraciné a souvent baigné dans une culture républicaine de terroirs ou de petits bourgs. Or la tradition politique ne disparaît pas avec le déracinement. Elle peut se transmettre, par les canaux les plus classiques, de la famille, du voisinage, du collectif de travail ou des lieux de sociabilité (le café). Mais, pour qu'elle se cristallise en comportements électoraux, encore faut-il que s'opère cette alchimie par laquelle on «reconnaît» politiquement une force que l'on avait jusqu'alors ignorée.

Le substrat de toute influence électorale est dans la texture d'un environnement social: c'est, pourrait-on dire, la condition formelle de toute implantation. Mais la virtualité ne devient réalité que si se combinent, dans une conjoncture donnée, les attentes politiques des citoyens, les représentations collectives et les initiatives des organisations politiques. Dans les années trente, le communisme tire certes profit de la crise, des amertumes et des attentes qu'elle nourrit. Il accroît son capital de sympathies dans les combats obscurs des collectifs de locataires ou dans les comités de chômeurs, comme ceux que soutient Jacques Doriot à Saint-Denis.[11] Mais il n'en recueille les fruits électoraux que lorsque, à partir du printemps 1934, il perçoit l'ampleur des demandes réelles et qu'il en tire ses propres conséquences sur les contours de son projet politique. Quel est le point de départ? Le fait que la percée du fascisme européen et, en France, la menace des «ligues» réactivent le républicanisme populaire en un laps de temps très court. Après une phase d'incertitudes, de doutes et d'attentes, le peuple se mobilise de nouveau pour défendre la République et les journées de février 1934 en sont l'expression concentrée.

À cela s'ajoute le fait que la dépression économique et le malaise social exacerbent la sensation d'une reconnaissance dérisoire du fait salarial et, plus généralement, du monde du travail. La classe souffrante aspire dans son ensemble à bénéficier d'un statut clairement établi. Or les progrès de la législation sociale[12] n'ont pas brisé, en France, la règle clas-

---

11. Jean-Paul Brunet, *Saint-Denis la ville rouge 1890-1939*, Hachette, Paris, 1980.

12. Jacques Le Goff, *Du silence à la parole, Une histoire du droit du travail des années 1830 à nos jours*, Presses Universitaires de Rennes, Rennes, 2004.

sique qui reste celle du «Code Napoléon»: peu ou prou, le travail relève du droit civil, mettant face à face deux individus contractants – le patron et l'ouvrier. Dans une industrie où la grande entreprise élargit son assise, où le salariat se concentre techniquement et géographiquement, la fiction du contrat simple paraît de plus en plus désuète. Comme apparaît follement caduc le système ancien de protection sociale – la prévoyance personnelle de type mutuel, couplée à la charité – que les luttes ouvrières et la Grande Guerre ont écorné sans pouvoir le bouleverser en profondeur, malgré les efforts réformateurs des radicaux «solidaristes» de la fin du siècle précédent et malgré ceux des socialistes ou des syndicalistes associés au pouvoir. Dans ce contexte, l'aspiration à la reconnaissance du collectif ouvrier, qui est à l'époque l'expression la plus moderne de la très vieille quête de dignité, devient un point de référence aussi fort que le volume et la régularité du salaire. Elle redouble la pulsion républicaine provoquée par le fascisme.

C'est le moment aussi où la médiocrité de la norme publique dévalorise un peu plus les stratégies réformistes du syndicalisme et de l'action politique. Le phénomène est classique: en phase de bouleversements chaotiques, l'imaginaire cherche de nouveaux repères, les points d'appui d'une nouvelle donne, plus favorable aux humbles que ne l'étaient les mécanismes anciens. Sur ce point, le socialisme de la SFIO semble toujours en panne, avec son apologie d'un travaillisme anglais mal connu et faiblement attractif, tandis que le communisme peut jouer à plein sur le dynamisme de l'image soviétique, référent concret d'une espérance sociale latente. Moscou séduit bien plus que Londres, malgré la répulsion officielle qu'elle suscite et peut-être grâce à cette répulsion: si la ville rouge insupporte tant les puissants, n'est ce pas parce qu'elle menace les bases de leur pouvoir? Toute proportion gardée, la France des années trente se trouve donc devant un scénario que l'on a connu à plusieurs reprises, depuis la Révolution. Trois processus se conjuguent: une phase de mutations et de contradictions aiguës; un mouvement populaire tendu vers une demande centrale (les subsistances en 1793; la reconnaissance collective en 1936); une scène politique bloquée...

Qu'attend-on dans une telle situation? Que de nouvelles alliances – comme celle qui réunit en leur temps la Montagne et la sans-culotterie – débloquent tout, en restructurant l'ensemble du paysage politique. En 1934-1936, le communisme propose une vision intégrée du mouvement social et politique: il relie la revendication ouvrière aux attentes de la petite propriété précarisée; il suggère de rattacher l'action associative et l'organisation politique au sein d'un «Rassemblement populaire», qui regroupe en une vaste alliance une myriade d'organisations de types différents; il demande, enfin, que la gauche républicaine converge autour du triptyque du communisme, du socialisme et du radicalisme. Une alliance «de classes», un mouvement social et une formule de rassemblement politique... Sur tous ces points, la capacité de plus grande initiative se trouve, contre toute attente, du côté des communistes dynamisés par leur stratégie de Front populaire. Celle-ci présente un double avantage: elle donne au PCF une légitimité républicaine sans estomper la vitalité et la radicalité de son projet social; elle accélère la coalescence des mécontentements et de l'espérance populaire dans les «lendemains qui chantent».

On comprend dans un tel contexte, ce qu'a été la force d'entraînement d'une jeune génération ouvrière communiste, couplée à une génération d'intellectuels radicalisés, étouffés par l'immobilité des structures officielles et en attente, eux aussi, d'une reconnaissance sociale. La rencontre d'une expérience sociale neuve et d'un potentiel intellectuel est, comme toujours, un vecteur énorme de novation et de mobilisation. Dans les années trente, elle donne sa tonalité si marquante aux «années Front populaire». Un parfum de liberté urbaine, d'art nouveau et de fête populaire; Renoir, Malraux, Prévert et Doisneau... Tout cela, peu ou prou, gravite autour d'un parfum de novation politique qui se focalise sur le Parti communiste français. Que la période soit, pour celui-ci, celle de sa complète stalinisation importe peu dans ce moment privilégié...

Il y a, à partir de 1934, une politisation à gauche des attentes sociales nées de la crise et du mal-vivre urbain; en même temps se politise l'aspiration à une certaine modernité, dans le travail et dans les cultures. Les deux mouvements bouleversent les équilibres politiques installés au lendemain de la guerre, sur la base d'un double glissement, social et géographique. D'une part, on passe du «bloc jacobin» (rassemblement des couches subalternes sous hégémonie des petits propriétaires) à un bloc plus nettement salarial, dominé par la figure ouvrière. D'autre part, on passe de la dominance des métiers des centres-villes à la symbiose de l'entreprise moderne et de la banlieue. Ni le radicalisme ni le socialisme ne savent exprimer ce transfert de dominante. Le PC, bien ancré dans sa «banlieue rouge», parvient à s'en saisir.

À partir de février 1934, l'occupation de la rue concrétise, aux yeux de tous, la force de l'antifascisme populaire, à drapeaux rouges et à poings dressés. Les multiples défilés du Front populaire[13] sont tout à la fois l'indice de la fibre populaire maintenue du républicanisme français et l'affirmation fière et combative de la France urbaine. L'ouvrier n'est plus le barbare campant aux portes de la cité, le représentant de ces «classes laborieuses, classes dangereuses»[14] que redoutaient tous les bien pensants. L'ouvrier français entre par la grande porte de l'histoire et dans la culture elle-même. Il a le visage de Gabin et la voix d'Arletty. Au lendemain de la Seconde Guerre mondiale, il vote majoritairement pour le Parti communiste, dans les terres les plus prolétarisées et, surtout, dans les zones où le républicanisme a toujours été plus populaire et plus radical.

LES ATOUTS D'UN GROUPE

Qu'est-ce donc qui a sous-tendu l'irruption du communisme sur la scène française? La cristallisation, en quelques années, de trois tendances lourdes. La première est dans l'accélération des mutations sociales provoquée par la guerre. La classe ouvrière a un nouveau visage, qui suscite en son sein l'exigence du renouveau et, parfois, le heurt des générations. Dans le Cher, la génération des militants ouvriers d'avant-guerre, ceux de la vague syndicaliste-révolutionnaire, est supplantée par une nouvelle cuvée de jeunes métallurgistes des arsenaux qui portent haut la «bolchévisation» du parti. Le mouvement est douloureux, qui s'étale sur une vingtaine d'années, de la guerre à la crise.

La seconde tendance favorable est dans l'urbanisation du paysage social et le retissage nécessaire des liens de sociabilité brisés ou, à tout le moins, lézardés par le brassage des couches populaires. L'émergence de nouveaux collectifs articule autrement l'espace du travail et du hors-travail, dans le cadre de la banlieue. Dans ce contexte de turbulences, des formes nouvelles de socialisation apparaissent: le poids du syndicalisme d'entreprise prolonge celui des métiers; la percée des réseaux associatifs urbains recrée, sous des formes différentes, l'espace communautaire du village ou de l'ancien quartier.

La troisième tendance découle de la crise de la «tradition républicaine», dans une France où le «bloc jacobin» se délite peu à peu et où l'adaptation des forces implantées est faible.

---

13. Danielle Tartakowsky, *Le pouvoir est dans la rue. Crises politiques et manifestations en France*, Aubier, Paris, 2005.
14. Louis Chevalier, *Classes laborieuses et classes dangereuses*, Plon, Paris, 1958.

À certains égards, le traumatisme de la Première Guerre mondiale a essoufflé un républicanisme qui trouve difficilement, dans la boucherie des tranchées, les finalités émancipatrices que promettait au départ l'Union sacrée. Le combat pour la civilisation d'août 1914 s'est embourbé dans les offensives inutiles et les cratères creusés par l'artillerie lourde. Les lendemains de guerre, avec la victoire éclatante du Bloc national en 1919, ont confirmé ce tassement de la dynamique républicaine. La victoire du Cartel des gauches en 1924 montre sans doute que l'aspiration progressiste n'a pas disparu. Mais l'embellie est fragile et les déboires du gouvernement Herriot, puis la crise du début des années trente remettent aussitôt l'équilibre en question. L'idée républicaine a besoin de nouveaux repères, quand les vieux combats ne sont plus tout à fait de mise. La République n'est plus menacée par les partisans de la monarchie ni par l'omnipotence d'un clergé, et les acquis de la Troisième République des débuts ne sont plus suffisants pour mobiliser les énergies populaires. Retrouver quelque chose des enthousiasmes d'autrefois, en modernisant les contenus concrets de l'idée: la République est à ce prix, au milieu des années trente.

Face à ces trois tendances convergentes, les atouts du PCF tiennent à quatre traits, qui le distinguent dans le paysage politique français. Il a d'abord pour lui sa jeunesse et celle de ses militants, qui lui permettent d'incarner un renouveau dans une phase d'exacerbation des contestations, qui touchent à la fois les jeunes générations ouvrières et les intellectuels. Dans un moment où fleurit partout le «nouveau style», le communisme peut apparaître comme un anticonformisme.

Il bénéficie d'autre part de sa radicalité politique. Sur ce terrain le communisme est, tout bien considéré, un novateur qui ressemble à quelque chose de connu: il n'a fait que s'installer dans les meubles de l'extrême-gauche politique. Le transfert d'une imagerie à une autre éclate en 1939, au moment des cérémonies du cent-cinquantenaire de la Révolution. À travers une commémoration dense et inventive, les communistes imposent l'idée de la superposition des époques: les grands patrons de 1939 sont les aristocrates de 1789; les fascistes des années trente sont les émigrés «coblençards» de 1792; les jacobins de 1793 sont les bolcheviks de 1917, et donc les communistes de 1939.

Il peut en outre – troisième point fort – s'appuyer sur une projection sociale originale, ce que ne font pas ses concurrents à gauche. L'avenir social possible, il le montre du doigt en pointant vers l'Est, vers l'image mythique de l'URSS. Peu importe, de ce point de vue, ce qu'est la réalité de l'Union soviétique. Ce qui compte ici, c'est le mythe, ce mélange d'attirance et d'étrangeté que porte avec elle la symbolique soviétique. Les années cinquante, en dévoilant la face noire de la légende, vont écorner la puissance du mythe. Les années trente, malgré les grandes «purges», laissent encore fonctionner l'attirance, voire la passion pour la nouvelle Jérusalem.

Enfin, on ne peut ignorer – quatrième ligne de force – ce qui apparaît comme la capacité d'initiative politique d'un groupe dirigeant. Là encore, peu importe à la limite la manière dont cette initiative a pu se prendre, le rôle respectif des hommes, des circonstances et de l'Internationale. L'essentiel est que des décisions sont prises, à partir de l'été de 1934, et que ces décisions correspondent à une attente. Le choix n'est pas simple, si l'on songe qu'au lendemain du 6 février 1934, Thorez justifie encore la ligne sectaire de l'Internationale, en expliquant: «Il n'y a pas de différence de nature entre la démocratie bourgeoise et le fascisme. Ce sont deux formes de la dictature du capital. Entre la peste et le choléra, on ne choisit pas.» Mais en juin 1934, le même Thorez sait se saisir des évolutions complexes qu'il sent se dessiner à Moscou. Il choisit de peser dans le sens que souhaite Dimitrov et qui pousse l'Internationale vers l'ouverture du Front populaire.

Ce faisant, le PCF amorce une mue pour lui décisive. Il retrouve un contact avec la politique à la française, alors que la ligne «classe contre classe» avait distendu les liens. Ainsi s'ouvrent les années de la dynamique politique, ces «années Thorez», qui en fait ne vont pas au delà de 1947 par suite de la double et irrémédiable brisure de septembre 1939 et de l'automne 1947. Sans conteste, ce sont des années fastes, marquées par un souffle de véritable créativité politique. Mais le groupe dirigeant ne sait pas pour autant pousser sa victoire jusqu'au bout. Par crainte de l'innovation stratégique autonome, il ne parvient pas à asseoir plus solidement la démarche des «voies nouvelles» amorcée en 1945-1946. Les tourmentes de la guerre froide interrompent l'ascension. L'apogée de l'automne 1946 n'est plus qu'une nostalgie.

RADIOGRAPHIE DES COMMUNISMES

L'insertion du communisme est en tous cas réussie en trois temps. Il s'installe dès 1924 dans l'ossature d'une France prolétarisée et de vieille fidélité jacobine ou sans-culotte. Il élargit son assise en 1936, en épaississant son influence sur tout le territoire. Il confirme la nationalisation de son implantation en 1945, en tirant les bénéfices électoraux de ses sacrifices clandestins, qui lui permettent de s'asseoir définitivement dans le Limousin et en Bretagne du Nord. Le PCF est désormais au centre d'un phénomène sociopolitique «total», peut-être un des traits les plus originaux de l'histoire politique française de ce xxe siècle. Cet espace communiste prend deux visages contradictoires: il se reproduit sur une longue période, de façon assez cohérente pour nourrir une image d'homogénéité que cultive d'ailleurs le PC; mais il est assez divers pour que l'on puisse parler sans trop de risques *des* France communistes. Il n'y a pas un communisme, mais des communismes, rappelle Michel Verret.[15]

En première analyse, le communisme nous apparaît au travers de l'image commode des cercles d'appartenance: les cadres et militants, les adhérents, les «compagnons de route» et les électeurs. Au centre se trouve le cercle des cadres. Ces «intellectuels organiques communistes», dont Bernard Pudal nous dit qu'ils sont les équivalents en milieu ouvrier du prêtre rural ou de l'instituteur,[16] forment en quelque sorte le noyau du monde communiste. En apparence, un tel corps militant est d'une impressionnante homogénéité et il a long-temps soigné son aspect monolithe, qu'il estime conforme au projet du parti «léniniste». Et pourtant il est moins cohérent qu'il n'y paraît.

Quand le communisme français atteint son apogée, il intègre au moins deux générations dirigeantes. La première, celle des fondateurs, s'est rapidement étiolée, avec les aléas de la bolchévisation et la rugosité de la période «classe contre classe». Il en reste quelques figures, d'autant plus importantes qu'elles incarnent une continuité: Marcel Cachin, jusqu'à sa mort en 1958, en est l'archétype. Elle laisse la place à une génération plus jeune, plus ouvrière aussi, qui s'impose entre 1926 et 1939, dans les tribulations confuses d'une Internationale qui a bien du mal à gérer la «stabilisation du capitalisme».[17] Sans doute faudrait-il affiner les bornes de cet ensemble. Les responsables promus en plein feu de la ligne classe contre classe n'ont pas toujours la même sensibilité au réel que ceux qui émergent au congrès de Lille de 1926, ou *a fortiori* que ceux qui «montent» dans les temps du Front populaire. Mais ils se présentent en corps suffisamment soudé

15. Michel Verret, «Communismes et sociétés ouvrières. Réflexions sur des pluriels», *Communisme*, n° 15-16, 1987.

16. Bernard Pudal, *Prendre parti. Pour une sociologie historique du PCF*, Presses de la Fondation nationale des sciences politiques, Paris, 1989.

17. Pierre Broué, *Histoire de l'Internationale communiste 1919-1943*, Fayard, Paris, 1997; Michel Dreyfus et *alii*, *Le siècle des communismes*, Éditions de l'Atelier, Paris, 2000.

– ils ont en commun de se vouloir tous des «bolchevistes» et des «staliniens» – pour que l'on puisse parler d'une généra-tion unique, baptisée parfois du nom de «génération thoré-zienne». À la différence de la précédente, elle est servie par son propre succès. C'est elle qui assoit l'influence élargie du PCF; elle en garde le prestige et conserve longtemps – en fait jusqu'au milieu des années soixant – son magistère sur les générations suivantes, celles de la guerre et celle de la guerre froide.

Pour tous, quelle que soit la génération, l'adhésion au communisme est devenue un principe dominant de vie, une matrice de personnalité. Ce n'est pas toujours vrai pour le second cercle, celui des adhérents eux-mêmes. De ce côté-là, la diversité est beaucoup plus large. Tout d'abord chacun n'adhère pas pour les mêmes raisons, même si l'adhésion est presque toujours un acte fort d'identification, par lequel s'af-firment une identité sociale – on adhère au parti de l'ouvrier –, une racine politique – on rejoint le parti le plus à gauche des grandes formations reconnues – ou une volonté idéologi-que – on adhère au parti du socialisme, voire du rationalisme marxiste ou marxisant. Mais le processus qui conduit à rejoin-dre «le Parti» est assez diversifié pour que Georges Lavau[18] ait pu naguère distinguer au moins cinq classes d'adhésion. Les adhésions d'émotion sont celles que l'on recueille dans un meeting, une fête ou une campagne électorale; les adhé-sions-régularisations, plus nombreuses, parachèvent un com-pagnonnage plus ou moins long, par le biais notamment des syndicats ou des organisations de masse; les adhésions-rec-tifications, après une tentative ailleurs, poussent l'individu vers une organisation plus structurée, plus active ou plus cohérente; les adhésions d'imprégnation sont plus naturel-les, par le prisme des communautés existantes, de famille, de voisinage ou de quartier. Enfin, il plaçait à part les adhésions d'intellectuels, elles-mêmes différentes selon les époques et les milieux concernés.

Les trajectoires qui conduisent au communisme varient à l'infini. À la limite, on trouve l'irréductibilité de chaque parcours biographique: le cheminement de l'intellectuel ancien combattant Paul Vaillant-Couturier n'est pas le même que celui de l'anarcho-syndicaliste Benoît Frachon ou que celui du jeune juif révolutionnaire venu de Pologne, Michel Feintuch, qui prendra le nom de Jean Jérôme. Cette infinie richesse n'est d'ailleurs pas contradictoire avec l'existence

18. Georges Lavau, À quoi sert le parti communiste français?, Fayard, Paris, 1981

de quelques stéréotypes, modèles de cheminement que le sociologue Jean-Pierre Molinari appelle les «matrices d'adhésion» au communisme.[19] La plus importante lui paraît être dans celle du métier. Autour du métier, surtout s'il est stable, se tisse une culture qui rayonne au-delà de l'entreprise dans la cité, le quartier ou le village ouvrier, par le truchement du syndicat, des communautés locales et familiales ou des identités locales, de ville ou de quartier. Et cette culture forme le terreau de l'adhésion, qui se colore ainsi de façon différente selon la branche ou la région: il y a le «réseau cheminot», les «filons miniers» et la myriade des «peuples métallurgiques». À chacun sa matrice et son idéaltype militant...

Le sociologue nous livre une piste, qui vaut pour l'ensemble de l'univers communiste. Quelle que soit en effet son intensité, l'adhésion au communisme –vote ou militantisme– n'est pas un phénomène social isolé. Il a son environnement, qui est toujours localisé. La France, terre jacobine est aussi terre de la démocratie municipale. La politisation est donc affaire de communauté locale, de la communauté d'habitants de l'Ancien Régime jusqu'aux formes plus modernes de la vie municipale amorcée par la Troisième république. Le communisme, moderne Antée, a par ce biais puisé une grande partie de sa force dans les terroirs, qui lui ont donné sa durabilité et sa diversité.

Les «bastions» sont tous lieux de relative fidélité au vote communiste; mais rien a priori ne permet d'assimiler l'attachement au communisme de la paysannerie rouge de l'Allier, des charbonniers du Cher, et celui des métallurgistes de la banlieue parisienne ou du bassin lorrain. Les spécialistes de l'étude du communisme ont d'ailleurs depuis longtemps fait remarquer la curieuse discordance qui sépare les départements de forte implantation communiste militante et ceux de haute densité électorale. Certains espaces de bonne influence électorale ont une densité d'adhérents médiocre, comme c'est le cas pour le nord et l'ouest du Massif central, tandis qu'au contraire le Rhône, la Gironde ou Paris regroupent de gros bataillons militants sans que l'influence électorale soit particulièrement importante.

On n'en conclura certes pas que l'activité du communisme, à la limite, importe peu dans cette synergie qui, pendant quelques décennies consécutives, a relié l'espace politique et le fait communiste. En fait, le poids des organisations et

---

19. Jean-Paul Molinari, *Les ouvriers communistes. Sociologie de l'adhésion ouvrière au communisme*, L'Albaron, Thonon-les-Bains, 1991.

des personnalités, points de repère ou chefs de file, explique toujours qu'il y ait eu ou non, ici ou là, agrégation autour du communisme. Mais on peut noter comme un trait déterminant le fait que le communisme ne devient un comportement stable et massif que s'il rencontre un tissu qui le reconnaît comme familier, que s'il devient le prolongement légitime de pratiques de sociabilité elles-mêmes enracinées dans une longue histoire. «Communisme de terroir», écrit un observateur du communisme en terre bretonne,[20] dans cette ville de Lanester désignée par ailleurs comme «un fief dans le bastion»... Le communisme dans Halluin-la-Rouge[21] est celui de tisserands flamands misérables en quête de mieux-vivre et de dignité; celui des métallurgistes de Longwy est un communisme d'Italiens de la seconde génération, que l'action politique contribue à enraciner dans la communauté française,[22] celui de Bobigny s'enracine dans le combat des mal-lotis. Parlant de Bobigny, l'historienne Annie Fourcaut évoque – formule heureuse – le «patriotisme de clocher à base de classe».

La Corrèze,[23] le Roussillon,[24] la Dordogne...[25] À chaque clocher son communisme? Peut-être. Et pourtant, du bouquet des communismes locaux se dégage un parfum commun suffisamment identifiable pour que, du Trégor jusqu'à la vallée du Paillon,[26] d'Oyonnax à Argenteuil,[27] s'impose la sensation d'un phénomène sociopolitique unique, associé à l'existence du communisme français.

20. Jean-Noël Retière, «D'un enracinement ouvrier à l'enracinement communiste: le cas de Lanester dans le Morbihan», *Communisme*, n° 15-16, 1987.

21. Michel Hastings, *Halluin-la-Rouge, aspects d'un communisme identitaire*, Presses universitaires de Lille, Lille, 1991.

22. Gérard Noiriel, *Longwy. Immigrés et prolétaires 1880-1980*, PUF, Paris, 1984.

23. Philippe Graton, «Le communisme rural en Corrèze», *Le Mouvement social*, n° 67, 1969.

24. Michel Cadé, *Le Parti des campagnes rouges. Histoire du Parti communiste dans les Pyrénées orientales 1920-1939*, Éditions du Chiendent, Marcevol, 1988.

25. Laird Boswell, *Rural Communism in France, 1920-1939*, Cornell University, Ithaca, 1998.

26. Dominique Olivesi, «Le ruban rouge de la vallée du Paillon. L'écosystème niçois», *Communisme*, n° 45-46, 1996.

27. Charles Sowerwine, «Aux origines du communisme à Oyonnax (Ain): socialisme et Maison du Peuple»; Stéphane Gatignon, «Luttes ouvrières et émergence du communisme à Argenteuil», *in* Jacques Girault (sous la direction de), *Des communistes en France (années 1920 – années 1960)*, Publications de la Sorbonne, Paris, 2002.

ESPACE OUVRIER, CULTURE COMMUNISTE

Au bout du compte, qu'est-ce qui unifie donc la «France communiste»? Incontestablement, le profil sociologique est le premier facteur de distinction. Le fait communiste est largement urbain, masculin et ouvrier. Les membres du PC et, dans une mesure moindre les électeurs communistes, sont surtout des hommes (autour des deux tiers des adhérents), actifs, relativement jeunes (près de 40% avaient entre 26 et 40 ans en 1979). Attention, bien sûr, aux images d'Épinal. Affirmer la pente urbaine et prolétarienne du communisme n'implique aucune exclusivité. À la limite, la carte des effectifs communistes de 1979 (dressée par Philippe Buton en 1985[28]) suggère que les densités adhérentes les plus fortes (si l'on rapporte le nombre d'adhérents à la population des départements) se trouvent plutôt dans les départements de forte ruralité: Creuse, Dordogne, Lot-et-Garonne, Hautes-Pyrénées, Aude, Allier, Cher, Lot-et-Garonne.

Il n'en reste pas moins que les gros bataillons communistes ne sont pas là, mais dans les zones très urbaines et très ouvrières: la Seine-Maritime, le Nord et le Pas-de-Calais, la Meurthe-et-Moselle, l'Isère, le Var et les Bouches-du-Rhône. À quoi on peut bien sûr ajouter la couronne parisienne qui manifeste avec éclat ce que l'on sait depuis longtemps: la périphérie urbaine, populaire et ouvrière, est une terre de prédilection du communisme français. La part de la Région parisienne dans le parti est sans doute moindre qu'à la veille de la guerre et la «nationalisation» de l'organisation, que la Résistance a amplifiée, a relativisé le poids de la capitale et de sa banlieue. Mais la couronne parisienne assure, continûment depuis la guerre, entre 20% et 30% des effectifs du parti.

L'allure sociologique distingue l'espace; elle ne s'impose toutefois comme un fait politique que parce qu'une culture la colore. Usons de la métaphore commode du bâtiment: les fondations du vote sont dans l'expérience sociale qui tisse l'univers des classes (pour le PC, l'univers des plébéiens, notamment les ouvriers urbains de la seconde révolution industrielle); les matériaux sont pris à l'intérieur des écosystèmes dans lesquels s'insèrent le fait communiste au xxᵉ siècle (les communautés de terroirs, les isolats ouvriers, les banlieues); le ciment est celui de la culture politique. Le terme désigne

---

28. Philippe Buton, «Les effectifs du Parti communiste français (1920-1984), *Communisme*, n°7, 1985.

ici un ensemble ordonné de représentations, de valorisations affectives, de normes, de conduites, d'habitudes ou de règles.[29] La galaxie communiste, en France, a produit une culture politique. Elle n'existe pas dans sa solitude, mais dans son rapport à la totalités des cultures politiques françaises. Elle fonctionne de façon plurielle, variant selon que l'on a affaire au dirigeant, au militant ou à l'électeur, nuancée selon l'appartenance sociale et le territoire. Elle comprend elle-même des strates, plus ou moins identifiables, selon que l'on s'éloigne ou que l'on s'approche du cœur du dispositif. Mais elle constitue un ensemble suffisamment ordonné pour que l'on puisse parler de «culture communiste».[30] Elle se structure entre 1934 et 1939 et évolue, avec ses moments forts de mutation, voire ses crises.

Dans son noyau le plus fortement travaillé (l'univers symbolique du cercle de l'organisation), cette culture comprend au moins quatre composantes: un marxisme de pente rationaliste et jacobine, synthèse de répétition stalinienne (*Les Principes du léninisme*) et «d'esprit des Lumières»; une espérance sociale ancienne (la «Sainte égalité» des sans-culottes, puis celle de la «Sociale»), relancée par l'expérience soviétique, ou tout au moins par son imaginaire construit; un langage proprement politique, surgeon du radicalisme plébéien, qui entremêle références politiques et sociales; une conception de l'organisation, fixée sur les notions d'avant-garde, de monolithisme et de centralisme démocratique, et marquée, non pas par le modèle du parti bolchevique, mais par celui du Parti-État au pouvoir codifié par Staline.

Un tel univers mental appartient à l'organisation proprement dite: il est formalisé par ses dirigeants et ses intellectuels, diffusé par sa presse et ses livres, enseigné dans ses écoles. Il diffuse au-delà des rangs du parti et rencontre des formes de culture déjà existantes, dans le «mouvement ouvrier» et dans les écosystèmes professionnels et locaux. La doxa du mouvement communiste est une construction intellectuelle dont la forme est élaborée ailleurs, à partir du centre moscovite; elle est toutefois d'autant mieux acceptée et intériorisée qu'elle correspond à des représentations et des codes installés. Il y a,

29. Serge Berstein (sous la direction de), *Les cultures politiques en France*, Seuil, Paris, 1999.

30. Marc Lazar, «Forte et fragile, immuable et changeante... La culture politique communiste», *in* Serge Berstein, *Les cultures politiques en France, op. cit.*; Roger Martelli, «Peut-on parler d'une culture communiste?», *Société française*, n° 47, juillet-août-septembre 1993.

par exemple, une «écologie française du stalinisme».[31] Au final, la rencontre installe une culture politique qui soude le vote communiste pendant quelques décennies. Socialement enracinée dans les communautés prolétaires, elle déborde néanmoins le groupe ouvrier *stricto sensu*; territorialement organisée, elle ne se dissout pourtant pas dans les modes localisés d'être communiste ou électeur communiste. Une telle culture est incontestablement populaire, s'exprimant de façon savante ou plus intuitive: au-delà du discours, elle est «un art de vivre».[32] C'est une culture d'irréligion, dans laquelle les valeurs humaines de collectivité, de responsabilité et de solidarité tissent le réseau des valeurs communes, nourrissent le rapport à la société; culture attachée à la thématique transformatrice, trempée dans la conviction qu'une nouvelle ère de justice sociale est nécessaire, qui reprendra le grand oeuvre inachevé de la Révolution.

On peut y voir une culture d'appartenance, bien typique de la politique française, incluant en son coeur une certaine représentation du monde, une prise en charge plus ou moins forte d'un passé, d'un présent et d'un projet du groupe de référence. En cela, elle est une culture de groupe, à la fois de l'inclusion (le «nous» opposé au «je») et de l'exclusion (le «nous» face au «eux»). Elle distingue le groupe et, en même temps, elle l'insère dans l'histoire nationale, par la médiation symbolique de l'empreinte révolutionnaire française identifiée à la nation. Elle s'enracine dans l'univers du métier, mais, à la différence du cas anglais, elle est relayée par une culture plébéienne de l'engagement démocratique. La classe ouvrière française ne s'immerge pas dans la plèbe, mais dans le peuple, notion fluide, à la forte charge symbolique, sociale et politique tout à la fois. Au fond, les références qui soudent l'électorat communiste, à partir de ces années cruciales de 1934-1935, ne sont une manifestation de la culture de classe que dans la mesure où elles rompent l'isolement de la communauté en même temps qu'elles légitiment sa spécificité. L'espace ouvrier, par la médiation de ces références, s'unifie et s'insère dans la cité, sans pour autant renoncer à son ethos de classe.

31. Blandine Barret-Kriegel, «L'écologie française du stalinisme ou l'homme idéologique», *in* Evelyne Pisier-Kouchner (sous la direction de), *Les interprétations du stalinisme*, PUF, Paris, 1983.
32. Jean Chesneaux, *Le PCF, un art de vivre. Essai*, Les Lettres Nouvelles et Maurice Nadeau, Paris, 1980.

Pourquoi, en terre française, s'est réalisée l'alchimie de l'eschatologie «bolchevique» et des sensibilités sociopolitiques installées? On en a vu plus haut les ressorts principaux. Le réseau militant, ou plutôt «les» réseaux militants (le parti, le syndicat, l'association) sont les bases concrètes de l'influence, leur présupposition immédiate. Les promoteurs volontaires de cette culture sont eux-mêmes d'autant plus efficaces qu'ils s'insèrent dans des tissus très concrets de sociabilité, existant en dehors des organisations communistes, appuyé sur les matrices communautaires du travail et du local.[33] Dans certains cas, le tissu dispose de repères culturels déjà établis; dans d'autres cas, il se trouve en situation de vide relatif. Tantôt le PCF s'installe dans une culture relativement cohérente qu'il s'approprie, les communautés ouvrières de Flandre, par exemple[34]; tantôt, en Région parisienne, il retravaille des éléments épars pour en faire une culture autonome. Mais, dans tous les cas, pour que se soude une culture associée à une force organisée, il faut qu'existe une pratique sociale épaisse, intégrée dans une véritable communauté sociale.

Or le réseau de sociabilité ne produit une culture associée au fait communiste que s'il est relayé par des expériences, locales et surtout «nationales-locales». Gérard Noiriel a bien montré comment, dans le cas des communautés ouvrières de l'Est, une expérience collective importante (la grève notamment) pouvait alimenter la geste ouvrière, servir de point de repère collectif et façonner ainsi l'identité de groupe.[35] Il n'y a pas que le local: de grandes expériences nationales marquent tout aussi fortement l'imaginaire d'un groupe. La lutte ouvrière et le combat démocratique se superposent, Bara et les Canuts, Jeanne Hachette et la Commune, la symbolique bolchevique et l'imagerie républicaine. De plus, le mythe ne naît pas seulement de la reprise du matériau passé: il se nourrit des grandes expériences nouvelles qui ajoutent leurs strates d'images et de mots. Le Front populaire et la Résistance font partie de ces moments cristallisateurs, par ailleurs décisifs dans l'histoire ouvrière. L'identité sociale ouvrière s'entrecroise désormais avec une perspective politique qui assoit le monde ouvrier dans la nation. Il en sort une cohérence symbolique profondément structurée par le fait communiste et liée au vote communiste.

---

33. Jean-Paul Molinari, *Les ouvriers communistes...*, *op. cit.*
34. Michel Hastings, *Halluin-la-Rouge...*, *op. cit.*
35. Gérard Noiriel, *Longwy...*, *op. cit.*

Et tout cela, bien sûr, est l'objet d'un travail volontaire et permanent de l'organisation communiste de l'apogée. L'effort culturel persévérant, par les relais des municipalités ou des associations, par la médiation de la fête, du spectacle, du livre ou de la manifestation, finit par inscrire dans les mentalités collectives un nouvel espace symbolique, dans lequel l'utopie sociale (fortement associée à l'URSS) fusionne avec la pratique de classe et avec la perspective immédiate. En cela, le PCF n'est pas très différent de son homologue allemand, qui déploie même une activité culturelle beaucoup plus soutenue que lui. Mais à la différence du *Proletkult* allemand, la culture politique diffusée en France, est politiquement enracinée. Les ouvriers dont les flots grossissent la population des banlieues, dans les années vingt, baignent dans une univers symbolique déjà ouvrier pour les ouvriers parisiens qui constituent la première vague d'arrivants, plus plébéien qu'ouvrier pour les ruraux jetés en banlieue par l'exode rural. Jamais de case blanche où le communisme viendrait se poser, mais des héritages d'une culture préexistante qui présente l'originalité d'être à la fois sociale (le peuple) et politique (la république). En ce sens, la force de l'imprégnation culturelle du PCF tient à ce qu'elle apparaît comme un travail de recréation, sur un terreau déjà ancien: l'utopie du mythe soviétique est d'autant plus efficace qu'elle rencontre une réserve symbolique déjà bien installée.

À l'issue de la Seconde Guerre mondiale, on trouve ainsi un espace sociopolitique distinct, complexe, pluriel et cohérent. Il s'insère dans des territoires, du local au national, dont il refaçonne les cultures. Il s'agrège autour d'un noyau qui combine l'ethos ouvrier et l'adhésion au corpus «révolutionnaire-plébéien». Ce noyau est électoralement le plus stable, plutôt imperméable à l'effet de conjoncture. Autour du noyau, se meuvent des strates diverses, qu'unifient relativement l'identification au «peuple» et l'ancrage dans une gauche égalitaire, plus ou moins raccordée à l'image de la «Sociale». Là, le vote est parfois moins assuré, plus sensible à la conjoncture, plus disposé à suivre les flux qui confortent ou affaiblissent les représentations courantes du communisme. Pourtant, dans une situation de concurrence amoindrie (l'affaiblissement du radicalisme et du socialisme), ces couronnes extérieures se reconnaissent dans le vote communiste et participent de l'existence en continu d'un «électorat communiste».

L'ensemble tisse la trame d'une «exception française». Le communisme connaît en France un ancrage sociopolitique sans équivalent en Europe occidentale. Seule l'Italie postfasciste voit s'installer un milieu aussi favorable, mais dans une configuration politique radicalement différente.[36] En Italie, le Parti communiste participe après 1943 à la stabilisation d'une démocratie politique jusqu'alors faiblement enracinée. Par ailleurs, il s'installe dans un environnement qui n'a pas connu, entre les deux guerres mondiales, la concurrence libre des courants communiste et social-démocrate. Dans un monde politique polarisé à l'extrême (le duopole du communisme et de la démocratie chrétienne), la faiblesse structurelle du socialisme italien, jusqu'aux années 1980, place de ce fait le PCI à l'intersection des deux espaces que la France a distingués. Dans sa forme communiste explicite, stalinienne puis poststalinienne, le parti de Palmiro Togliatti juxtapose l'identité prolétarienne des villes et des campagnes «rouges» et un courant démocratique général qui ne se réduit pas à sa composante révolutionnaire.

36. Marc Lazar, *Maisons rouges. Les Partis communistes français et italien de la Libération à nos jours*, Aubier, Paris, 1992.

CHRONIQUE 2.
LE VOTE INCERTAIN
(1947-1978)

La guerre froide interrompt l'expansion du vote communiste, mais elle ne la contredit pas. Les années soixante, avec le grand retour du conflit droite-gauche, relancent même la dynamique électorale. Suffisamment pour que, toujours les premiers à gauche, les communistes rêvent d'un retour au pouvoir, et cette fois aux toutes premières loges.

UN COUP D'ARRÊT RELATIF

Les municipales des 19 et 26 octobre 1947, tandis que la guerre froide est en train de prendre son essor, portent un coup d'arrêt spectaculaire, pour une progression communiste qui semblait inexorable quelques mois plus tôt. Dans les villes de plus de 9 000 habitants, où la nouvelle loi électorale prévoit une répartition à la proportionnelle,[1] le PCF recule de près de 3 % sur les législatives de novembre 1946. Les statistiques officielles du ministère de l'Intérieur[2] signalent par ailleurs une baisse globale de son contingent d'élus, d'un cinquième environ.[3] Les chiffres officiels sont peu fiables[4] ? Sans doute. Incontestable est toutefois le fait que l'isolement politique des communistes les écarte des responsabilités à Lens, Limoges, Nantes, Villeurbanne, Toulon, Béziers ou Sète, et leur fait perdre de nombreuses villes de la région parisienne.

1. Pierre Martin, *Les élections municipales en France depuis 1945*, La Documentation française, Paris, 2001.
2. *1947, L'année politique*, Éditions du Grand Siècle, 1949.
3. Entre 1945 et 1947, le nombre des conseillers municipaux communistes serait passé de 36 517 à 30 503, et celui de leurs alliés de 3 822 à 2 200.
4. Les comptages officiels peinent en fait à distinguer les étiquettes partisanes plus ou moins explicites et la multitude des « divers gauche » et des « sans étiquettes » dont l'appartenance est par définition incertaine.

Il est vrai que la France rurale persiste à ne pas bouder les édiles présentés par le PC. Il est vrai aussi que le tassement en pourcentage, au premier tour, est plus faible pour les communistes que pour les autres forces, perturbées par la percée du parti gaulliste, le Rassemblement du Peuple Français (RPF), créé quelques mois plus tôt. Entre les législatives de novembre 1946 et les municipales, la SFIO a reculé de 3,4 %, les radicaux de 4,8 % et le MRP... de 14,4 %, alors que le RPF franchit la barre des 28 %. Dans le maelström provoqué par la fin des grandes alliances de la guerre, le communisme ne s'en sort pas si mal.

En donnant une majorité aux forces hors-système (PCF et RPF), les municipales de 1947 annoncent l'impasse politique d'une Quatrième République qui a eu du mal à naître et qui ne parviendra jamais à se stabiliser. À l'extrême gauche, le PCF conserve la base électorale qui en fait, peu ou prou, le parti politique le plus solidement implanté et le moins soumis aux variations de l'opinion. À la droite de la droite, la fonction critique est dévolue à un parti gaulliste qui bénéficie du charisme du chef de la Résistance française, mais qui souffre d'un déficit de notables et d'une extériorité revendiquée à l'égard du jeu institutionnel. Tandis que les communistes tirent quelque avantage de leur mise à l'écart des responsabilités gouvernementales, le gaullisme peine à justifier le splendide isolement voulu par son chef. Entre les deux, la faible marge de manœuvre (jusqu'au début des années cinquante, les partis à vocation gouvernementale recueillent les suffrages d'une minorité des votants) pousse une partie de la droite et une partie de la gauche à rechercher d'improbables alliances, à tout moment menacées.

Au final, le Parti communiste est la force politique dont la stabilité (un cinquième à un quart des suffrages exprimés jusqu'à la fin des années 1970) est la plus grande de toute la Quatrième République. Le tassement municipal se poursuit certes et s'amplifie en 1953 : le PCF vacille dans les communes importantes qui votent à la proportionnelle et il perd à nouveau entre 5 et 6 000 sièges de conseillers municipaux. Il n'est plus à la tête de nombreuses mairies de taille modeste qu'il avait conquises à la Libération : 35 majorités perdues dans l'Aisne, 15 en Corrèze, 11 dans les Pyrénées-Orientales, 10 dans l'Hérault. En Corse, il passe de 56 municipalités sur 336 en 1945, à 45 en 1947 et 26 en 1953.[5] Mais l'érosion enre-

---

5. Georges Ravis-Giordani (sous la direction de), *Atlas ethno-historique de la Corse*, Éditions du Comité des travaux historiques et scientifiques, Paris, 2004.

gistrée sur le terrain municipal ne s'observe pas avec la même ampleur dans les élections proprement nationales. Tout au plus notera-t-on que, jusqu'aux années soixante-dix, le PCF enregistre des évolutions différenciées selon l'ampleur de son ancrage. En gros, les zones de forte implantation connais-

Évolution départementale selon le niveau d'influence en 1945					
Ensemble des départements où le PCF obtenait en 1945 :	oct-45	juin-46	nov-46	juin-51	janv-56
Plus de 30 %	36,1	34,7	37,4	34,1	33,6
De 25 à 30 %	27,9	27,6	29,8	27,5	26,9
De 20 à 25 %	22,4	23,9	26,8	22,5	22,6
De 15 à 20 %	17,3	18,5	20,8	17,6	17,3
De 10 à 15 %	12,2	14,4	16,7	13,8	14,4
De 5 à 10 %	7,4	9,3	11,6	9,4	11,1
Total France métropolitaine	26,2	26,1	28,6	25,7	25,5

sent des évolutions atténuées, alors que les zones d'influence plus modeste se montrent plus sensibles à la conjoncture : en période de dépression, elles perdent plus que la moyenne ; en période de relance, leur progression est au contraire plus forte que dans les « bastions ».

LE YO-YO DE LA GUERRE FROIDE

Tout cela s'observe dans le contexte d'évolutions générales limitées, sauf en 1958. En 1951, au plus intense de la guerre froide, à l'occasion d'un mode de scrutin[6] destiné à favoriser

---

6. La loi du 9 mai 1951, dite « des apparentements », régit les élections du 17 juin 1951 et du 2 janvier 1956. Le scrutin est départemental, de liste, à la fois majoritaire et proportionnel, à un tour. L'apparentement est possible entre listes de partis ou groupements nationaux. Les sièges sont attribués de la façon suivante : est élue la liste ayant obtenu la majorité absolue ; si aucune liste isolée ne remplit cette condition et si un groupement de liste apparentées totalise plus de 50% des suffrages exprimés, tous les sièges lui sont attribués et répartis entre les listes apparentées à la proportionnelle, à la plus forte moyenne ; dans le cas où aucune liste ne remplit les conditions ci-dessus, les sièges sont répartis à la proportionnelle, à la plus forte moyenne, les listes apparentées étant alors considérées comme une seule liste. Les listes n'atteignant pas les 5% des suffrages exprimés n'ont aucun élu.

les coalitions gouvernementales et à pénaliser les forces dites
« extrêmes », le PCF perd un demi million de suffrages et près
de 3 % sur son pic de novembre 1946. Comme il fait partie de
ceux qui ne « s'apparentent » pas, le nombre de ses députés
chute de 183 à 101. L'essoufflement est de courte durée. En
fait, le PC est alors assez fort pour se nourrir des difficultés des
alliances de « Troisième force », qui aspirent vers le bas une
SFIO engluée dans les guerres coloniales. Il profite en outre,
après 1953, des premiers effets de la détente internationale
qui suit la mort de Staline et la fin de la guerre de Corée. Re-
trouvant les tonalités plus ouvertes de la seconde moitié des
années trente, prônant officiellement un « nouveau Front
populaire », les communistes tirent avantage de l'épuisement
de la droite. En janvier 1956, lors des élections générales qui
suivent la dissolution de l'Assemblée par le Président du
Conseil, le radical Edgar Faure, le PCF récupère son nombre d'électeurs de 1946 (près de 5,5 millions), maintient son
pourcentage et renforce sensiblement sa représentation parlementaire, qui repasse de 101 à 150 députés. Les communistes réalisent même une percée intéressante dans les franges
du Nord-Ouest qui lui restaient rebelles jusqu'alors. Notons
toutefois une première fois l'« anomalie » parisienne : dès
1945, le communisme ne retrouve plus une assise aussi large
qu'en 1936 ; les élections de 1951 accentuent l'effritement et
la reprise éphémère de 1956 ne peut compenser les pertes
antérieures.

Dans l'ensemble en tous cas, l'électorat communiste se
singularise par son profil sociologique, par sa stabilité (il se
reporte peu sur les autres partis d'une élection à l'autre), son
rapport étroit à l'activité communiste (c'est l'électorat qui se
dit volontiers le plus proche du parti auquel il accorde ses suffrages), sa forte politisation et la cohérence de ses références
politico-idéologiques. En 1956, les politologues Jean Stoetzel
et Pierre Hassner notent ainsi qu'une « série de caractères
donne à l'électorat communiste une personnalité à part, qui
le distingue radicalement de tous les autres électeurs et particulièrement des autres électeurs de gauche. Ces traits sont :
le dynamisme, la cohésion, l'attachement au parti. Pris globalement, l'électeur communiste est celui dont les convictions
sont les plus enracinées et dont le moral est le meilleur ».[7]
Pour ceux qui votent communiste au milieu des années cin-

---

7. Jean Stoetzel et Pierre Hassner, « Résultats d'un sondage dans le premier
secteur de la Seine », *Les élections du 2 janvier 1956*, Cahiers de la FNSP,
Armand Colin, Paris, 1957.

quante, les motivations se concentrent volontiers sur la double idée que le PCF est celui qui lutte le plus vigoureusement contre le capitalisme (pour 39 % des électeurs communistes) et pour la défense des intérêts de la classe ouvrière. En bref, ajoutent les deux analystes, « le Parti communiste semble cristalliser autour de lui l'aspiration à une société libérée des contraintes économiques et où les intérêts solidaires de la classe ouvrière se trouveraient mieux défendus ».

Les aléas de la guerre froide n'ont pas entamé le capital électoral du PCF ; au contraire, la crise politique qui accompagne la décolonisation affecte une première fois une cohésion que l'on croyait sans faille. Aux élections partielles de 1957 à Paris, quelque temps après le drame hongrois, les communistes perdent certes un peu de terrain. Mais ni les partielles du premier trimestre 1958, ni les cantonales des 20 et 27 avril ne laissent présager le reflux des premières élections législatives de la Cinquième République. En mai 1958, le PCF est au premier rang de ceux qui dénoncent, dans le coup de force d'Alger, la marque du fascisme honni. À l'été et à l'automne, alors que la SFIO s'est ralliée au général de Gaulle au point de se présenter comme « l'avant-garde de la Cinquième République », le PCF maintint son opposition totale : pendant la campagne qui précède le référendum du 28 septembre sur les institutions, il n'a pas hésité à affirmer que « les oui seront des oui au fascisme ».

Les communistes abordent la séquence électorale de l'automne avec confiance ; en fait, elle constitue leur premier traumatisme de l'après-guerre.[8] À la fin octobre, abasourdie par la victoire écrasante du Oui, qui a attiré une part non négligeable de l'électorat du PC, la direction communiste veut encore croire que le parti va recueillir les fruits d'une opposition dont il a le monopole partisan. Le soir des élections législatives du 23 novembre 1958, les militants doivent déchanter : ils perdent près d'un million et demi d'électeurs, passant sous la barre des 4 millions de suffrages. À l'issue des deux tours, leur représentation parlementaire, laminée par le scrutin uninominal majoritaire, passe de 150 à 10 ! En pourcentage par rapport aux inscrits, cela le place à 14,3 %, à peine au-dessus du niveau de 1936 (12,6 %). Aucun bouleversement géographique ne vient certes déformer la carte électorale confirmée en 1946. Mais, cette fois, le recul est généralisé, observable en milieu urbain comme en milieu ru-

---

8. Jean Ranger, « L'évolution du vote communiste en France depuis 1945 », in Frédéric Bon et *alii*, *Le communisme en France*, Armand Colin, Paris, 1969.

ral. Une fois encore, la résistance à l'érosion est plus grande dans les zones de force (sauf dans le Midi) que dans les zones de faiblesse (sauf dans l'Ouest où la chute est relativement modeste).

Le vote communiste en 1958 selon le niveau d'influence à la Libération		
Niveau départemental d'influence en 1945	% d'exprimés le 23 nov. 1958	Évolution 1958/1956 Indices d'évolution
Plus de 30 %	25,6	76
De 25 à 30 %	20,0	74
De 20 à 25 %	16,3	72
De 15 à 20 %	11,5	67
De 10 à 15 %	9,2	64
De 5 à 10 %	6,6	60
Total France métropolitaine	18,7	73

Méthode : La lecture des indices

L'indice permet de mesurer une évolution en tenant compte des résultats de départ. On sait en effet qu'une augmentation de 500 n'a pas la même valeur si le nombre initial est de 500 ou s'il est 5000. Dans le premier cas, l'augmentation est de 100 % ; dans le second cas, elle n'est que de 10 %. L'indice permet de présenter le résultat de manière simple : dans le premier cas, on dira que l'indice est de 200 ; dans le second cas, il est de 110.

Un tableau d'indice est calculé à partir d'une année de référence :

– Un indice 100 indique une stabilité parfaite des voix ou des pourcentages.

– Les chiffres supérieurs à 100 indiquent une augmentation : l'indice 110 équivaut à une augmentation de 10 % ; l'indice 120 à une augmentation de 20 %, etc.

– Les chiffres inférieurs à 100 indiquent une diminution : l'indice 90 correspond à une diminution de 10 % du résultat initial, l'indice 80 à une diminution de 20 %, etc.

La densité du vote communiste est d'autant plus importante que la structuration du vote est au départ la plus forte, la plus proche de l'imprégnation culturelle. À sociologie égale, la Lorraine métallurgique où le PCF avait fortement progressé en 1956, recule plus massivement que les bassins miniers du Nord et du Pas-de-Calais. Les études plus fines réalisées à l'époque sur Paris montrent que les électeurs ouvriers du PC ont été plus fortement attirés par le gaullisme dans les arrondissements où la présence ouvrière est limitée, que dans les arrondissements plus nettement prolétariens de l'Est parisien.[9]

La diversité des reculs et la fidélité relative des terres ouvrières n'annulent pas la déception profonde. Le PCF pensait profiter de son éloignement à l'égard des institutions de la Quatrième République, qu'il a approuvées à l'origine, mais dont il a critiqué férocement le fonctionnement depuis 1947. En fait, des électeurs communistes ont eux-mêmes associé le parti au « système » et ont préféré suivre la ligne refondatrice exprimée par le Général. En 1958, l'opposition frontale choisie par le PCF le pénalise auprès d'une part de son électorat, qui considère que la refonte des institutions est nécessaire et que la solution politique proposée par de Gaulle est la meilleure dans le contexte de l'interminable conflit algérien.

LA RELANCE DES SIXTIES

Assiste-t-on à un décrochage décisif, premier indice d'une lente et nécessaire agonie ? Dans les faits, il n'en est rien. Si l'influence législative reflue, l'implantation locale résiste. Le communisme municipal, que tout le monde disait menacé par l'appétit gaulliste, se renforce en 1959. À l'issue des élections locales des 8 et 15 mars 1959, le PCF gère trente-et-une mairies de la région parisienne contre vingt-huit précédemment ; il s'est emparé de quelques fleurons, comme Vierzon, Martigues, Corbeil-Essonnes, Pantin, Chatillon-sous-Bagneux, Sète et Noisy-le-Sec. Par rapport aux élections de 1953, il progresse dans quatorze des plus grandes villes françaises, y compris à Paris. Dans les 80 communes de la Seine, il retrouve six électeurs sur dix qui l'avaient délaissé en novembre 1958. En 1964, à la veille des municipales suivantes, les communistes pourront s'enorgueillir des 1 064 municipalités qu'ils dirigent, de leurs 20 470 conseillers municipaux (dont près de 2 000 dans les seuls départements du Nord et du Pas-de-Calais) et de leurs 161 conseillers généraux, répartis dans 46 départements.[10] Ils sont certes loin des chiffres de la Libération, mais ils ont mon-

9. François Goguel, Alain Lancelot, Jean Ranger, « Analyse des résultats », *Le référendum de septembre et les élections de novembre 1958*, Cahiers de la FNSP, n° 109, Armand Colin, Paris, 1959.

10. Rapport d'activité du Comité central, Supplément au *Bulletin de Propagande et d'Information* n° 1, janvier 1964.

tré leur capacité de résistance, sous-estimée par les hommes du pouvoir. De plus, les sondages de l'époque suggèrent que l'électorat communiste, s'il s'est quantitativement rétracté, conserve au début de la décennie soixante la massivité qui faisait dire à un observateur attentif que la « conscience communiste » était la « conscience partisane par excellence ».[11]

Carte 6. L'évolution du vote législatif du PCF (1958-1962)

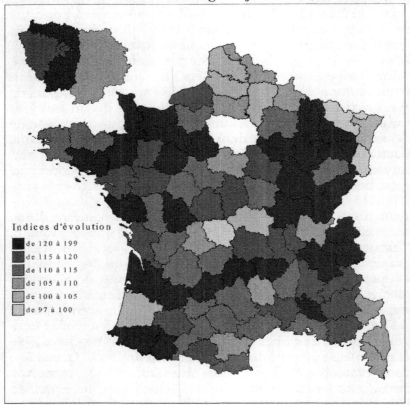

L'électorat des années 1950 ne semble pas s'être déstructuré en profondeur, au moment du choc provoqué par la Cinquième république naissante. Bien plus, les années 1962-1967 sont celles de la relance. La posture d'opposition radicale, qui affaiblit le PC à l'automne 1958, se transforme en atout, sitôt le conflit algérien terminé et sitôt revenus au premier plan les clivages économico-sociaux. En novembre 1962, lors des élections qui suivent la dissolution de l'Assemblée, les communistes gagnent 120 000 voix alors que l'abstention a pro-

11. Pierre Fougeyrollas, *La conscience politique dans la France contemporaine*, Denoël, Paris, 1963, p. 54.

gressé de près de 2,5 millions. En pourcentage d'exprimés, le gain est de plus de 2,5 % (21,8 % contre 19 % en 1958 pour la France métropolitaine). La progression est particulièrement sensible dans l'Est, les Alpes, les Pays de Loire, la Bourgogne et la Normandie ; la Moselle, la Creuse et le Haut-Rhin sont les seuls départements à stagner. Mais les avancées sont moindres que la moyenne dans le Nord, la Bretagne littorale et les zones de force du Centre et du Sud-ouest.

La marche en avant se poursuit dans les années suivantes. La vie politique, il est vrai, est entrée dans une nouvelle donne, avec la décision gaullienne, sanctionnée par le référendum du 28 octobre 1962, de faire élire le Président de la République au suffrage universel. En réservant aux deux seuls candidats arrivés en tête au premier l'accès au second tour présidentiel, la procédure électorale sacralise le principe majoritaire, en même temps qu'elle accentue le présidentialisme régalien qui caractérise les institutions de 1958. En pratique, la règle électorale édictée en 1962 promeut deux méthodes pour parvenir à des majorités. La première consiste à écorner le potentiel électoral de l'adversaire, en essayant d'attirer la part la plus instable de son électorat : cela pousse vers des rassemblements au centre de l'échiquier politique, pour transcender le clivage droite-gauche originel. À droite, Valéry Giscard d'Estaing s'est fait le principal chantre de cette démarche, quand il s'est fixé l'objectif, au moment où le gaullisme historique s'étiolait, de rassembler « un Français sur trois ». À gauche, la tentation centriste a été au coeur de la campagne engagée en 1963, autour de Gaston Defferre et de *l'Express* (« Monsieur X »), et qui culmine entre 1964 et 1965, avec le projet d'une Grande Fédération rassemblant les socialistes et le MRP à la recherche de formules nouvelles. La même tentation s'exprime plusieurs années plus tard, en 1988, au temps de la « Lettre aux Français » de François Mitterrand, quand il sollicite les suffrages pour un second mandat.

L'autre méthode, au contraire, repose sur l'idée que la mobilisation électorale ne se joue pas d'abord à la marge, mais à l'intérieur même du noyau de la gauche et de la droite. La question réputée décisive n'est plus alors de trouver le langage qui séduit une frange du camp adverse, mais celui qui mobilise avec le plus de force le coeur de l'électorat de prédilection, à droite comme à gauche. De Gaulle pouvait expliquer qu'il n'était ni de droite ni de gauche : le principe de mobilisation de ses forces était nettement à droite, dans ce mixte original d'une modernité marchande et d'une autorité garantie par la puissance tutélaire de l'État. À gauche, dès le printemps 1962, avant même le tournant présidentiel du régime et alors que la détente internationale commence à minimiser l'importance politique des clivages extérieurs, c'est le Parti communiste qui fait de l'union de la gauche l'alpha et l'oméga de toute dynamique politique.[12] Entre 1963 et 1965, contre les constructions politiques de la « Grande Fédération », les communistes valorisent l'union des socialistes et des communistes autour de la perspective d'un programme commun, keynésien dans ses méthodes, radical dans ses visées réformatrices.

Incontestablement, la méthode suggérée par le PC montre ses capacités d'entraînement. Lors des cantonales des 8 et 15 mars 1964, le PCF semble avoir brisé l'isolement qui le contraignait depuis 1947. Seuls les communistes et la majorité gaulliste progressent par rapport au scrutin précédent de 1961, justifiant la formule ancienne d'André Malraux selon laquelle « entre nous et les communistes, il n'y a rien ». Aux élections municipales de mars 1965, le PC amplifie sa marche en avant en faisant triompher ses listes « d'ouverture » dans une centaine de communes supplémentaires, dont neuf villes de plus de 30 000 habitants. Surtout, les élections de 1965 sont l'occasion, pour la première fois, de montrer la vivacité et l'efficacité de la logique de l'union de la gauche : au total, les listes de rassemblement à gauche l'emportent numériquement sur les combinaisons centristes héritées de la guerre froide et de l'esprit de « troisième force ». Si la SFIO maintient son alliance avec la droite antigaulliste dans toutes les grandes villes qu'elle dirige (Marseille, Lille, Toulouse), elle choisit l'alliance avec les communistes dès le premier tour dans la majorité des villes de plus de 30 000 habitants. Dans ces villes, les listes d'union de la gauche vont regrouper 20,5 % des suffrages exprimés, contre 13,6 % seulement pour les listes de coalition de centre-gauche.

Le point d'orgue de cette phase de sensible relance est atteint aux législatives de 1967. Entre 1958 et 1962, le PC avait progressé dans la quasi-totalité des départements métropolitains ; en 1967, il progresse encore dans les deux tiers d'entre eux. Il repasse la barre symbolique des 5 millions de suffrages et, avec ses 22,5 % d'exprimés, il récupère la moitié des pertes relatives de 1958. L'avancée est particulièrement nette dans l'est mosellan et vosgien, en Franche-Comté, en Basse-Loire et dans l'Ouest poitevin et vendéen, mais aussi dans les zones de force de la Bretagne côtière, des Pyrénées, de la Norman-

---

12. La formule de l'union autour d'un programme apparaît lors de la session du Comité central de Bezons, les 31 mai et 1er juin 1962.

die et du Nord. Elle s'observe dans les terres industrielles de la Lorraine comme dans les espaces encore marquées par la ruralité du Centre et du Sud-ouest. On la retrouve à Caen, à Dijon, au Mans ou à Angers. Sans doute le PC recule-t-il en pourcentages dans la région parisienne, en Corrèze, dans le Lot ou dans la Nièvre, où il ne parvient pas à surmonter la désaffection de 1958 vers un gaullisme qui a su s'insérer dans les habits du vieux radicalisme assoupi (le jeune Jacques Chirac en Corrèze). Mais les résultats globaux sont d'autant plus perçus comme réconfortants qu'ils se trouvent confirmés aux cantonales de 1967, où les communistes progressent de près de 8 % sur l'élection précédente et comptabilisent 175 élus contre 52 en 1961 !

Le vote départemental du PCF selon le niveau de 1958			
Départements où le PCF obtenait en 1958 :	nov-58	nov-62	mars-67
Plus de 30 %	36,2	42,3	40,0
De 25 à 30 %	27,6	32,0	32,4
De 20 à 25 %	21,9	24,7	25,3
De 15 à 20 %	16,9	20,0	20,7
De 10 à 15 %	12,6	15,1	16,1
De 5 à 10 %	8,0	9,7	11,5
Moins de 5 %	4,5	6,3	7,1
Total France métropolitaine	18,8	21,9	22,6

L'évolution du vote législatif du PCF (1958-1967)		
Indices d'évolution	1962/1958	1967/1962
Plus de 30 %	117	95
De 25 à 30 %	116	101
De 20 à 25 %	113	102
De 15 à 20 %	118	103
De 10 à 15 %	120	107
De 5 à 10 %	121	119
Moins de 5 %		
Total France métropolitaine	117	103

Le tout est conforté par une image qui s'améliore sensiblement au milieu de la décennie 1960.[13] En 1954, 54 % des sondés considéraient encore que le communisme constituait « un réel danger pour la France ». Dans la deuxième moitié des années soixante, ils sont toujours nombreux (40 %) à énoncer à son propos un point de vue négatif ; mais l'hostilité est en train de s'émousser. En 1966, une majorité (54 %) considère que l'action locale des élus communistes est utile et un quart des personnes interrogées affirment même qu'elles souhaitent lui voir jouer un rôle plus important dans l'avenir, contre 18 % seulement, deux ans auparavant. Plus significatif encore, 40 % en 1964 et 48 % en février 1968 déclarent aux enquêteurs de l'IFOP qu'elles seraient favorables à une participation gouvernementale des communistes, contre 24 % qui s'y disent opposées. « Les communistes ont changé », titre *Le Nouvel Observateur* du 23 février 1966 rendant compte d'un sondage de l'IFOP. Quelque temps après, des observateurs attentifs parlent d'une certaine normalisation des représentations du communisme en France. Sans doute soulignent-ils qu'une majorité tient toujours le PCF pour un parti « pas comme les autres » et qu'une minorité non négligeable persiste à annoncer que les communistes au pouvoir « interdiraient tous les autres partis ». Mais, ajoutent-ils, « la légende noire du Parti communiste est aujourd'hui relativement estompée ».[14]

LES BALBUTIEMENTS D'UNE FIN DE DÉCENNIE

Les élections de juin 1968, qui marquent la fin de la grande crise de mai-juin, sont d'autant plus surprenantes et douloureuses, pour des communistes qui se sont habitués au regain d'expansion de leurs bases électorales. Cette année-là, leurs pertes sont sensibles dans la quasi-totalité des départements (sauf dans le Cantal, la Corse, le Cher, l'Indre, le Lot-et-Garonne, les Alpes-Maritimes et la Nièvre). Elle annule pour la plus large part les gains récents, notamment dans l'Est et dans l'Ouest. Les pertes ne touchent pas ces seules zones : elles sont fortes en région parisienne, dans le Nord et dans la Somme, en Lorraine, en Bourgogne et en Champagne, dans

13. Les références de sondages se trouvent dans Jean Ranger, « L'évolution du vote communiste... », art. cité.
14. Monique Fichelet, Raymond Fichelet, Guy Michelat, Michel Simon, « L'image du Parti communiste français d'après les sondages de l'IFOP », *in Le Communisme en France*, PFNSP, *op. cit.*

le Périgord, la vallée du Rhône et le Languedoc, en Ariège, dans le Var et dans les Pyrénées-Orientales.

Il est vrai qu'un an plus tard le bon score national de Jacques Duclos, à l'élection présidentielle qui suit la démission du général de Gaulle, relance à nouveau l'espérance. Au départ, le PCF souhaite une reconduction de la tactique choisie en 1965 : il propose à la SFIO et aux radicaux une candidature unique de la gauche, si possible autour d'un programme commun, à tout le moins autour d'un ensemble suffisant d'engagements. Or, cette fois, François Mitterrand se trouve affaibli à l'issue de la crise de Mai[15] et les socialistes ne veulent pas d'une alliance qui leur semble profiter avant tout au PC. Les communistes se résolvent donc à désigner leur candidat : le 2 mai, le secrétaire général, Waldeck Rochet, propose au Comité central la candidature de Jacques Duclos, vieux thorézien dont il dit que sa « candidature va fédérer nombre de voix de travailleurs ». Le choix d'un homme âgé, un an après la révolte de la jeunesse, n'est pas sans surprendre et, de fait, les premiers signaux ne sont guère encourageants. Les sondages du mois de mai le situent dans une fourchette de 10-12 % (c'est mieux, il est vrai, que le socialiste Gaston Defferre qui, entre le 5 et le 17 mai, passe de 11 % à 6 % des intentions de vote). Une campagne extrêmement dynamique, servie par sa faconde, son sens de la formule et son accent rocailleux, nourrit une progression continue dans l'opinion : le 27 mai, la SOFRES le crédite d'un 17 % qui contraste avec les 7 % concédés au rival socialiste. Le 1er juin 1969, les résultats du premier tour sont au-delà de l'espérance : avec 21,5 % des suffrages exprimés, Jacques Duclos talonne de peu le candidat des centristes, le Président du Sénat Alain Poher (23,5 %). Le leader communiste est même devant le candidat du Centre dans l'électorat masculin (26 % contre 22 %), chez les ouvriers (33 % contre 19 %) et chez les retraités (23 % contre 19 %). Il écrase tous ses concurrents de gauche, et notamment Gaston Defferre, qui franchit de justesse la barre des 5 %.

L'analyse de détail ne présente certes pas que des signes positifs. Un an après le mouvement de 1968, les jeunes, contrairement aux scrutins antérieurs, ont moins voté communiste que leurs aînés. Par ailleurs, si le PCF progresse en voix et en pourcentages dans la plupart des départements français, il recule encore dans une quinzaine d'entre eux, et notamment en région parisienne.

---

15. Un sondage de février le crédite d'un médiocre 10% en cas d'élection présidentielle (cité dans L'Express des 17-23 mars 1969)

Les reculs du PCF entre 1968 et 1969				
	PCF 1968	Duclos	Différence 1969-1968	
	% exprimés	%exprimés	Voix	%
Val-d'Oise	29,6	29,3	1 920	-0,3
Sarthe	21,8	21,6	-881	-0,2
Seine-Maritime	27,2	26,6	-2 459	-0,6
Finistère	17,6	17,1	-2 964	-0,5
Seine-Saint-Denis	39,9	38,6	-2 077	-1,3
Val-de-Marne	31,7	30,4	-2 611	-1,3
Hauts-de-Seine	27,6	25,7	-9 903	-1,9
Alpes-Maritimes	25,6	23,2	-7 205	-2,4
Pyrénées-Orient.	31,9	28,3	-4 911	-3,6
Essonne	31,3	27,0	-6 643	-4,3
Cher	33,7	28,9	-7 471	-4,8

L'évolution du vote communiste (1968-1969) par niveau d'influence en 1968				
Départements où le PCF obtenait en 1968 :	PCF	Duclos	Différence 1969-1968	Indice 69/68
	% exprimés	%exprimés	%	%
Plus de 30 %	33,7	31,1	-2,6	92
De 20 à 30 %	24,6	25,9	1,2	105
De 15 à 20 %	17,6	19,2	1,6	109
De 10 à 15 %	13,4	16,8	3,4	126
Moins de 10 %	8,1	10,5	2,4	130
Total France métropolitaine	20,0	21,5	1,5	108

Dans l'ensemble, le candidat du PC progresse surtout dans des zones où son parti est relativement moins bien implanté, et notamment dans les territoires de tradition plutôt socialiste et radicale. C'est le cas du Sud-ouest, du Sud-est, de la Bourgogne et de la Franche-Comté. Pour une partie de la gauche non communiste, le vote en faveur du vieux leader a été une manière d'exprimer un choix en faveur de l'union de la gauche, que voulait à tout prix conjurer le tandem formé par Gaston Defferre et Pierre Mendès France. Étudiant le vote de juin 1969, Jean Ranger estime à un cinquième environ du résultat final (8 à 900 000) la part des électeurs socialistes qui se sont portés sur Jacques Duclos.[16] Si ces estimations sont exactes, un quart de l'électorat socialiste de 1968 aurait voté communiste un an plus tard. Le phénomène ne se reproduira plus...

La présidentielle de 1969, le bon résultat communiste et l'effondrement socialiste accélèrent la recomposition à gauche. L'union de la gauche a désormais le vent en poupe. Aux municipales de mars 1971, elle devient la norme. Dans les villes de plus de 30 000 habitants, on comptait 68 listes associant communistes et socialistes en 1965 ; cette fois, elles sont 115. Le PCF, qui a refusé par ailleurs une alliance avec le PSU et les « Groupes d'action municipale » à Grenoble, Valence et Chambéry,[17] est une fois de plus bénéficiaire de sa stratégie locale d'ouverture. Les 115 listes d'union permettent aux communistes d'emporter 44 mairies (contre 23 en 1965) et 1 014 sièges de conseillers municipaux (contre 639 en 1965).[18] Au total, le nombre de communes administrées par un maire communiste ou « apparenté » augmente, moins en nombre (+ 11) qu'en effectifs de population (un gain de 1,2 millions). Amiens, Calais, Saint-Dizier et Arles ont désormais un maire communiste.

LE TEMPS DU DOUTE

À partir de là, tout s'accélère. En juin 1971, au Congrès d'Épinay, François Mitterrand prend la tête du « nouveau

---

16. Jean Ranger, « L'électorat communiste dans l'élection présidentielle de 1969 », *Revue Française de Science Politique*, avril 1970.

17. Le Comité central du PCF a repoussé, le 22 décembre 1970, « toute compromission avec les différents groupes gauchistes dont la présence ne pourrait que discréditer la signification constructive et démocratique des listes d union ». Par ailleurs, les communistes ont exprimé à plusieurs reprises leur hostilité à a thématique du « pouvoir municipal » chère au PSU de Michel Rocard. Le 8 décembre 1970, dans *l'Humanité*, Georges Marchais explique que le PCF « n'entend pas faire jouer aux municipalités un rôle qui n'est pas et ne peut être le leur ».

18. Georges Lavau, « Les stratégies du PCF et de l'UDR dans les villes de plus de 30 000 habitants », *RFSP*, avril 1972.

Parti socialiste » puis, en juin 1972, il signe avec les communistes et les radicaux de gauche un programme commun de gouvernement. Dix ans après le lancement de son offre politique, le PCF a donc gain de cause. Dans son esprit, « le programme commun peut susciter un puissant élan populaire » (Georges Marchais, le 29 juin 1972) et il ne pourra que bénéficier au PCF. Celui-ci n'a-t-il pas été l'initiateur d'un document dont il a porté le projet, dont il a défini l'ossature (le programme élaboré par le PCF en octobre 1971 est une première trame du futur texte commun) et dont il diffuse le contenu (1 225 000 exemplaires distribués par le PC entre la fin juillet 1972 et le début de 1973) ?

Or les résultats électoraux ne sont pas à la hauteur des espérances. Le 4 mars 1973, avec ses 43,1 %, la gauche se trouve plus de cinq points au-dessus de son résultat de juin 1968 et devance nettement la majorité gaulliste qui se contente de 37,9 % des suffrages exprimés. Le PCF, avec un peu plus de 5 millions de voix, gagne 600 000 suffrages sur 1968 et 1,1 % en pourcentage ; il dépasse légèrement le seuil de 1967 en voix, mais recule de 1,1 % sur le pourcentage de cette année-là. Un an après la signature du programme commun tant attendu, voilà le PCF à mi-chemin entre le bon résultat de 1967 et le score décevant (mais présumé conjoncturel) de 1968. Par rapport à 1968, il progresse dans tous les départements, sauf dans douze (dont Paris et le Cher) ; par rapport à 1967, il gagne dans trente départements et recule dans soixante-cinq. La progression d'une élection à l'autre obéit à la règle la plus fréquente depuis 1945 : elle est d'autant plus forte que le niveau d'implantation est relativement faible. L'évolution depuis 1967, elle, est à peu près la même quel que soit le niveau de départ. Mais les pertes sont sensibles en région parisienne (-3,5 % en Seine-Saint-Denis, – 2,9 % dans le Val-de-Marne, – 2,6 % dans le Val d'Oise, – 2,5 % dans les Hauts-de-Seine). La seule satisfaction pour le PC est qu'il reste en tête de la gauche : 21,4 % nationalement contre 19,2 % pour le PS de François Mitterrand et 3,3 % pour le PSU et l'extrême gauche. Satisfaction elle-même relative : le PCF conserve sa prééminence, mais l'écart se réduit : il était de 3,6 % en 1967 avec les forces réunies de la FGDS ; il n'est plus que de 0,6 % avec l'ensemble de la gauche socialisante en 1973.

Les élections cantonales de septembre 1973 sont encore plus décevantes. Dans cette série de cantons où le PCF avait gagné près de 8 % et 123 sièges entre 1961 et 1967, il perd cette fois 3,6 % des suffrages exprimés. Sans doute la dynamique de l'union de la gauche et l'effritement de la droite lui permettent-ils de gagner trente sièges au soir du second tour.

Mais le doute s'installe. Comment se fait-il que le PS profite davantage de l'union que le PC ? Au printemps de 1973, la direction communiste interloquée voit dans l'antisoviétisme une cause de ce décalage entre l'espoir et la réalité. Le PCF, tout en continuant de dénoncer ce qu'il estime être les mensonges de l'anticommunisme augmente au fil des mois sa distance avec le régime soviétique, en même temps qu'il resserre ses liens avec le PC italien dans le cadre de « l'euro-communisme ». Mais l'amélioration réelle de l'image du PCF dans l'opinion ne suffit pas à inverser la dynamique électorale favorable aux socialistes. À la fin septembre 1974, quelques semaines après l'élection présidentielle où François Mitterrand, candidat unique de la gauche, a frôlé la victoire au second tour, six élections partielles affolent le PCF : dans quatre cas sur six, le PC marque sensiblement le pas et se trouve supplanté par son allié socialiste.[19] En mars 1976, les cantonales rééditent le scénario : le PCF gagne certes une centaine de sièges de conseillers généraux, mais il se tasse légèrement en pourcentages (-1 % entre 1970 et 1976) et, surtout, il est nettement distancé par le PS qui inverse le rapport des forces alors installé : les socialistes passent, dans cette série de cantons, de 14,8 % à 26,6 %, alors que les communistes, eux, fléchissent de 23,8 %à 22,8 %.

À partir de là, le PCF oscille entre le désir d'être « unitaire pour deux », comme il l'a été dans les années soixante, et l'exacerbation de la critique contre un partenaire qui maintient, sans se démonter, l'attitude définie en 1972. Alors que les communistes popularisent le programme commun, pourfendent inlassablement ses critiques de droite et se défendent contre les accusations de carence démocratique qui pèsent sur eux, les socialistes copropriétaires d'un programme qu'ils ont peu élaboré mais qu'ils ont signé, travaillent, à partir de leurs propres propositions, une image de réalisme et d'excellence démocratique voire « autogestionnaire ». Le nouveau Parti socialiste a su capter les attentes nées de la grande croissance des *sixties*. Il a pris langue avec les représentants de la « seconde gauche » (le symbole en est l'adhésion de Michel Rocard et d'une large partie de l'encadrement PSU à l'automne de 1974) et attiré une part de la dynamique militante des « nouveaux mouvements sociaux » (féminisme, mouvements homosexuels, régionalisme, autogestion...). Il

19. Pierre Martin, « Les élections législatives partielles en France de 1973 à 1980 : mécanismes et enseignements », *Revue Française de Science Politique*, juin 1981.

a compensé son atonie militante par une immersion dans les nouvelles pratiques associatives. Le PCF, lui, a boudé le « gauchisme », a exprimé sa méfiance à l'égard de ce qui s'écartait de la vieille culture du mouvement ouvrier et a continué de s'appuyer avant tout sur la sociabilité ancienne du syndicalisme et des « organisations de masse ».

À CHAQUE ÉLECTION, SA LEÇON

Dans la préparation des élections municipales de 1977, la ligne unitaire atteint son apogée. Non sans succès. Le parti socialiste s'est complètement rallié à la formule de l'union de la gauche sur le plan local : la gauche se présente unie dans 202 des 221 villes de plus de 30 000 habitants, soit 91 % des cas contre 57 % en 1971 ; dans les communes de plus de 9 000 habitants, ce pourcentage est de 80 % contre 36 % six ans plus tôt. La méthode assure à la gauche française la majorité au soir du premier tour, le 13 mars 1977 : dans les grandes villes, elle passe de 46,9 % à 53,9 %. Au second tour, elle obtient sa meilleure mobilisation depuis la Libération. La France urbaine bascule à gauche[20] : dans les villes de plus de 9 000 habitants, la droite était à la tête de la municipalité dans 58 % des cas en 1971 ; en 1971, c'est la gauche qui l'emporte dans 71 % des cas et, dans 52 % des cas, elle gagne sur la base de l'union. Communistes et socialistes se partagent à peu près également les listes victorieuses. En 1971, le PC dirigeait 121 villes de plus de 10 000 habitants ; il en dirige 205 en 1977 et, parmi elles, 73 de plus de 30 000 habitants contre 47 six ans auparavant. Il administre 1 464 communes sur le territoire métropolitain, soit 314 de plus qu'en 1971, pour une population administrée de 8,6 millions d'habitants, soit 16,7 % de la population française. Béziers, Reims, Saint-Quentin, Montluçon, Le Mans, Bourges, Tarbes et Saint-Etienne ont un maire communiste. Les élections locales de 1977 constituent ainsi l'apogée du communisme municipal et sanctionnent positivement une stratégie unitaire opiniâtrement suivie depuis 1965. Mais si socialistes et communistes se partagent les fruits de la victoire, on notera que, tandis que les listes d'union sont majoritairement conduites par le PC en 1971, elles le sont majoritairement par le PS et le Mouvement des Radicaux de Gauche (MRG) en 1977.

---

20. Élisabeth Dupoirier, Gérard Grunberg, « Qui gouverne la France urbaine ? Les élections municipales de mars 1977 dans les communes de plus de 9 000 habitants », *RFSP*, février 1978.

La gauche va-t-elle l'emporter sur la base d'un renversement du rapport des forces installé en son sein depuis 1945 ? À la fin de l'été 1977, quand se profile la perspective des législatives décisives de mars 1978, Georges Marchais se crispe. L'union est en train, peu à peu, d'assurer l'hégémonie à un socialisme qui s'était pourtant trouvé inexorablement distancé depuis la Libération. Au mois d'août 1977, alors qu'évoluent positivement les négociations PC-PS sur la « réactualisation » du programme commun, le secrétaire général du PC décide, à la surprise de ses camarades du Bureau politique, de tendre le climat de la négociation.[21] La réactualisation doit tirer le contenu du programme vers sa gauche, martèlent les responsables communistes. Il ne faut pas perturber les équilibres existants, rétorquent des socialistes qui comprennent qu'ils peuvent, dans un bras de fer avec le PC, conforter leur image de réalisme économique et social. Fin septembre, les négociations entre les partenaires du programme commun échouent définitivement. Les alliés de l'union de la gauche vont séparément à la bataille électorale.

Le soir du 12 mars 1978, la gauche du programme commun recueille 45,6 % des suffrages exprimés contre 46,7 % pour la majorité sortante. Au total, la gauche tout entière est légèrement majoritaire, avec 50,2 %, contre 45,8 % en 1973. Le PCF obtient le plus grand nombre de voix de son histoire électorale[22] : près de 5,8 millions en France métropolitaine. En pourcentages d'exprimés, il recule toutefois de 0,8 %, ce qui l'éloigne un peu plus des espoirs de reconquête de la seconde moitié des années soixante. Les candidats communistes progressent dans 38 départements, notamment dans le Sud-ouest, et reculent dans 53, notamment dans le Sud et la région parisienne, qui poursuit le déclin amorcé en 1967. Dans l'ensemble, le tassement s'observe quel que soit le niveau d'influence de 1973, mais il est un peu plus important dans les zones de plus forte implantation. Dans tous les départements de l'Île-de-France, à l'exception de la Seine-et-Marne, le PC enregistre un recul qui va de 3,3 % dans le Val-de-Marne jusqu'à 7,9 % dans le Val d'Oise.

Le plus grave pour le PCF est qu'il a perdu la position d'hégémonie à gauche qu'il avait acquise entre 1936 et 1945. En 1973, le PS d'Épinay avait réduit l'écart ; en 1978, il prend la tête : 22,8 % contre 20,6 % pour le PC. En 1967, le PCF était

---

21. On peut en lire un récit dans Pierre Juquin, *De battre mon cœur n'a jamais cessé*, L'Archipel, Paris, 2006.
22. Depuis 1974, l'abaissement du seuil de la majorité à 18 ans a élargi le corps électoral.

Carte 7. L'évolution du vote législatif du PCF (1973-1978)

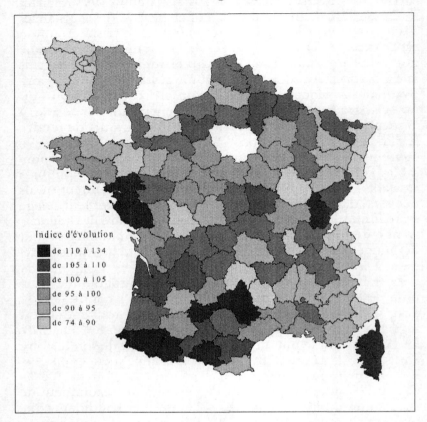

Indice d'évolution
- de 110 à 134
- de 105 à 110
- de 100 à 105
- de 95 à 100
- de 90 à 95
- de 74 à 90

devant le PS dans toutes les régions et dans 52 départements métropolitains ; en 1973, il est toujours en tête dans 50 départements et dans 11 régions ; en 1978, ces chiffres tombent respectivement à 36 départements et 9 régions. Si l'on ajoute au score du PS celui des radicaux de gauche, on peut même dire que les anciens alliés du PC le devancent dans 72 départements et 16 régions. À l'issue des législatives de 1978, le rapport des forces à gauche s'est inversé.

Au lendemain du scrutin législatif, alors que le PC connaît une vive contestation dans ses rangs, la direction essaie de positiver le résultat électoral en insistant sur les gains en sièges (treize) et en faisant porter la responsabilité de l'échec de la gauche sur le Parti socialiste. L'argument a du mal à convaincre : dans le schéma communiste du début des années soixante, le PCF était le seul en état de rassembler la gauche dans le grand affrontement majoritaire nourri par le système institutionnel. En 1969, l'effondrement de la vieille SFIO

Évolution départementale 1973-1978 selon le niveau de 1973						
	mars-67	juin-68	mars-73	mars-78	1978-1973	1978/1973
Départements où le PCF obtenait en 1973 :	%	%	%	%	%	Indice d'évolution
Plus de 30 %	35,2	32,1	33,7	31,0	-2,7	92
De 25 % à 30 %	27,5	25,8	27,1	26,3	-0,8	97
De 20 % à 25 %	23,7	21,0	22,5	21,9	-0,6	97
De 15 % à 20 %	19,2	16,6	17,6	16,8	-0,8	96
De 10 % à 15 %	13,4	11,2	12,7	13,3	0,6	105
Moins de 10 %	10,0	7,6	8,5	8,3	-0,2	98
France métropolitaine	22,5	20,0	21,4	20,6	-0,8	96

semble confirmer l'optimisme initial. En moins de dix ans, le socialisme mitterrandien a redressé la situation et s'affirme désormais, comme il l'était avant 1945, comme la première force à gauche.

Le temps est-il venu des vaches maigres pour le PCF ?

CHRONIQUE 3.
LE TEMPS DU RECUL
(1981-1994)

Au début des années quatre-vingt, les communistes pensent encore qu'ils peuvent conjurer leur déception de 1978. Somme toute, l'écart entre le PC et le PS n'est pas devenu si considérable... Pour les militants, l'élection présidentielle de 1981 prend un aspect d'autant plus traumatique. À partir de ce scrutin, s'amorce pour le PCF un déclin aux rythmes variables, dont ses membres guetteront le moindre signe de ralentissement, mais qu'ils ne sauront pas contrecarrer.

LE CHOC D'AVRIL 1981

La fin de la décennie soixante-dix n'a pas tué l'espoir. Les élections partielles qui suivent la consultation législative du printemps 1978[1] sont plutôt bonnes pour les candidats du PCF. Bien plus, lors des premières élections européennes au suffrage universel direct, le 10 juin 1979, le fossé s'est réduit entre le PCF et le PS : respectivement 20,5 % et 23,5 %, contre 20,6 % et 25 % un an plus tôt. Le PS rate son premier examen de passage européen ; le PCF retrouve à peu près son résultat de 1978. Un examen plus attentif aurait dû mettre les dirigeants communistes en alerte. En juin 1979, la propension au vote communiste est un peu plus forte en Basse-Normandie, dans une partie de la Bretagne gallo, dans le sud-est du Massif central et en Corse, tout comme dans le Sud-ouest et dans le Languedoc viticole, où le PCF profite de la présence sur sa liste du leader vigneron Emmanuel Maffre-Baugé. Mais la France du Nord et de l'Est continue de s'écarter lentement du vote communiste. Malgré le doute populaire sur les vertus de la construction européenne, le repli enregistré par le PC

---

1. Cinquante-sept partielles ont lieu entre mars 1978 et décembre 1979.

en 1978 se poursuit dans le Bassin parisien et dans les zones industrielles du Nord et de la Lorraine.

Ce ne sont pas ces signaux perturbants que perçoit l'actif communiste. Le 11 juin 1979, le Bureau politique estime avec satisfaction que les résultats de ces élections inédites sont « une bonne base à partir de laquelle notre Parti peut et doit développer son activité » et préfère souligner, comme de nombreux observateurs,[2] le tassement de la dynamique socialiste, pour la première fois depuis 1973. La situation serait-elle en train de s'inverser en faveur du PCF ? Avec la crise iranienne des otages (4 novembre 1979 – 20 janvier 1981) et l'intervention soviétique en Afghanistan (25 décembre 1979), s'esquisse une nouvelle phase des relations soviéto-américaines que l'on prendra l'habitude de désigner comme la « guerre fraîche ». À nouveau, comme au plus aigu de la guerre froide, beaucoup pensent que l'on est tenu de choisir son camp. En janvier 1980, Georges Marchais décide que le PCF ne peut pas défier à la fois Leonid Brejnev et François Mitterrand et que le temps est venu d'un ajustement dans les rapports entre le PCF et le PC soviétique.[3] Renouer les liens distendus avec l'URSS et attiser la polémique avec le Parti socialiste : le PCF ne peut-il pas, sur ces bases, retrouver l'allant militant des années cinquante ? La direction communiste entend, en tout cas, mettre les bouchées doubles. Pas question, en avril 1981, de rééditer le soutien dès le premier tour à la candidature de François Mitterrand, comme en 1965 et en 1974. Le 12 octobre 1980, six mois avant l'échéance cruciale, une conférence nationale du PCF désigne le secrétaire général pour porter les couleurs du parti.

Sa campagne sera menée avec allant, le PCF remplissant les salles comme jamais pour le soutien à son candidat. Du côté communiste, on sous-estime le fait que l'image de son numéro un n'est plus ce qu'elle était au milieu des années soixante-dix. En 1974, Georges Marchais enregistrait une moyenne de 36 % de « bonnes opinions » au baromètre mensuel de la Sofres. Ce pourcentage est tombé à 30 % en 1977, avec un fléchissement sensible en octobre, au moment de la rupture de l'union de la gauche. En 1980, il n'est plus qu'à 23 % et tombe même à 20 % en mars 1981, un mois avant le premier tour. Le climat social est par ailleurs en train de basculer, après la longue phase de mobilisation amorcée au début des années soixante. Le conflit dur et infructueux des sidérurgistes de

---

2. Alain Lancelot, « Europe numéro zéro. Les premières élections européennes des 7 et 10 juin 1979 », *Projet*, septembre-octobre 1979.

3. Thomas Hofnung, *Georges Marchais, l'inconnu du Parti communiste français*, L'Archipel, Paris, 2001.

Denain et de Longwy, face à la crise de la sidérurgie en 1978 et 1979, annonce une longue phase de recul du mouvement ouvrier. La CGT, qui avait passé avec brio la période tendue de la guerre froide, entame un long et continu reflux qui la fait passer, aux élections aux comités d'entreprise, de 50,8 % en 1966 à 38,5 % en 1978.

L'enthousiasme militant ne suffit pas à contredire les tendances négatives de fond. Jusqu'au début des années soixante-dix, aucune force politique n'avait été en mesure d'utiliser les fragilités du PCF, ses blocages internes et les hésitations de sa stratégie politique. Ce n'est plus le cas avec la dynamique du PS d'Épinay. Les socialistes sont désormais capables de mordre sur l'ensemble de l'espace à gauche, du désir d'un « vote utile » présidentiel jusqu'à l'expression d'une certaine radicalité. Le 26 avril, à l'issue d'une longue campagne où il a cherché avant tout à « faire la différence » avec le PS mitterrandien, le Parti communiste est décontenancé. Avec ses 15,35 % des suffrages exprimés, Georges Marchais est surclassé par François Mitterrand qui, avec 25,85 %, fait largement mieux que tous les résultats nationaux antérieurs du Parti socialiste. Par rapport aux législatives précédentes, le PCF a perdu près de 1,4 million de voix, de façon quasiment uniforme sur tout le territoire national : quel que soit le niveau d'influence de 1978, les communistes perdent entre un tiers et un cinquième de leur capital électoral. On estime[4] à 870 000 (sur 5,8 millions) le nombre des électeurs de 1978 qui se sont reportés dès le premier tour sur le nom de François Mitterrand. À l'exception de la région du Nord-Pas-de-Calais, du Limousin, de la Franche-Comté, de Midi-Pyrénées, de l'Auvergne et de la Corse, le Parti socialiste bénéficie, en totalité ou en partie, des déboires de son allié des années soixante-dix.

Sociologiquement, les pertes s'observent dans toutes les catégories. Elles sont plus accentuées chez les classes moyennes et les employés, chez les jeunes, les 50-64 ans et les retraités, mais les ouvriers ont commencé eux aussi de se détourner du « parti de la classe ouvrière ».

Cinq semaines plus tard, les législatives qui suivent la dissolution de l'Assemblée nationale par le nouveau Président tempèrent l'amertume, pour un PCF qui fléchit à nouveau en nombre de suffrages (un peu moins de 4 millions sur le territoire métropolitain, contre près de 5,8 millions en 1978),

---

4. François Platone et Jean Ranger, « L'échec électoral du Parti communiste », in Alain Lancelot (sous la direction de), *1981 : les élections de l'alternance*, Presses de la FNSP, Paris, 1986.

Pénétration du vote communiste (données de sondages)			
	Législatives 1978 (IFOP)	Présidentielle 1981 (Sofres)	Législatives 1981 (Sofres)
Moyenne nationale			
Moyenne	21	16	16
Par sexe			
Homme	22	17	17
Femme	18	14	15
Par âge			
Moins de 25 ans	30	24	18
25 à 34 ans	24	23	17
35 à 49 an	20	15	17
50 à 64 ans	18	11	18
65 ans et plus	12	7	10
Par catégorie socioprofessionnelle			
Agriculteurs	9	4	6
Industriels et commerçants	9	8	10
Cadres supérieurs	10	5	7
Professions libérales	18	15*	16*
Employés, cadres moyens.	22	15*	16*
Ouvriers	32	28	24
Inactifs, retraités	17	10	16

* Cadres moyens, employés

Méthode : Pénétration et composition

La pénétration décrit l'impact de telle ou telle force politique dans l'opinion. Pour chaque catégorie (sexe, âge, catégorie socio-professionnelle, statut d'activité, etc.), on évalue par sondage la part de la population concernée qui se reconnaît dans telle ou telle force ou qui vote pour elle. Le total des opinions recueillies dans la catégorie fait 100%.

La composition d'un électorat décrit sa structure, ventilée par sexe, catégories d'âge, CSP, statut d'activité, etc. Le total de chaque sous-catégorie fait 100% (par exemple : hommes 52%, femmes 48%).

mais qui récupère 0,7 % en pourcentage d'exprimés entre le 26 avril et le 14 juin (16,1 % contre 15,4 % en métropole). Entre ces deux moments, le PCF a continué à reculer dans 350 circonscriptions, mais compense son déficit dans 124 autres, dont la moitié correspondent à des territoires où il dépassait les 20 % en 1978. Le poids du scrutin majoritaire rend compte du timide regain de juin. Comme ce fut le cas de 1946 à 1958, le PCF recule moins dans ses zones d'influence, mais perd entre un tiers et la moitié de son électorat dans les zones de plus grande faiblesse. Là où le candidat communiste apparaît comme le plus apte à confirmer la victoire du 10 mai, l'électorat de gauche s'est porté sur lui de façon massive. Partout ailleurs, les électeurs communistes d'hier ont choisi de renoncer à leur choix de départ. Si l'on en croit les résultats de l'enquête « sortie des urnes » de la SOFRES, le recul s'est même accentué en juin chez les moins de 35 ans et chez les ouvriers.

L'évolution départementale du PCF entre 1978 et 1981			
Départements où le PCF obtenait en 1978 :	mars-78	juin-81	Indice d'évolution 1981/1978
Plus de 30 %	33,3	30,6	92
De 25 à 30 %	27,3	23,3	85
De 20 à 25 %	22,3	17,5	78
De 15 à 20 %	17,0	11,6	68
De 10 à 15 %	12,6	7,9	62
De 5 à 10 %	8,0	4,4	55
Total France métropolitaine	20,7	16,2	78

Dans leur étude de 1986, François Platone et Jean Ranger estiment à quelque 3,7 millions le nombre d'électeurs ayant choisi de voter communiste aux deux scrutins de l'année 1981.[5] L'électorat communiste a-t-il perdu l'homogénéité et la stabilité qui le caractérisait jusqu'alors ? En 1981, ses structures fondamentales ne semblent pourtant bouleversées ni territorialement, ni sociologiquement.

Le profil sociologique s'est à peine déplacé. Depuis une vingtaine d'années, les électeurs communistes se sont fémi-

---

5. François Platone et Jean Ranger, « L'échec électoral du Parti communiste », art. cit.

La composition de l'électorat communiste de 1952 à 1981					
	1952	1962	1967	1978	1981
Par sexe					
Homme	61	65	57	54	52
Femme	39	35	43	46	48
Par âge					
Moins de 25 ans	42	35	38	16	14
25 à 34 ans				26	21
35 à 49 an	35	31	27	24	26
50 à 64 ans	19	24	21	21	26
65 ans et plus	4	10	14	13	13
Par catégorie socioprofessionnelle					
Agriculteurs	13	5	9	4	2
Industriels et commerçants			6	4	4
Cadres supérieurs	9	6			
Professions libérales			2	4	5
Employés, cadres moyens	13	13	15	19	22
Ouvriers	38	51	49	49	40
Inactifs, retraités	27	25	19	20	27

nisés et ont vieilli (même si Georges Marchais semble avoir bénéficié d'un vote non négligeable de moins de 25 ans). Comme dans la société française, le nombre des agriculteurs s'est réduit parmi eux, mais, au total, les catégories populaires continuent de représenter les deux tiers de l'ensemble, avec un rééquilibrage sensible en faveur des employés et des cadres moyens.

Depuis la création du PCF, toutes les victoires de la gauche avaient été accompagnées d'une progression électorale des communistes, en 1936, en 1945, en 1956 ou en 1967. Trois décennies de croissance du bloc salarial et de la ville moderne pour en arriver au plus grave revers, pour un parti qui se targue à juste raison de son ancrage populaire ? Le vote de 1981 est-il l'annonce du déclin ? Est-il seulement l'effet conjoncturel d'une élection présidentielle où l'électeur, par la force d'un mode de scrutin sélectif, est tenté de choisir, dès le premier tour, le candidat qui lui semble le mieux placé pour représenter son camp au second ? Les responsables communistes retiennent la seconde hypothèse au lendemain de la séquence électorale de 1981. Le XXIVe Congrès du PCF, en février 1982, évoque certes les lenteurs et les contradictions d'un parti victime de son « retard de 1956 ». Mais, pour l'essentiel, les communistes considèrent qu'ils ont été victimes de la mécanique présidentielle, de leur absence de la compétition électorale en 1965 et en 1974 et, au-delà, de leur choix du programme commun. Comme cela a été souvent le cas dans le passé, ils infléchissent leur position tactique. Finies les diatribes contre un Parti socialiste accusé de recentrage : les communistes participant au gouvernement, l'oeuvre entreprise par le nouveau pouvoir socialiste est, jusqu'à l'été de 1984, tenue pour la plus importante depuis le Front populaire et la Libération. En gros, les dirigeants de la place du Colonel-Fabien comptent effacer, par leur responsabilité gestionnaire, l'image négative qui leur avait collé à la peau depuis la rupture de l'union de la gauche, à l'automne 1977.

Peine perdue ! Les élections municipales des 6 et 13 mars 1983 sont un premier et sérieux coup de semonce. Dans un scrutin calamiteux pour la gauche, qui perd 16 grandes villes dès le premier tour, le score du PCF est particulièrement inquiétant. Il a, bien sûr, la satisfaction de constater que le PS a échoué dans 10 des 11 mairies communistes où il a tenu à organiser des primaires, afin de tirer le bénéfice local de ses avancées électorales de 1981 ; et dans la seule de ces villes où les socialistes parviennent à devancer le PC (Reims), c'est la droite qui l'emporte au second tour. Sans doute encore, les communistes maintiennent-ils le nombre des communes qui ont à leur tête un maire communiste ou « apparenté » (1 460 contre 1 464 en 1977). Mais ils perdent 38 villes de plus de 10 000 habitants et ne progressent que dans les petites communes de moins de 500 habitants. Nîmes, Sète, Arles, Béziers, Grasse, La Seyne, Reims, Saint-Etienne et Saint-Quentin passent à droite, comme Sarcelles, Savigny-sur-Orge, Poissy ou Villeneuve-Saint-Georges en région parisienne. En 1977, les communistes et leurs alliés administraient plus de 8,5 millions d'habitants ; ils ne sont plus que 7 millions en 1983. En 1983, le bilan global (en nombre de mairies) masque en partie la première grande érosion dans la France urbaine.

Face à ce résultat, le PCF hésite mais ne modifie pas la ligne choisie à l'été de 1981. Charles Fiterman, le chef de file des ministres communistes, évoque son possible départ ; Georges Marchais ne veut pas courir le risque d'une nouvelle prise de distance et maintient en l'état la représentation communiste dans le gouvernement de Pierre Mauroy. Hélas pour lui, le 17 juin 1984, le PCF enregistre un nouveau recul lors des secondes élections européennes. Ses 11,2 % de suffrages exprimés marquent un fléchissement supplémentaire de près de 5 % par rapport aux législatives de 1981 et, avec leurs 2,2 millions de voix, les communistes ont perdu plus de la moitié de leur résultat de 1979. Le niveau obtenu les ramène désormais en-deçà de 1936 et, en pourcentage d'électeurs inscrits (6,1 %), le PC atteint son plus bas niveau historique depuis sa création. En 1979, six départements seulement se situaient au-dessous du seuil des 10 % ; ils sont quarante-cinq dans ce cas en 1984 et huit d'entre eux sont même au-dessous de 5 %. À l'inverse, il n'est au-dessus de son niveau législatif de 1981 que dans 15 départements métropolitains. Ainsi s'amorce un long mouvement de dénationalisation qui se poursuit et s'accentue dans les années suivantes. En 1984, les communistes résistent d'autant mieux qu'ils sont mieux implantés au départ ; en revanche, ils vont vers la marginalisation, là où leurs bases sont plus récentes ou plus fragiles.

Évolution 1979-1984 par niveau d'influence (Élections européennes)			
Départements où le PCF obtenait en 1979	1979	1984	1984/1979
	%	%	Indices
Plus de 30 %	31,7	18,7	59
De 25 à 30 %	27,3	16,1	59
De 20 % à 25 %	20,9	11,3	54
De 15 à 20 %	18,1	9,2	51
De 10 à 15 %	13,1	6,4	49
Moins de 5 %	7,7	3,2	42
France métropolitaine	20,6	11,2	54

Les européennes précédentes avaient nourri l'impossible espoir ; celles de 1984 flairent le déclin. Présentant les résultats de l'élection dans un dossier complet, l'hebdomadaire *Révolution* ne cache pas l'ampleur du problème : « Le déclin électoral, amorcé en longue durée et cristallisé en 1981, exprime au fond la fin d'une longue phase, l'inadaptation de toute une démarche face aux conditions nouvelles de la société française ».[6] Ce n'est pas cette tonalité que retient la direction du PCF. Pour elle, le PCF est avant tout victime du désabusement populaire nourri par la politique gouvernementale

6. Roger Martelli, « PCF : pourquoi la chute », *Révolution*, 22 juin 1984.

et, plus précisément, par la politique de « rigueur » engagée en 1982-1983. Les communistes participent donc d'un recul dont la responsabilité ne peut leur être imputée. Les électeurs communistes, pense le noyau dirigeant, se sont abstenus mais n'ont pas cessé d'être des électeurs communistes. Analyse un peu courte : l'étude des évolutions du vote dans les communes de plus de 9 000 habitants montre que le PCF résiste relativement mieux là où l'abstention a augmenté davantage que la moyenne nationale.[7] Le vote en faveur de la liste conduite par Georges Marchais a pâti de l'abstention populaire, mais moins durement que celui en faveur du Parti socialiste. Or celui-ci résiste pourtant mieux que son partenaire gouvernemental : les 20,8 % de la liste Jospin, ajoutés aux 3,3 de la liste radicale conduite par Olivier Stirn, équivalent aux 23,5 % de la liste Mitterrand en 1979. Voilà les socialistes bien loin de leurs 37,4 % de juin 1981, mais leurs bases profondes ne semblent pas érodées.

À la différence de 1983, le PCF décide de s'écarter à nouveau de son allié socialiste. Le 20 juillet 1984, le Comité central profite du départ de Pierre Mauroy et de la formation du gouvernement du jeune Laurent Fabius pour abandonner ses responsabilités gouvernementales. En juillet, le PCF se veut pourtant toujours partie prenante de la majorité présidentielle ; en septembre, il entre franchement dans l'opposition. Les communistes pensent-ils reconquérir ainsi les électeurs de 1981 déçus par le socialisme mitterrandien ? Ils doivent bien vite déchanter. Les cantonales du printemps 1985 s'avèrent bien médiocres : dans cette série de cantons, le PC passe de 22,5 % à 13,3 % et de 236 à 149 sièges de conseiller général. Plus grave encore, les législatives de mars 1986 entérinent le recul national. Pour la première fois depuis 1956, ces élections se déroulent à la proportionnelle, dans le cadre départemental, ce qui devrait en théorie bénéficier à des communistes pénalisés depuis près de trente ans par la logique majoritaire du scrutin de circonscription. Or, le 16 mars, le PCF recueille moins de 10 % des exprimés, perd 1,3 millions de voix et 6,4 % sur les législatives de juin 1981. La direction peut bien s'enorgueillir d'un gain de 400 000 voix sur des européennes marquées par une forte abstention (43,8 %). Le jeu sur les chiffres ne suffit pas à masquer l'évidence : le PCF a reculé plus nettement qu'entre 1978 et 1981 et, cette fois, un peu plus fortement dans ses « bastions » que dans ses zones de faiblesse.

---

7. Gérard Le Gall, « Une élection sans enjeu, avec conséquences », *Revue politique et parlementaire*, n° 910, juin 1984.

L'évolution départementale du vote communiste de 1978 à 1986 (élections législatives)		
Départements où le PCF obtenait en 1978 :	1981/1978 Indices	1986/1981 Indices
Plus de 30 %	92	57
De 25 à 30 %	85	60
De 20 à 25 %	78	60
De 15 à 20 %	68	61
De 10 à 15 %	62	70
De 5 à 10 %	55	68
Total France métropolitaine	78	60

L'option tactique n'y fait rien. Au gouvernement ou en dehors, en alliance avec le PS ou en concurrence avec lui, le PCF reflue. Depuis 1978, la répartition des zones de force est plus ramassée et elle s'est déplacée : l'implantation est axée sur les quatre départements du Centre, flanqués des points forts périphériques du Nord et du Sud-est. Les zones de fragilité s'accentuent dans l'est de la Bretagne, le sud du Massif Central, l'Alsace et la Haute-Savoie.

La hiérarchie des départements est en elle-même révélatrice d'une évolution. Les meilleurs départements et ceux qui progressent vers la tête du tableau sont parfois à composante rurale forte, souvent d'industrie ancienne, de population vieillie et d'urbanisation modeste en dehors d'un chef-lieu dominant. Inversement, parmi les départements qui reculent, se trouvent la plupart des départements d'implantation ancienne et de dominante industrielle urbaine (à l'exception du Pas-de-Calais), et notamment la totalité de la région parisienne (à l'exception du Val-de-Marne).

La caractérisation des écarts positifs et négatifs, des zones de moindre et de bonne résistance n'est pas aisée à construire, compte tenu de l'hétérogénéité sociologique des départements concernés. Le Maine-et-Loire, le Loiret et l'Eure-et-Loir, qui ont moins reculé que l'on ne pouvait s'y attendre, font partie des départements plutôt avantagés par la décentralisation industrielle des années 1960 – 1970. Ils corrigent ainsi, sans totalement l'annuler, l'image d'un PCF dont la stabilité serait directement proportionnelle à « l'archaïsme » de ses espaces d'insertion. Inversement, l'Aisne, la Marne et l'Aube, qui résistent eux aussi un peu mieux

Carte 8. L'évolution législative
du vote PCF (1981-1986)

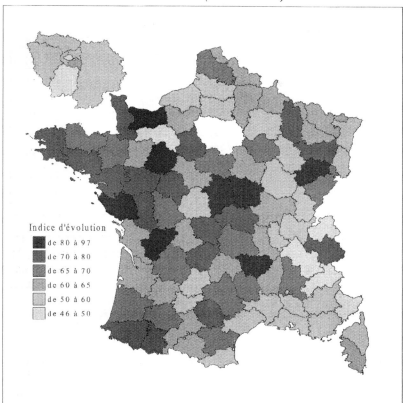

Indice d'évolution
de 80 à 97
de 70 à 80
de 65 à 70
de 60 à 65
de 50 à 60
de 46 à 50

que prévu, sont des départements d'industrie souvent plus ancienne, profondément en crise et frappés de plein fouet par les restructurations industrielles et le chômage, au même titre que ces départements du Midi où l'implantation communiste est plus fortement déstabilisée qu'ailleurs.

Dans l'ensemble, la typologie des évolutions confirme l'image d'un PCF fragilisé dans les espaces très urbanisés et industrialisés de son implantation traditionnelle. Pour leur part, les départements qui semblaient, dans les années 1970, constituer une relève possible d'influence n'ont pas résisté aux chocs de 1981. Enfin, les départements de relativement bonne remobilisation entre 1984 et 1986 ne relèvent pas d'une définition simple, compte tenu de leur diversité sociologique et de l'hétérogénéité de leurs évolutions. Le Cher, par exemple, réalise la meilleure remobilisation sur deux ans et retrouve son niveau de 1981 ; mais il avait enregistré une perte particulièrement forte entre 1978 et 1981.

Les dix départements de plus fort vote communiste					
mars-78		juin-81		mars-86	
	%		%		%
Seine-Saint-Denis	38,0	Seine-Saint-Denis	36,3	Cher	24,8
Gard	33,8	Haute-Vienne	33,4	Allier	22,2
Haute-Vienne	33,8	Gard	33,3	Haute-Vienne	20,9
Cher	33,0	Bouches-du-Rhône	28,9	Corrèze	19,2
Bouches-du-Rhône	32,1	Pyrénées-Orientales	28,3	Seine-Saint-Denis	18,7
Allier	31,0	Allier	28,3	Gard	17,4
Somme	30,5	Corrèze	27,1	Pas-de-Calais	16,6
Pyrénées-Orientales	30,2	Somme	26,7	Dordogne	16,3
Pas-de-Calais	29,9	Alpes-de-Hte-Provence	26,3	Val-de-Marne	16,0
Val-de-Marne	29,4	Val-de-Marne	26,0	Pyrénées-Orientales	15,9

Que retenir de cette répartition complexe des gains et des pertes ? Le PCF va-t-il enfin recueillir les fruits des déboires de son allié d'hier ? Face à une droite combative revenue au pouvoir au printemps 1986, le PCF ne va-t-il pas, à nouveau, apparaître comme le meilleur rempart, pour des catégories populaires perturbées ? L'élection présidentielle prévue au printemps de 1988 doit être l'occasion, pour le parti, de mesurer sa capacité à rebondir.

1988 : LE SECOND TRAUMATISME PRÉSIDENTIEL

Quand, le 13 juin 1987, le PCF désigne André Lajoinie comme son candidat pour le scrutin de l'année suivante, la situation ne lui est pourtant guère favorable. Depuis la fin des années soixante-dix, l'homogénéité du parti est mise à mal par les dissidences internes. La dernière en date, celle des « rénovateurs » aboutit même, le 12 octobre 1987, à la déclaration de candidature de Pierre Juquin, ancien membre du Bureau politique, qui va regrouper autour de lui une part de la gauche autogestionnaire et de l'extrême gauche. L'image de l'organisation communiste s'est globalement dégradée au fil des années : en 1986 et 1987, l'indice Sofres des « bonnes opinions » le situe dans une fourchette moyenne de 15 à 16 %, soit la moitié des indicateurs du milieu de la décennie précédente. Quant aux intentions de vote publiées, elles sont uniformément médiocres. S'il résiste plutôt bien dans l'hypothèse d'un scrutin législatif (on le crédite généralement de scores législatifs avoisinant les 9 à 10 %), les projections présidentielles sont catastrophiques pour le PC, ne dépassant jamais le chiffre de 4 % des suffrages exprimés.[8] L'annonce de la candidature officielle du député de l'Allier, en juin 1987, ne change en rien la donne. La propension déclarée au vote communiste reste fragile,[9] n'augmentant légèrement qu'avec l'âge et l'inactivité. Dans la dernière ligne droite, l'électorat communiste semble manifester un timide mouvement de remobilisation, peut-être stimulé par la stratégie d'ouverture au centre de François Mitterrand, illustrée par sa « Lettre aux Français ». Mais le regain s'annonce limité : la moyenne mensuelle d'intentions de vote proposée par l'institut de sondages BVA place le porte-drapeau communiste à 6,6 % en avril 1988.

C'est à peu près le niveau qu'il atteint, le 24 avril 1988. L'annonce des résultats du premier tour tombe comme un couperet : de 1978 à 1988, le PCF est passé de 5,8 à 2 millions de suffrages, de 20,7 % à 6,8 % des exprimés, de 16,9 % à 5,4 % des inscrits. C'est le plus bas niveau jamais atteint par le PC depuis sa fondation ! En avril 1981, Georges Marchais avait recueilli 4,4 millions de voix sur le territoire métropolitain ; sept ans plus tard, André Lajoinie en décompte près de 2,4 millions de moins. Par rapport à 1986, il perd encore un peu plus de 600 000 voix, alors que les votants supplémentaires approchent les deux millions. Il est vrai qu'il lui manque les quelque 640 000 voix 1,7 % qui se sont portées sur le nom de Pierre Juquin. Mais il est tout aussi vrai que l'absence du dissident communiste n'aurait sans doute guère modifié le résultat : le vote Juquin correspond plutôt à un électorat d'extrême gauche classique qu'à un vote communiste (Arlette Laguiller n'avait-elle pas obtenu 670 000 voix et 1,8 % en avril 1981 ?). Quoi qu'il en soit, le bilan présidentiel est accablant pour le PC : au soir du premier tour, trente départements métropolitains sont au-dessous des 5 %, contre dix en 1986 et aucun

8. Une analyse détaillée des élections de 1988 se trouve dans Roger Martelli, « Le vote communiste : déclin ou renaissance ? », *Société française*, n° 28, juillet-août-septembre 1988.

9. .Gérard Le Gall, « Présidentielle 1988 : une opinion cristallisée ? », *Revue politique et parlementaire*, n° 934, mars-avril 1988.

en 1978. Aucun département n'atteint la barre des 20 % et ils ne sont que quinze à dépasser celle des 10 %, alors que neuf départements seulement étaient en 1978 au-dessous de ce seuil !

En 1986, le PCF avait relativement bien résisté dans des départements à composante rurale forte, d'industrie ancienne, de population vieillie et d'urbanisation modeste. En avril 1988, les départements de ce type rejoignent les « bastions » urbanisés dans la spirale de la dépression électorale : le vote communiste recule de près de 13 points dans le Cher, de 9,5 dans la Haute-Vienne, de 7,2 dans la Charente et de 6,7 dans la Sarthe. Dans l'ensemble, ces départements sont (à l'exception de l'Allier) ceux où la progression du vote socialiste est la plus forte entre 1986 et 1988.

Comme en 1986, c'est dans les départements où son implantation est la plus forte, quelle que soit son ancienneté, que le PCF enregistre son recul relatif le plus sensible. Dans les 53 communes de plus de 30 000 habitants à direction communiste, le PCF perd 9 %par rapport à 1989, contre 2,8 % dans l'ensemble du pays.[10] Pas plus qu'en 1984, la présence d'un député ne modifie pas les grandes lignes de l'évolution. Les départements qui avaient au moins un député communiste, en 1981 ou 1986, enregistrent même des pertes sur 1986 un peu plus conséquentes que les autres. En revanche, ce sont les zones les moins denses de 1986 qui offrent la meilleure résistance relative. Au total, l'éventail des résultats se rétrécit, ce qui accentue la « dénationalisation » du vote communiste, par un tassement vers le bas de ses plages d'influence.

Une part importante (30 à 40 %) de l'électorat communiste antérieur a donc abandonné le PCF au moment décisif et il semble avoir pris sa décision assez longtemps à l'avance. Pierre Juquin (un électeur de 1986 sur dix) et surtout François Mitterrand (près de deux sur dix) ont largement profité de ce glissement.[11] Rétréci dans ses dimensions et son espace social, le vote communiste garde toutefois une forte originalité politique et idéologique. Il reste dominé par les références au travail et à son environnement : pour près des 3/4 (contre 38 % dans l'échantillon global), les électeurs d'André Lajoinie se classent parmi les « travailleurs » ou la « classe ouvrière ». Ils sont en règle générale plus attachés aux clivages partisans : pour 42 % d'entre eux, le choix du candidat s'est fait en fonction du parti qui le soutenait (28 %

10. Gérard Le Gall, « Printemps 1988 : retour à une gauche majoritaire », *Revue Politique et Parlementaire*, n° 90, juillet-août 1988.

11. Roger Martelli, « Le vote communiste, déclin ou renaissance », art. cit.

Évolution départementale 1978-1988 par niveau d'influence (indice d'évolution des voix)		
	Prés. 88/Lég. 86	Prés. 88/Prés. 81
Ensemble des départements où le PCF obtenait en 1981		
moins de 10 %	82	42
De 10 à 15 %	82	45
De 15 à 20 %	72	46
De 20 à 25 %	75	46
De 25 à 30 %	75	52
plus de 30 %	74	48
Ensemble des départements où le PCF obtenait en 1986		
Moins de 5 %	87	40
De 5 à 10 %	81	45
De 10 à 15 %	75	46
Plus de 15 %	72	52
Selon la présence ou non d'un député dans le département		
	Prés.88/Lég.86	
	Indice	Nombre
avec député PCF en 1981	74	22
sans député PCF en 1981	79	74
avec député PCF en 1986	76	24
sans député PCF en 1986	78	72

pour Barre, 17 % pour Le Pen, 15 % pour Mitterrand et 9 % pour Chirac). Exclusivement classés à gauche, ces électeurs estiment dans leur majorité (54 % contre 32 % dans l'échantillon national) que la division droite/gauche est appelée à durer.[12] La référence à la gauche est pour eux fortement associée à la notion de changement social, voire, pour près de la moitié, à « anticapitalisme » ou à « refus d'une société dominée par l'argent ». Se disant aux trois quarts touchés par la crise, ils sont particulièrement sensibles aux inégalités socia-

12. Les données citées sont tirées d'une enquête réalisée du 23 au 28 mai 1988 par le Centre de Recherches et d'Études sur la Société Française (CRESF), auprès d'un échantillon national représentatif de 1000 personnes.

les qu'ils jugent, beaucoup plus que la moyenne, tout-à-fait évitables. Dans l'ensemble, ils affirment plus que les autres avoir été motivés dans leurs choix électoraux par les problèmes sociaux les plus aigus : chômage, coût de la vie, Sécurité sociale, impôts, mais aussi éducation.[13]

Mais cet électorat, qui s'est féminisé et qui reste largement dominé par les catégories populaires, est aussi plus âgé que dans le passé.

La composition du vote communiste (1981-1988)			
	1981	1986	1988
Par sexe			
Homme	52	55	51
Femme	48	45	49
Par âge			
Moins de 25 ans	14	9	18
25 à 34 ans	21	30	20
35 à 49 an	26	25	31
50 à 64 ans	26	23	14
65 ans et plus	13	13	17
Par catégorie socio-professionnelle			
Agriculteurs	2	3	1
Industriels et commerçants	4	5	3
Cadres supérieurs		4	3
Professions libérales	5		
Employés, cadres moyens	22	26	27
Ouvriers	40	37	39
Inactifs, retraités	27	25	27

Entre 1981 et 1988, la propension au vote communiste des moins de 25 ans est passée de 24 % à 6 %, celle des 25-35 ans de 23 % à 5 %. L'électorat qui subsiste est plus populaire, mais les catégories populaires, globalement, boudent le vote communiste : 10 % des ouvriers interrogés à la sortie des ur-

---

13. Enquête CRESF des 23-28 mai 1988.

nes déclarent avoir voté pour André Lajoinie, contre 28 % pour Georges Marchais en 1981.

LA DIVINE SURPRISE DE JUIN 1988

Un électorat bien typé, mais vieilli et considérablement rétréci... On comprend que l'annonce, par François Mitterrand au lendemain de sa réélection, de la dissolution de l'Assemblée réunie en mars 1986, place les communistes dans l'embarras. Si cette mesure est très largement souhaitée par les électeurs d'André Lajoinie, elle semble en effet catastrophique pour l'avenir parlementaire du PCF. Comme l'annoncent les sondages, ne risque-t-elle pas de précipiter, par la vertu d'entraînement de la présidentielle, le nouveau recul enregistré par les communistes le 24 avril ?

Or le très faible niveau de participation a pris les sondeurs de court : le 5 juin, le PCF obtient 11,2 % des suffrages exprimés et, en pourcentage d'inscrits, rejoint le niveau de mobilisation de mars 1986, quand toutes les autres organisations voient le leur fléchir. Avec vingt-sept députés, sa représentation parlementaire est à peine entamée. Par rapport au scrutin présidentiel, le gain communiste est souvent spectaculaire : il dépasse les 10 % dans trois départements (la Seine-Saint-Denis, le Cher et l'Allier) ; dans vingt-six autres il se situe entre 5 et 10 %. Dans bien des cas, le surcroît de mobilisation du PCF coïncide avec un tassement sensible de celle du PS : dans le Cher (gain de 5,5 % d'inscrits pour le PC, perte de 6,8 % pour le PS), dans la Seine-Saint-Denis (+ 5,4 % pour le PC, – 8 % pour le PS), l'Aisne, l'Allier et la plupart des départements de la Région parisienne.

Une fois acquise la défaite de la droite au second tour de la présidentielle, une part de l'électorat de gauche a sans doute voulu marquer son désir d'un ancrage à gauche plus net que ne le souhaitait François Mitterrand dans sa campagne présidentielle. Plutôt payante au printemps 1988, la stratégie d'ouverture au centre échoue sur la consultation législative de juin. En 1988, l'union de la gauche, dans la forme classique qu'elle a prise au milieu des années soixante, reste une référence dans les représentations politiques et les dynamiques de l'élection.

Paradoxalement, le PCF qui a longtemps pâti de la logique des scrutins majoritaires s'en trouve bénéficiaire en juin 1988. La prime aux sortants et aux élus a joué en faveur du PCF : sur 24 députés élus en métropole, 13 sont des maires. Par rapport au 24 avril, la progression des voix communistes est d'autant plus forte que le pourcentage antérieur est plus élevé, quelle que soit l'année de référence, et les départements ayant au moins un député communiste en 1986 progressent sensiblement plus que les autres. Le constat est moins évident quand on compare les législatives de 1988 et celles de 1986 : le gain relatif est à peu près le même quel que soit le niveau d'influence de départ ; seule la présence ou non d'un député communiste en 1986 accroît la propension à un vote communiste qui apparaît alors comme « utile » contre les candidats de droite.

L'évolution du vote PCF entre 1978 et 1988 (indices d'évolution par niveau d'influence)			
	Légis.88/ Prés.88	Lég.88/ Lég.86	Lég.88/ Lég.78
Ensemble des départements où le PCF obtenait en 1981			
moins de 10 %	147	110	44
De 10 à 15 %	152	114	48
De 15 à 20 %	168	113	54
De 20 à 25 %	175	121	94
De 25 à 30 %	159	111	61
plus de 30 %	186	126	66
Ensemble des départements où le PCF obtenait en 1986			
Moins de 5 %	145	117	39
De 5 à 10 %	152	112	48
De 10 à 15 %	222	118	57
Plus de 15 %	171	115	89
Selon la présence ou non d'un député			
avec député PCF en 1981	173	119	61
sans député PCF en 1981	153	111	54
avec député PCF en 1986	174	122	59
sans député PCF en 1986	152	108	49

Le vote communiste se renationalise en partie : il n'y a plus que onze départements au-dessous de 5 % et quarante-huit au-dessous de 10 %. Le seuil des 20 % est à nouveau franchi dans huit départements métropolitains. Mais l'ordre des choses électoral ne s'en trouve pas modifié en profondeur pour le PCF. En juin 1988, les départements où le PC était à moins de 20 % en mars 1978 ont perdu plus de la moitié de leur capital initial. Le recul est moindre dans les zones de force (en pourcentage, les meilleurs départements conservent 60 % environ de leur part relative), mais cela ne correspond qu'à la moitié des voix que les candidats communistes avaient engrangées en 1978.

LE DÉCLIN OCCULTÉ (1988-1989)

Un clou chasse l'autre... Le scrutin législatif de juin 1988 annule le score présidenntiel d'avril et les moins mauvais résultats dans les zones de force masquent le décrochage dans la plus vaste partie du territoire national. Les reculs eux-mêmes ne suffisent plus à nourrir l'inquiétude, dès lors qu'ils sont moindres qu'aux élections précédentes. « N'avons-nous pas évité le pire ? », entend-on dire du côté de la place du Colonel-Fabien...

C'est ainsi que les cantonales de l'automne 1988 confortent encore l'optimisme : dans cette série de cantons, le PCF perd 2,6 % de suffrages exprimés « seulement », alors qu'il en avait perdu près de 7 % entre 1976 et 1982 ; en nombre de conseillers généraux élus, la perte est de 26 contre 51 six ans auparavant. En fait, l'actif communiste est convaincu que la balancier à gauche reviendra du côté du PCF, comme il l'a fait partiellement entre avril et juin 1988. L'espace électoral de la gauche reste occupé par les frères ennemis de 1920 et l'écologie politique demeure marginale, tandis que l'extrême gauche de la Ligue Communiste Révolutionnaire et de Lutte Ouvrière ne parvient pas à mordre le capital d'influence du PC. Après les tentations centristes, l'électorat reviendra vers sa gauche et donc vers les communistes. Il suffit de savoir patienter... Les signes les plus inquiétants sont occultés ; les appels à la rénovation sont repoussés. L'ébranlement même du bloc soviétique n'y fait rien : le PCF s'arcboute sur ce qui lui reste de positions de force et fait le gros dos, en attendant des jours meilleurs.

Le signal d'alarme des municipales de 1989 n'est donc pas entendu. Au soir du 19 mars de cette année-là, le PCF enregistre pourtant un sévère recul. En 1983, son fléchissement dans la France urbaine avait été atténué par le maintien global du nombre de maires communistes et apparentés. Ce n'est plus le cas en 1989 : le nombre de maires recensés passe de 1 464 à 1 124, soit une perte de 20 %, et la population administrée chute de près d'1,7 million. Les communistes et leurs alliés administraient une population municipale de 8,6 millions en 1977 et de 5,4 millions en 1989. Le PCF préfère voir les rares motifs de satisfaction : une fois de plus, les maires sortants communistes résistent bien aux assauts de leurs concurrents socialistes, quand ceux-ci ont voulu leur ravir la place. Dans les villes de plus de 9 000 habitants où avaient lieu des primaires, les communistes obtiennent 36,6 % des suffrages exprimés contre 26,7 % aux socialistes, ce qui constitue une parfaite inversion du rapport des forces PC-PS constaté aux législatives de juin 1988. Mais partout ailleurs, les socialistes surclassent les communistes et creusent un peu plus l'écart : le PCF est surpassé dans soixante-dix-huit des quatre-vingt-

Le vote PCF aux élections européennes par niveau d'influence 1979							
	1979	1984	1989	1994	1999	1984/ 1979	1989/ 1984
Départements où le PCF obtenait en 1979 :	%	%	%	%	%	Indices	Indices
Plus de 30 %	31,7	18,7	14,0	11,4	10,7	59	75
De 25 à 30 %	27,3	16,1	11,3	10,4	9,2	59	70
De 20 % à 25 %	20,9	11,3	7,8	7,0	8,5	54	70
De 15 à 20 %	18,1	9,2	6,5	5,8	6,0	51	70
De 10 à 15 %	13,1	6,4	4,2	4,0	4,6	49	66
Moins de 5 %	7,7	3,2	2,2	2,3	2,9	42	67
France métropolitaine	20,6	11,2	7,8	6,9	9,0	54	70

une villes de droite où avaient lieu des primaires et dans toutes les villes détenues par le PS.[14] Au final, le PCF perd Alès, Bègles, La Ciotat, Amiens, Saint-Dizier et le Petit-Quevilly, ainsi que Sartrouville et Les Mureaux, sans compter l'entrée en dissidence du Mans et de Sainte-Geneviève-des-Bois. Soixante-douze villes de plus de 5 000 habitants échappent à son contrôle, dont quinze de plus de 30 000 habitants.

Le médiocre résultat des municipales est confirmé aux élections européennes du 18 juin 1989. Le recul de la liste dirigée par l'économiste Philippe Herzog est certes moindre qu'entre 1979 et 1984, mais il est généralisé (7,8 % contre

14. François Platone, « Le PCF aux élections municipales de 1989 : contribution à un bilan controversé », *Communisme*, n° 22-23, 1990.

11,2 % en 1984 et 20,5 % en 1979). Le reflux est relativement atténué en Seine-Saint-Denis, dans le Val-de-Marne et dans l'Allier (une perte relative de moins de 20 %) ; il est supérieur au tiers du niveau initial dans 30 départements métropolitains. La différence entre zones de force et zones de faible attraction persiste, mais elle est moins sensible que lors de la précédente consultation.

Or une fois de plus, les responsables communistes sont sereins... Tout compte fait, le recul communiste n'est-il pas tempéré par la déception socialiste ? Alors que les dirigeants de la rue Solferino comptaient sur une fourchette de 28-29 % et sur 25 sièges, la liste dirigée par Laurent Fabius doit se contenter de 23,6 % et de 22 élus, dont 17 socialistes (contre 20 en 1984). Cette fois, les écologistes d'Antoine Waechter ont joué les trouble-fête en recueillant 10,6 % et en obtenant six élus dans l'enceinte parlementaire européenne.

Le même phénomène se reproduit aux élections régionales et cantonales de mars 1992 et aux législatives du printemps suivant. Le 22 mars 1992, aux secondes élections régionales au suffrage universel, le PCF obtient un score de 8 % des suffrages exprimés sur le territoire métropolitain. Par rapport au précédent scrutin de mars 1986, il perd 835 000 voix et 2,2 %. Aux élections cantonales qui ont lieu le même jour, le pourcentage est un peu meilleur (9,5 %), mais il est de trois points inférieur à celui des très médiocres élections de 1985 (où il était passé de 22,2 % à 12,5 %). Il ne résiste sérieusement que dans le Val-de-Marne et, dans une moindre mesure, dans le Loiret. Ailleurs le recul est variable, souvent lourd dans les zones de plus forte implantation. Les pertes se situent autour de 6 % dans le Cher et en Seine-Saint-Denis, et à peu près autant dans la Somme et dans le Gard. Elles sont de plus de 5 % dans la Creuse, l'Hérault et les Hauts-de-Seine ; de plus de 4 % dans le Pas-de-Calais, l'Ariège, l'Indre, le Val-d'Oise, l'Essonne, le Vaucluse, la Charente-Maritime, le Loir-et-Cher, etc. Quarante sièges sont perdus, dont onze dès le premier tour, et dix-huit sont gagnés ; 29 sièges ont été gagnés ou conservés avec une majorité relative, dans le cadre d'une triangulaire. Au total, le recul est de 23 sièges, soit plus d'un sixième du nombre des conseillers sortants. Mais ces élections, marquées par la baisse générale des grands partis et la nationalisation du vote en faveur du Front national (14 % aux régionales et 12,2 % aux cantonales),[15] sont avant tout

---

15. Jérôme Jaffré, « Les courants politiques et les élections de mars 1992 », in *Le vote éclaté. Les élections régionales et cantonales des 22 et 29 mars 1992*, Département d'études politiques et du Figaro et Presses de la FNSP, Paris, 1992.

un « sérieux échec des socialistes », pour reprendre la formule de Laurent Fabius, alors à la tête du parti. Avec 18,3 % aux régionales et 19 % aux cantonales, les socialistes sont en recul de 11 points sur mars 1986 et de 4,1 sur les cantonales de mars 1985. Le spécialiste électoral du PS, Gérard Le Gall, ne craint pas d'écrire que la « contre-performance du PS le ramène à ses origines de 1973 »[16] Un constat qui ne peut que susciter les espoirs, du côté de la place du Colonel-Fabien.

MARS 1993, PS QUI PLEURE, PC QUI SOURIT

Le scénario se reproduit aux élections législatives des 21 et 2 mars 1993.[17] Le 21, la gauche a réalisé sa plus mauvaise mobilisation législative du siècle. Son pourcentage par rapport aux inscrits se situe tout juste à 21 % : seules l'élection européenne à forte abstention de 1989 (16 %) et les régionales de 1992 (19 %) la plaçaient à un niveau encore inférieur. Dans ce climat de débâcle, le PCF s'en sort avec les honneurs : avec ses 9,1 % des suffrages exprimés, il fait mieux qu'aux européennes de 1989 (7,7 %) et qu'aux régionales de 1992 (8 %). Il a conservé vingt-deux députés en France métropolitaine, sur les vingt-cinq qu'il avait acquis en 1988. Il perd dix sièges obtenus en 1988, mais il en conquiert sept, dans des circonscriptions très à gauche, où l'effondrement du PS a replacé le PC en tête à l'issue du premier tour. En ne perdant au total que trois sièges, il conserve *in extremis* un groupe parlementaire dans la nouvelle Assemblée. De quoi faire face, d'un point de vue parlementaire, à la seconde phase de « cohabitation »... Dans des circonscriptions fortement marquées à gauche, les élus communistes ont bénéficié de l'ultime réaction de l'électorat face à la perspective d'une Chambre introuvable de droite.

La satisfaction aurait toutefois pu être relativisée, une fois de plus. En France métropolitaine, le PCF a réuni un peu plus de 2,2 millions de voix. Il a donc gagné 314 000 voix sur les élections régionales de 1992,[18] soit sensiblement autant que le PS

16. Gérard Le Gall, « Élections : les handicaps du pouvoir face à 1993 », *Revue Politique et Parlementaire*, n° 94, mars-avril 1992.

17. Roger Martelli, « 1993 : un résultat communiste en demi-teinte », *Société française*, n° 45, printemps 1993.

18. Au lendemain de ces élections régionales, la direction du PCF avait utilisé une totalisation erronée du journal *Le Monde*, qui accordait au PCF un score de 2 164 349 voix et 8,7% des suffrages exprimés. Pour parvenir à ce résultat, le quotidien avait ajouté aux voix communistes toutes celles des PC des territoires et départements d'Outre-mer et, surtout, les voix portées sur

et le MRG (+294 000 voix). Mais il lui manque 406 000 voix sur son score législatif de 1988, soit un recul de 1,9 % sur les exprimés. Dans un scrutin marqué par une participation modeste,[19] il rassemble 6,4 % des électeurs inscrits : la mobilisation est donc à mi-chemin de la présidentielle de 1988 (5,4 % des inscrits) et des deux scrutins législatifs précédents (7,3 % en 1986 et 1988). Le PCF reste dans les basses eaux de son influence électorale qui font du pourcentage obtenu en mars 1993 le second plus mauvais score de toute son histoire électorale législative. Pire encore, les élections de 1993 ont une fois de plus marqué l'éclaircissement des zones de force. Il n'y a plus que huit régions dépassant les 10 % des suffrages exprimés, l'Allier étant le seul département à franchir la barre des 20 % (contre 6 en 1988 et 22 en 1981). Les départements au-dessous de 5 % sont désormais treize, alors qu'il n'y en avait aucun en 1978 et un seul aux législatives de 1981.

Le vote communiste n'a plus de point fort, ni dans les classes d'âge, ni dans les professions et catégories sociales. La propension au vote communiste est ainsi un peu plus soutenue dans les catégories de revenus modestes et de formation courte, qui se vivent eux-mêmes comme appartenant aux « catégories populaires » ou aux « défavorisés ». Professionnellement, elle est un peu plus dense chez les chômeurs (16 % selon l'institut de sondages BVA), chez les ouvriers (13 ou 14 % selon les sources), chez les employés (10 à 14 % selon les instituts). Les professions intermédiaires auraient cette fois choisi un peu plus le vote communiste que dans les consultations précédentes, mais les positions ouvrières restent globalement affaiblies, la seule satisfaction relative étant pour les communistes d'avoir à nouveau dépassé, dans le monde ouvrier, des écologistes qui avaient fait mieux qu'eux en 1992 et qui les menaçaient sérieusement dans les sondages préélectoraux.

Tous ces traits négatifs, il est vrai, sont atténués par le mouvement général du vote de gauche. Dans une élection à forte mobilisation électorale (l'abstention a reculé de plus de 7 % entre 1988 et 1993), l'effondrement des socialistes

des listes dissidentes réparties sur tout le territoire métropolitain. En avril 1993, les responsables communistes sont revenus prudemment au score officiel, publié par le ministère de l'Intérieur. Il est évident que, si l'on retenait la totalisation du *Monde*, le gain communiste en mars 1993 serait moindre (de l'ordre de 160 000 voix). Nous nous en tiendrons ici, pour faire les comparaisons, aux seuls chiffres fiables, ceux qui placent le PCF de mars 1992 à 1 952 535 voix, soit un peu plus de 8% des suffrages exprimés.

19. Le taux d'abstention a été de 30,8%, soit à peine plus faible qu'aux législatives de 1988, qui avaient enregistré le taux record de 34,3%.

réduit, pour la première fois depuis 1981, l'écart entre le PC et le PS : il était supérieur à 20 % en 1986 et 1993 ; il est retombé à un peu plus de 8 % en 1993. Convaincus qu'il n'est de place à gauche que pour l'espace socialiste et l'espace du PCF, les communistes guettent chaque recul du PS comme l'indice que le balancier, enfin, revient à des équilibres plus familiers, en tout cas depuis 1945. Les 19,4 % du PS sont ainsi l'occasion d'un retour d'espérance inattendu, qui donne aux 9,1 % du PC l'allure d'un semi-triomphe et non d'un nouveau palier dans le recul.

Ajoutons que, en 1993, les communistes auraient dû bénéficier d'un trait général : le relatif tassement (à l'exception d'un vote Front national qui élargit son assise territoriale) des forces situées en marge des grandes formations politiques structurant le paysage politique français. Tandis que les municipales, les européennes et les régionales elles-mêmes avaient vu la percée de personnalités et groupements marginaux, dissidents ou non des grandes familles existantes, les législatives ont provoqué un certain resserrement en faveur de la notoriété. La réalité d'un scrutin de circonscription (qui favorise la personnalité locale), la crainte à gauche d'une Assemblée trop monocolore ont stimulé un retour à des votes plus classiques, capables de peser sur l'orientation à moyen terme de la vie politique institutionnelle. Contrairement à la perception des dirigeants communistes de l'époque, il est alors significatif que le PCF ne bénéficie pas de la débâcle socialiste. Tandis que les candidats communistes de 1988 avaient récupéré une part de l'électorat Mitterrand d'avril, les communistes n'auraient en 1993 attiré qu'une part infime des électeurs socialistes.

Le scrutin de 1993, à y regarder de près, ne contredit pas le tendance inquiétante amorcée en 1986. Le PCF s'en tire

Le vote communiste selon le niveau départemental de 1988			
Départements où le PC obtenait en 1988 :	juin-88	mars-93	1993/1988
De 25 à 30 %	23,8	17,7	74
De 20 à 25 %	17,2	13,8	80
De 15 à 20 %	12,2	9,7	79
De 10 à 15 %	7,3	6,6	91
De 5 à 10 %	3,7	3,6	97
Total France métropolitaine	11,2	9,2	82

plutôt mieux dans des départements d'implantation communiste modeste, de faible ou moyenne urbanisation et souvent dotée d'une vieille tradition républicaine « bleue » ou « rouge ». Dans ces zones, au Centre ou à l'Ouest, où la présence communiste n'est pas ou n'est plus un enjeu local déterminant, le vote communiste a pu être en partie un vote refuge à gauche, pour des électeurs qui ne veulent plus voter socialiste et que le vote écologiste ne tente guère. À l'inverse, dans les circonscriptions sortantes, le PC perd un électeur sur cinq par rapport à 1988. L'implantation communiste reste fragilisée dans ses zones d'insertion ancienne, fortement urbanisées et bouleversées par la crise et les mutations contemporaines. Stéphane Courtois peut ainsi parler non sans raison, d'un « succès en trompe-l'œil ».[20]

LE CAUCHEMAR VA-T-IL FINIR ?

L'amélioration tant espérée va-t-elle enfin advenir ? Le PCF veut d'autant plus le croire que, en février 1994, il change de « numéro un ». Après un quart de siècle de secrétariat général, Georges Marchais décide que la relative stabilisation électorale lui permet de passer la main. Celui qui n'aura cessé, jusqu'à sa mort, de porter le fardeau du déclin, choisit son successeur à la surprise générale. Ce n'est pas un homme de la « garde rapprochée », comme on s'y attendait, mais un élu de terrain, par ailleurs président de l'Association nationale des élus communistes et républicains, le maire de Montigny-lès-Cormeilles, Robert Hue. Alors qu'il a soigneusement contenu toute velléité « rénovatrice », de 1984 à 1994, l'ancien métallurgiste met au premier rang, non pas un militant directement impliqué dans l'appareil partisan, mais un représentant du « communisme municipal ». Or le renouveau du sommet ne semble pas, dans un premier temps, produire d'effet repérable.[21]

Les cantonales du printemps 1994, par exemple, ne rassurent pas les militants. Les 11,5 % de suffrages exprimés placent certes le PCF au-dessus de son résultat législatif de l'année précédente ; mais il perd un peu plus de 2,1 % sur l'élection équivalente de 1988. Cette année-là, le PCF avait fait élire 165 conseillers généraux ; sur ce total, 154 se représentaient, présentés par le PC ou soutenus par lui ; 142 sont

20. Stéphane Courtois, « Le succès en trompe-l'œil du Parti communiste français », *Revue Politique et Parlementaire*, n° 964, mars-avril 1993.
21. Dominique Andolfatto, *PCF de la mutation à la liquidation*, Éditions du Rocher, Paris, 2005.

élus au soir du second tour. Le déficit est donc de 12 sur les conseillers sortants et de 23 sur le score de 1988. Le reflux est moindre qu'à la précédente consultation cantonale ; il n'en est pas moins confirmé une fois de plus. Les déboires du PS (– 7,7 %) consolent un fois de plus le PC ; pourtant, ce sont les radicaux et des « divers gauche » qui en bénéficient, et pas les communistes. De plus, la prime aux sortant ne bénéficie que partiellement aux candidats communistes. Dans les cantons où le PC présentait un conseiller sortant, les résultats s'améliorent plus qu'ailleurs entre le scrutin législatif et le

L'évolution du vote PCF dans les cantons (1988-1993)			
% d'exprimés/Indices	Total	Cantons Sortants	Autres cantons
Cantonales 1988	13,3	42,9	10,3
Législatives 1993	9,3	26,4	7,5
Cantonales 1994	11,5	36,6	8,9
Différence 1994-1988	-1,9	-6,3	-1,4
Indice d'évolution 1994/1988	86	85	87
Différence 1994-1993	2,2	10,2	1,4
Indice d'évolution 1994/1993	124	139	119

scrutin ; mais la notabilité locale et la forte implantation électorale ne réduisent pas la régression d'une élection cantonale à l'autre.

Les européennes du 12 juin 1994 ne sont pas plus encourageantes. Si la gauche progresse par rapport à l'élection précé-

Le vote départemental du PCF entre 1979 et 1994				
	Nombre de départements par niveau d'influence			
	1979	1984	1989	1994
Plus de 25 %	20	0	0	0
Entre 20 et 25 %	23	5	0	0
Entre 15 et 20 %	28	15	4	2
Entre 10 et 15 %	19	31	16	9
Entre 5 et 10 %	6	37	49	57
Moins de 5 %	0	8	27	28

dente de 1989, ce n'est ni grâce au vote PC ni au vote PS : la surprise provient de la liste conduite par Bernard Tapie, qui obtient 12 % des suffrages exprimés. Ce score flatteur lui permet même de talonner un Michel Rocard en perte de 9 % sur le résultat de la liste Fabius en 1989 (14,5 % contre 23,6 %).[12] Quant au PCF, il fléchit une fois encore[13] : Francis Wurtz (6,9 %) perd 0,8 % supplémentaires sur Philippe Herzog (7,7 %). Deux départements seulement (Allier et Seine-Saint-Denis) dépassent légèrement les 15 % ; 28 sont au-dessous des 5 %, contre 8 en 1984.

L'évolution du vote communiste selon le niveau d'influence de 1979 (indices)			
	1984/1979	1989/1984	1994/1989
Plus de 30 %	59	75	81
De 25 à 30 %	59	70	92
De 20 % à 25 %	54	70	89
De 15 à 20 %	51	70	90
De 10 à 15 %	49	66	96
Moins de 5 %	42	67	106
France métropolitaine	54	70	89

Cette fois, les reculs relatifs les plus importants affectent les départements de vote communiste plus dense (Seine-Saint-Denis, Bouches-du-Rhône, Corrèze, Haute-Vienne, Val-de-Marne).

La trame de la carte électorale reste bien sûr la même. Mais le pôle méditerranéen s'affaiblit depuis la fin des années 1970 et l'espace électoral du communisme français s'ordonne de plus en plus autour d'une France centrale qui résiste mieux que les autres, quelle que soit l'année de référence. Parmi les dix premiers départements de juin 1994, cinq appartiennent à cette zone centrale, tandis que disparaît le Midi méditerranéen, à l'exception du Gard : ni les Bouches-du-Rhône, ni les Pyrénées Orientales, ni l'Hérault ne figurent plus dans le peloton de tête, tandis que l'Allier, la Corrèze et le Cher s'installent régulièrement parmi les cinq premiers.

22. Gérard Le Gall, « Européennes 1994 : implosion de la gauche et droitisation de la droite », *Revue Politique et Parlementaire* », n° 971, mai-juin 1994.
23. Roger Martelli, « Le paysage électoral en 1994 : le cas du vote communiste », *Société française*, n° 50, avril-mai-juin 1994.

La hiérarchie départmentale du vote communiste aux européennes de 1979 à 1994 (% exprimés)							
1979		1984		1989		1994	
Seine-St-Denis	37,9	Seine-St-Denis	21,8	Seine-St-Denis	19,7	Allier	15,7
Gard	33,0	Haute-Vienne	21,3	Allier	16,9	Seine-St-Denis	15,3
Haute-Vienne	32,4	Corrèze	20,9	Corrèze	16,2	Corrèze	13,7
Bouches-du-Rhône	30,9	Allier	20,7	Val-de-Marne	15,4	Cher	13,3
Allier	30,7	Gard	20,2	Cher	14,0	Val-de-Marne	13,2
Corrèze	30,3	Val-de-Marne	18,2	Haute-Vienne	13,8	Gard	12,2
Pyrénées-Orientales	30,1	Pas-de-Calais	18,0	Gard	13,1	Pas-de-Calais	12,1
Val-de-Marne	29,9	Bouches-du-Rhône	17,9	Pas-de-Calais	12,9	Haute-Vienne	11,6
Hérault	29,8	Cher	17,9	Bouches-du-Rhône	12,9	Dordogne	11,6
Somme	28,5	Corse-du-Sud	17,3	Aude	11,6	Nord	10,8

CHRONIQUE 4.
LA RÉMISSION ET LA DÉBÂCLE
(1995-2007)

L'année 1994 est moins traumatisante que ne l'ont été les années 1981 et 1984 ; elle n'en est pas moins électoralement médiocre pour le PC. Ce n'est pas le cas des trois années suivantes.

C'EST REPARTI (AVRIL 1995) ?

Paradoxalement, l'élection la plus favorable s'avère être celle que les communistes redoutaient le plus. Retenue officiellement le 6 novembre 1994, la candidature de Robert Hue n'a pas fait l'unanimité au sein de l'organisation elle-même. Ses handicaps initiaux sont des plus sérieux : sa notoriété est faible et son autorité, sur un parti affaibli, est encore mal assurée. Celui qui porte désormais le titre de Secrétaire « national » a contre lui d'assumer une double succession difficile : celle du très médiatique Georges Marchais et celle du précédent candidat à la présidentielle, André Lajoinie, dont le résultat en 1988 avait tant déçu le PC.

Contrairement aux craintes de l'appareil, les premiers sondages réalisés à partir de la fin de 1994 sont encourageants (entre 6,5 et 9 % des intentions de vote d'octobre à décembre) et la campagne télévisuelle permet au responsable communiste de transformer ses faiblesses en atouts. Son image d'homme neuf et d'élu local, la bonhomie et la sincérité du ton lui confèrent la respectabilité du « parler vrai ». « Honnête » (30 %), « proche des préoccupations des gens » (29 %), « homme nouveau » (28 %) sont les qualificatifs qui reviennent le plus fréquemment[1] et qui nourrissent l'idée que, depuis l'intronisation de Robert Hue, l'image du PCF

---

1. Enquête BVA du 18 février 1995.

« a changé en bien » (41 %). Les tout derniers sondages précédant l'élection, en dépassant le seuil des 10 % pour certains instituts, laissent même entrevoir la possibilité inespérée d'un résultat à deux chiffres qui effacerait ainsi l'amertume des précédents scrutins.

Le score du 23 avril, sans aller jusqu'au bout des ultimes espérances, rassure de fait les directions communistes.[2] Avec 8,7 % des suffrages exprimés, Robert Hue améliore de 1,9 % et de plus de 580 000 voix le chiffre obtenu par André Lajoinie sept ans plus tôt. À l'exception atypique de l'Allier – le département dont le candidat malheureux de 1988 était le député – tous les départements métropolitains enregistrent des progressions plus ou moins sensibles sur 1988, allant de l'indice 102 (Corrèze) à l'indice 235 (Haut-Rhin). À élection comparable, c'est la première fois, depuis 1988, que le Parti communiste ne bat pas un record vers le bas. Après 1981, les dirigeants communistes annoncent inlassablement la remontée de l'influence brutalement affaissée ; en avril 1995, le constat de l'amélioration est irréfutable.

Pourtant, tous les indicateurs ne sont pas uniformément positifs. Plus l'implantation initiale est élevée, plus est faible la progression sur 1988 et plus s'élève le décrochage par rapport aux législatives de 1993. Le constat se vérifie quelle que soit la date de référence retenue, présidentielles de 1981 et 1988 ou législatives de 1993. Dans les neuf départements où le PCF obtenait plus de 15 % en 1993, la progression totale en voix sur 1988 dépasse à peine le chiffre de 20 000 et les pertes sur 1993 sont supérieures à 45 000 voix. Seuls les départe-

Les départements selon le niveau d'influence du PCF en 1993 (indices)			
Départements où le PCF obtenait en 1993	1995/1988	1995/1993	1995/1994
De 0 à 5 %	189	139	183
De 5 à 7 %	148	112	146
De 7 à 10 %	130	102	130
De 10 à 15 %	122	90	120
Plus de 15 %	109	78	107

2. Roger Martelli, « Le vote communiste en 1995 », *Société française*, n° 3 (53), octobre-novembre-décembre 1995.

ments où le PC avait moins de 5 % des suffrages exprimés
en 1988 progressent à la fois en voix et en pourcentages par
rapport aux législatives.

Constat optimiste : le vote communiste se renationalise.
Alors que vingt-neuf départements métropolitains étaient
au-dessous de 5 % en 1988, ils ne sont plus que cinq dans ce
cas en 1995. L'éventail tend à se resserrer entre les zones de
faible impact et les zones d'influence plus conséquente. Mais
– lecture moins optimiste – ce resserrement est surtout dû à
la stagnation voire à l'effritement des anciens « bastions ».
La progression est très modeste dans l'Allier, la Corrèze, la
Seine-Saint-Denis et le Gard ; en Seine-Saint-Denis, Robert
Hue obtient même 5 000 voix de moins qu'André Lajoinie.
Le phénomène observé entre 1986 et 1994 se reproduit
une fois de plus, témoignant d'une moindre attractivité du
« noyau » électoral et, ce faisant, d'un dynamisme étouffé des
zones de force.

En outre, le profil sociodémographique de l'électorat communiste ne s'est pas modifié en profondeur. Si Robert Hue
gagne des positions dans à peu près toutes les catégories (à
l'exception de celle des ouvriers) et progresse notamment

L'évolution des électorats (1988-1995). Source : BVA								
	Lutte ouvrière		PCF		Écologistes		Front national	
	1988	1995	1988	1995	1988	1995	1988	1995
Hommes	2	5	9	10	3	3	17	17
Femmes	2	5	5	8	4	4	10	14
18-24 ans	2	6	5	7	5	5	16	14
25-34 ans	3	6	9	10	6	4	11	17
35-49 ans	2	6	7	9	4	5	17	14
50-64 ans	1	3	6	8	2	2	14	14
65 ans et plus	0	2	9	9	1	1	12	12
Agriculteurs	4	5	2	5	3	1	18	14
Artisans, commerç.	0	3	2	5	3	1	31	21
Prof. lib., cadre sup.	0	4	1	5	3	5	17	6
Prof. interméd.	2	7	5	7	6	5	12	10
Employés	1	8	6	10	4	3	14	19
Ouvriers	5	7	17	15	2	1	16	27

chez les employés, il attire faiblement les plus jeunes, davantage séduits par le vote écologiste et par celui en faveur de Lutte Ouvrière.

Globalement, dans une élection qui a pu être considérée comme dominée par « la crise de la représentation »,[3] la remobilisation du vote communiste présidentiel ne lui a pas permis de couvrir l'ensemble du champ politique à la gauche du Parti socialiste. Si celui-ci demeure très loin du score réalisé par François Mitterrand en 1988 (- 10,7 %) et au-dessous même de son résultat de 1981 (- 3 %), il a nettement redressé la barre depuis les élections législatives (+ 3,9 %) et plus encore depuis les désastreuses européennes (+ 8,8 %). Surtout, la progression communiste a pâti des bons résultats d'Arlette Laguiller. Pour sa quatrième compétition présidentielle, la responsable de Lutte Ouvrière a non seulement agrégé les voix d'extrême-gauche (en 1988, Laguiller, Juquin et Boussel avaient obtenu environ 4,5 % des voix), mais acquis une partie des électeurs de gauche déçus par la dernière décennie, irrités par la gauche « officielle » et désireux d'exprimer leur volonté de rupture. Le résultat de la responsable de Lutte Ouvrière est remarquablement cohérent : attirant plutôt des jeunes et des salariés, elle n'est au-dessous de 5 % que dans vingt-six départements. Dans sept d'entre eux, elle a même réussi à passer devant le candidat communiste, et ses plus fortes progressions s'enregistrent dans des zones de forte tradition ouvrière et de gauche (Puy-de-Dôme, Essonne, Seine-Maritime, Seine-Saint-Denis).

LE BÉMOL DES MUNICIPALES (JUIN 1995)

Au total, le vote communiste s'est consolidé mais reste dans une fourchette de mobilisation modeste. Le pourcentage par rapport aux inscrits est de 6,7 % : c'est nettement au-dessus de la mobilisation de 1988 (5,5 %) ; c'est en gros dans la moyenne des pourcentages de la décennie 1985-1995 (la fourchette va de 3,5 % aux européennes de 1989 à 8,1 % aux cantonales de 1985, et la médiane se situe à 6,2 %). La remontée, pour réelle qu'elle soit, n'indique pas encore un véritable retournement de tendance.

Deux mois plus tard, les élections municipales n'ont pas contredit les évolutions, mais nourrissent une inquiétude persistante. Dans un contexte d'abstention toujours très forte

---

3. *Le vote de crise. L'élection présidentielle de 1995*, Département d'études politiques du *Figaro* et Presses de la FNSP, Paris, 1995.

(+ 8,9 % par rapport à 1989), la gauche se situe à un niveau proche de celui de la présidentielle (41 %) et à 7,8 % en deçà de ses résultats de 1983 et 1989.[4] Le communisme municipal s'en trouve encore affaibli. Le PCF a perdu 8 des 47 villes de plus de 30 000 habitants qu'il gérait depuis 1989, et notamment sa plus importante, Le Havre ; il en gagne 3 sur la droite, dont Nîmes, et un secteur de Marseille. Au lendemain des élections municipales de 1989, il était à la tête de 126 communes de plus de 10 000 habitants ; il en a 20 de moins en 1995. Dans cet ensemble de communes, il perd donc environ une ville sur huit par rapport à 1989 et se retrouve à la moitié de ses acquis de 1977. L'espace de gestion communiste s'est encore rétracté : toujours dans le même groupe des plus de 10 000, le PCF gérait 3,9 millions d'habitants ; ils sont 600 000 en moins après l'élection.

Sans doute, faut-il une fois de plus tenir compte des nuances dans l'évolution constatée. Les gains et les pertes sont plus équilibrés dans les petites et moyennes communes. Le Nord résiste plutôt bien et, après de longues années de spectaculaire déclin, les positions municipales communistes du Midi méditerranéen retrouvent un certain dynamisme, même si est ratée d'un cheveu la reconquête de Sète et d'Alès. À l'inverse, les regains escomptés n'ont pas eu lieu dans le Centre et la perte des bases d'influence n'est pas interrompue dans l'Est lorrain et dans le Massif central. Et si certains départements de la Région parisienne voient leur contingent de maires préservé, les positions s'effondrent en Essonne et, partout, le recul en pourcentages est accentué.

Au-delà des nuances, le constat est net : l'ensemble du dispositif communiste est fragilisé. En 1989, près de 90 des villes de plus de 10 000 habitants acquises par le PCF l'avaient été dès le premier tour de scrutin ; en 1995, elles n'ont été qu'une petite cinquantaine dans ce cas. Plus dangereux encore, on note que sur l'autre cinquantaine élue le 18 juin, plus du tiers l'a été avec une minorité des voix, dans le cadre d'une triangulaire ou d'une quadrangulaire. Les écarts entre les résultats s'y sont resserrés, mettant un peu plus en pièces le mythe déjà bien écorné des « bastions » : le meilleur résultat de second tour est celui de Saint-Denis, avec un peu plus de 58 % des suffrages exprimés ; le plus faible, en dehors de

---

4. Gérard Le Gall, « Présidentielle et municipales 95 : victoire de Jacques Chirac et retour à un équilibre électoral », *Revue politique et Parlementaire*, n° 977, mai-juin 1995 ; Pierre Martin, « Élections municipales : enjeux et résultats », *Regards sur l'actualité*, n° 22, juin 1995.

celui de Nîmes (35,5 %) est celui d'Auchel (Pas-de-Calais) avec 35,3 % des voix pour la liste communiste élue.

Dans des élections que l'on dit traditionnellement plus favorables au PCF, il enregistre des résultats moins convaincants qu'un socialisme dont on pensait, au début de 1995, qu'il était aux abois. Les socialistes ont bien tiré profit de trois éléments : dans une élection dite « intermédiaire »[5] la prudence d'électeurs peu enclins à assurer une hégémonie sans partage à une droite déjà bien pourvue ; les effets de la dynamique Jospin à la présidentielle ; la capacité de renouvellement d'équipes socialistes incarnant la novation face à des maires usés par le pouvoir ou par les « affaires ». À cela s'ajoute, dans certaines grandes villes comme Nantes ou Strasbourg, l'effet d'entraînement d'une gestion municipale ambitieuse, dont les administrés ont perçu, à tort ou à raison, l'originalité positive pour l'avenir de leur cité.

La plupart du temps, ce n'a pas été le cas pour les équipes sortantes dirigées par des maires communistes. La mobilisation autour du bilan municipal a été plutôt difficile : les résultats de la gauche unie ont été, dans les villes communistes de plus de 10 000 habitants, inférieurs de près de 8 % au score de 1989. L'attrait de la gestion locale n'a donc pas compensé le recul global de la gauche, que le premier tour de la présidentielle avait confirmé et que le second ne pouvait faire oublier. La marge de sécurité qui caractérisait le vote communiste des citadelles continue de se réduire comme peau de chagrin.

L'originalité qui faisait naguère le succès du communisme municipal s'est diluée, avec l'extension de l'espace public au lendemain de la seconde Guerre mondiale et, surtout, avec la montée des contraintes qui découlent des transferts de charges de l'État et de ressources réduites. Cela suffit pour que, dans les espaces très urbanisés de vieille influence, le PCF soit désormais placé sous la menace d'une usure du pouvoir. À la limite, le renouveau peut être incarné en milieu populaire par un Front national qui enregistre, dans les villes communistes, une significative percée (il gagne 4 % dans l'ensemble des villes de plus de 10 000 habitants et 4,5 % dans les plus de 30 000) et fait preuve d'une vitalité inquiétante dans les seconds tours.

---

5. La notion d'élection intermédiaire a été théorisée notamment par Jean-Luc Parodi, « Dans la logique des élections intermédiaires », *Revue politique et parlementaire*, n° 903, avril 1983.

L'EMBELLIE (1997-1998)

Les élections législatives inopinées de juin 1997 appartiennent encore à la période favorable, tout en laissant un arrière-goût d'amertume. La décision, prise par Jacques Chirac le 21 avril 1997 d'avancer d'un an les élections législatives en dissolvant l'Assemblée, s'annonce assez vite plutôt heureuse pour le PCF. Les premiers sondages sont de fait si favorables que la direction communiste s'attend là encore à un score à deux chiffres ; malgré ses calculs,[6] elle doit se contenter d'un 9,9 % sur le territoire métropolitain. En pourcentage d'inscrits, le

Les cinq régions de plus fort vote communiste (1978-1997)			
Législatives 1978		Législatives 1986	
Limousin	30,4	Limousin	18,8
Languedoc-Roussillon	27,8	Nord-Pas-de-Calais	14,8
Nord-Pas-de-Calais	27,7	Languedoc-Roussillon	14,4
Picardie	27,6	Picardie	13,2
PACA	26,9	PACA	11,6
Législatives 1993		Législatives 1997	
Nord-Pas-de-Calais	14,7	Languedoc-Roussillon	15,0
Languedoc-Roussillon	12,7	Nord-Pas-de-Calais	14,4
Auvergne	11,9	Auvergne	14,1
Haute-Normandie	11,5	Corse	13,2
PACA	11,5	Haute-Normandie	12,9

PC progresse de 0,4 % sur 1993 et de 0,8 % sur les pourcentages d'exprimés ; le nombre de députés passe, lui, de 25 à 38. Pour la première fois depuis 1988, les communistes ne reculent pas entre deux élections législatives. Incontestablement, le PC voit son image s'améliorer, une fois débarrassé du fardeau soviétique : l'indice des « bonnes opinions », qui était tombé à 13 % en moyenne au début des années quatre-vingt-dix, est remonté à 20 % en 1994 et à 33 % en 1996.

La hiérarchie régionale s'est déplacée, avec le recul sensible du Limousin et de la Picardie, la disparition du Centre et

---

6. Le PCF, en 1997, ne se présente pas dans 22 circonscriptions ; dans les circonscriptions où il est présent, son nombre de voix (2 435 000) le place à 10,2% des suffrages exprimés, chiffre que retient *l'Humanité* au lendemain de l'élection.

de Champagne-Ardenne du peloton des dix et la confirmation de l'abaissement francilien. La région parisienne représentait près de 20 % des voix communistes en 1978 ; elle n'en regroupe plus que 15,8 % en 1997. En 1978, le sommet du tableau est symboliquement occupé par la Seine-Saint-Denis et la Haute-Vienne, le fief prolétarien de la ceinture parisienne et le département rural marqué par l'expérience résistante. Au milieu des années 80, s'est affirmé le recul des territoires ouvriers et la montée des zones encore marquées par la ruralité. En 1997, le tableau se précise et s'infléchit. Le couple Allier-Cher s'installe en tête, tandis que le Pas-de-Calais a disparu du palmarès des dix premiers. Avec l'Allier et le Cher, la Corse, la Dordogne et la Nièvre incarnent ces zones restés pour une part rurales, et dans lesquelles le vote communiste occupe la position de vote franchement à gauche, dans la lignée des départements « bleus » de 1792-1794 ou du vote « démoc-soc » de 1849. En cela s'atténue la part du vote « sociologique » au profit des déterminants plus proprement politiques.

Évolution du vote législatif selon le niveau du PCF en 1988		
Départements où le PCF obtenait en 1988	1997/1993	1997/1988
De 25 à 30 %	100	75
De 20 à 25 %	104	83
De 15 à 20 %	108	86
De 10 à 15 %	111	101
De 5 à 10 %	130	126
Total France métropolitaine	107	88

L'évolution du vote communiste est d'autant plus favorable que le niveau de départ est plus faible. Alors que les circonscriptions qui avaient en 1993 un vote communiste inférieur à 5 % augmentent leurs voix de 25 % en moyenne, les circonscriptions où le vote était supérieur à 25 % connaissent une progression nettement inférieure à la moyenne nationale (3 % contre 11 %). La distribution des évolutions selon le niveau de départ est parfaitement régulière. Le constat inverse apparaît quand on compare les résultats de 1995 et ceux de 1997. La progression sur 1995 est d'autant plus forte que le niveau d'influence de 1993 ou de 1988 est plus élevé. Les circonscriptions de vote communiste plus modeste perdent des voix par rapport au vote présidentiel (près d'un quart). Tout se passe comme si le capital alors engrangé autour de la personnalité du candidat communiste ne se reportait pas, ou se reportait dans une proportion moindre, sur la représentation communiste locale. Au contraire, dans les zones de plus forte influence, la « notabilisation » de l'influence communiste continue de lui être plus favorable dans le contexte d'élections à la fois nationales et localisées.

Les dernières élections heureuses ont lieu en 1998, avec les régionales et les cantonales des 15 et 22 mars. Depuis juin 1997, le PCF est redevenu un parti gouvernemental. Pour un

Évolution du vote législatif par circonscriptions (1988-1997)			
Circonscriptions où le PCF obtenait en 1993	Indice voix 1997/1988	Indice en voix 1997/1993	Indice en voix 1997/1995
Plus de 25 %	86	103	139
Entre 20 et 25 %	91	108	125
Entre 15 et 20 %	90	107	117
Entre 10 et 15 %	97	112	106
Entre 5 et 10 %	95	113	87
Moins de 5 %	112	124	74

scrutin régional dominé par une volonté de reconquête à gauche, il a cette fois choisi de présenter des listes communes avec ses partenaires socialistes dans la majorité des cas. Électoralement, la tactique de l'union de la gauche est payante, dans une élection à forte abstention (41,9 % contre 31,3 % en 1992). Même si elle est nettement au-dessous de ses résultats du printemps 1997, la gauche gagne six régions (Aquitaine, Midi-Pyrénées, PACA, Île-de-France, Haute-Normandie, Centre) et conserve les deux qu'elle détenait depuis 1986 (Nord-Pas-de-Calais et Limousin), ce qui porte à plus de 50 % le pourcentage qu'elle administre régionalement. Dans cet ensemble, le PCF gagne des sièges : il passe de 119 conseillers régionaux en 1992 à 152 en 1998, soit à peu près autant qu'en 1986 (155).

Quant au scrutin cantonal, comme pour les législatives et pour la première fois depuis 1973, le PCF ne fléchit pas d'une élection sur l'autre : en pourcentage d'exprimés, il passe de 9,5 % à 10,1 % et de 108 à 136 conseillers généraux.

Le même type d'évolution s'observe qu'aux législatives précédentes : les évolutions les plus positives concernent les

Le vote cantonal du PCF (1992-1998). Les dix meilleures régions						
Région	PC 92 % exp.	Région	PC 98 % exp.	Région	1992/1985 indices	1998/1992 indices
Nord-Pas-de-Calais	14,7	Nord-Pas-de-Calais	15,0	Alsace	74	192
Limousin	13,4	Languedoc-Roussillon	13,2	Corse	61	158
Île-de-France	12,2	Picardie	12,9	Bretagne	74	120
Languedoc-Roussillon	12,0	Haute-Normandie	12,7	Basse-Normandie	83	119
Picardie	11,9	Île-de-France	12,2	Midi-Pyrénées	75	119
Haute-Normandie	11,2	Auvergne	12,1	Franche-Comté	76	117
Auvergne	10,7	PACA	11,3	Pays-de-Loire	77	117
Centre	10,6	Limousin	11,3	Haute-Normandie	76	114
PACA	10,0	Corse	10,4	PACA	73	113
Aquitaine	9,5	Aquitaine	10,4	Auvergne	85	112
France métropolitaine	9,5	France métropolitaine	10,1	France métropolitaine	76	107

régions de moindre densité du vote communiste. Le PCF stagne ou recule en Île-de-France, dans le Centre, en Bourgogne et en Limousin et progresse légèrement dans le Nord-Pas-de-Calais ; les plus fortes progressions ont lieu en Alsace, en Corse et en Bretagne. La hiérarchie du vote se modifie fortement, avec le recul de l'Île-de-France, du Centre et surtout du Limousin et, cette fois, la remontée du Midi, languedocien et rhodanien.

La stagnation des zones de force, comme la percée régionale de l'extrême gauche (4,4 % contre 1,2 % en 1992 et 2,2 %

en mai 1997), aurait dû interroger la direction communiste. Elle retient en fait le bon résultat global et l'amélioration non négligeable du nombre d'élus territoriaux.

En 1995, en 1997 et en 1998, à la présidentielle, aux législatives et aux régionales, le PCF a chaque fois obtenu un résultat supérieur à celui de l'élection précédente comparable. De quoi penser que les mauvais jours sont peut-être finis...

LA RECHUTE (1999-2001)

Les régionales et les cantonales sont les derniers scrutins favorables de la série. Les européennes du 13 juin 1999 nourissent une énorme déception pour les communistes. Robert Hue et la direction de son parti escomptaient beaucoup d'un scrutin réputé difficile. Au début de 1999, ils ont fait le choix d'une formule originale, celle d'une liste « à double parité », composée pour moitié de femmes et pour moitié d'hommes, pour moitié de membres du PCF (dont le député européen « dissident » Philippe Herzog) et pour moitié de personnalités du monde associatif ou intellectuel, parmi lesquelles la féministe Geneviève Fraisse et l'ancien responsable du syndicalisme enseignant Michel Deschamps. Si la conjoncture perturbe la campagne communiste (la guerre du Kossovo et l'intervention de l'OTAN provoquent des réactions discordantes parmi les partenaires du PCF), l'initiative du Secrétaire national surprend et intéresse le monde médiatique. La liste « Bouge l'Europe ! » allait-elle enfin créer la surprise attendue depuis si longtemps ?

Or, avec ses 6,78 % des suffrages exprimés, le PCF fait un peu moins bien encore que Francis Wurtz en 1994 et obtient ainsi le second plus mauvais score de son histoire électorale, après l'échec cuisant d'André Lajoinie à la présidentielle de 1988. Voilà les communistes en sixième position, derrière la liste de leur bête noire de 1968, le Vert Daniel Cohn-Bendit (9,7 %) et d'un cheveu devant la liste Chasse, pêche, nature et tradition de Jean Saint-Josse (6,77 %). Le Front national n'est devancé (5,7 %) que grâce à la présence d'une liste dissidente conduite par Bruno Mégret (3,3 %) et l'extrême gauche n'est plus très loin, avec les 5,2 % d'Arlette Laguiller. Les vieux rivaux trotskystes se paient même le luxe de dépasser le PC dans une vingtaine de départements et dans une quinzaine de grandes villes, dont Paris.

Dans l'ensemble, les reculs par rapport à 1994 sont d'autant plus forts que le vote communiste était plus dense. La dizaine de départements où le PC a perdu près de 10 % de son pourcentage de 1994 sont tous des départements de vieille implan-

Le vote PCF aux élections européennes (1979-1999)				
	1979	1994	1999	1999/ 1994
Départements où le PCF obtenait en 1979	% exprimés			Indices
Plus de 30 %	31,7	11,4	10,7	94
De 25 à 30 %	27,3	10,4	9,2	89
De 20 % à 25 %	20,9	7,0	8,5	123
De 15 à 20 %	18,1	5,8	6,0	104
De 10 à 15 %	13,1	4,0	4,6	115
Moins de 5 %	7,7	2,3	2,9	126
France métropolitaine	20,6	6,9	9,0	98

tation communiste. Le Pas-de-Calais, le Gard, le Nord, le Val-de-Marne, l'Aude, la Saône, l'Ariège font partie des « bastions » qui dessinent depuis 1924 la carte immuable du vote communiste. Le maintien ou la progression dans une soixantaine de départements métropolitains ne compensent donc pas, pour le PCF, les reculs dans une quarantaine d'autres. Les progressions les plus nettes, dans les départements de faible implantation (Mayenne, Maine-et-Loire, Doubs, Ille-et-Vilaine, Deux-Sèvres...), permettent au PC de renationaliser partiellement un vote qui menaçait de le marginaliser définitivement dans certaines régions. Mais depuis les européennes de 1984, le mouvement de désagrégation des zones de force ne s'est jamais démenti.

Où sont passés les électeurs communistes d'antan ? Il ne semble pas que, sauf dans le Nord et le Pas-de-Calais, le phénomène abstentionniste ait particulièrement pénalisé le PC. Les départements où il enregistre ses plus forts reculs ne sont pas plus abstentionnistes que la moyenne nationale. En revanche, ils enregistrent presque tous une poussée du vote d'extrême-gauche supérieure à la moyenne nationale et, dans le cas du Val-de-Marne, une forte percée des Verts. Les quelques rares – et fragiles – données de sondage suggèrent que le vote communiste a continué de s'affaiblir dans les catégories les plus populaires, les plus méfiantes par ailleurs à l'égard de la construction européenne. Il ne touche guère les jeunes, plus attirés par le PS ou par les Verts. Au lendemain de l'élection, l'hebdomadaire des « refondateurs » communistes, *Futurs*, suggère une analyse critique du vote : « C'est dans les zones où il a pris souvent l'aspect d'un communisme syndical et municipal, que le communisme français éprouve peut-être les plus grandes difficultés à se renouveler, comme s'il croyait lâcher la proie pour l'ombre, les implantations anciennes pour les nouveaux rivages de la société contemporaine. Au fond, un vieux communisme a cessé d'être efficace sans qu'un nouveau ait pu se substituer à lui ».[7]

Au printemps de 2001, les élections municipales sont un nouveau signal d'alarme. L'assise municipale du PCF se réduit en effet encore un peu plus. Les 1 124 municipalités communistes et « apparentées » de 1989 et les 873 de 1995 ne sont plus que 786 au printemps 2001, dont 130 ne sont pas dirigées par un membre du PCF. La perte en termes de population administrée est d'un million supplémentaire. Le PCF ne dirige plus aucune ville au-dessus de 100 000 habitants ; il administre 31 villes de plus de 30 000 habitants (contre 43 en 1995) et 82 villes de plus de 10 000 habitants (contre 106 en 1995). Les élections de 1977 avaient marqué l'apogée du communisme municipal ; depuis cette date, l'érosion est continue. Le PC avait pourtant abordé la consultation de mars avec un certain optimisme : participant à la gauche plurielle, doté d'accords unitaires plus nombreux que jamais, il pensait bénéficier lui aussi de la vague rose annoncée. Dès le premier tour, la douche est donc glacée, avec l'annonce des pertes de Montluçon, Sens et Drancy et l'échec des reconquêtes de Béziers, de Bourges et du Havre. Le PCF est touché à la fois dans les vieux bastions de la « ceinture rouge » et dans les zones plus marquées par la ruralité (Allier, Cher) où sa résistance avait été plus grande, à l'époque du grand recul des années 80. Le recul n'est pas uniforme ; les communistes progressent en pourcentages dans plusieurs villes communistes et ils gagnent Arles, Sevran et quelques villes de plus de 10 000 habitants. Mais ces gains ne compensent pas les pertes enregistrées.

Incontestablement, le parti communiste a pâti des déboires de la gauche gouvernementale. C'est dans ses villes, y compris celles qui passèrent brillamment le cap du premier tour, que l'abstention populaire a été la plus forte, dépassant le plus souvent les 50 %. C'est là encore que s'est manifestée avec force la concurrence des listes d'extrême-gauche et plus encore celle des Verts. De même que le PCF s'était trouvé débordé, en 1989, dans ses fiefs d'Alès et de Bègles, il mord cette fois la poussière devant une alliance PS-Verts à Pantin et face à une inattendue liste écologiste à l'Île-Saint-Denis ;

7. Roger Martelli, « Bouge l'Europe a stagné », *Futurs*, 17 juin 1999.

La représentativité des équipes municipales en 2001							
			% inscrits	% inscrits		Poids de la liste élue	
Ville	Étiquette	% étrangers	sur populat. totale	sur populat. française	% abstentions	% populat. totale	% populat. française
Dijon	PS	5,8	48,1	51,0	36,0	15,5	16,5
Nantes	PS	3,9	63,0	65,6	49,1	17,1	17,8
Orléans	RPR	9,7	53,2	58,9	43,9	15,0	16,6
Lille	PS	7,7	65,8	71,3	52,6	14,6	15,8
Clermont-Ferrand	PS	8,4	50,3	54,8	48,5	14,1	15,3
Levallois-Perret	RPR	10,8	54,4	61,0	29,4	16,0	17,9
Genne-villiers	PCF	24,4	43,1	57,1	53,1	13,4	17,7
Neuilly-sur-Seine	RPR	11,0	55,1	61,9	46,1	22,0	24,7
La Cour-neuve	PCF	26,9	36,7	50,2	59,1	8,6	11,8
Saint-Denis	PCF	26,5	37,3	50,7	53,5	8,7	11,8
Vitry-sur-Seine	PCF	17,2	50,4	60,8	55,5	12,6	15,2

il est fortement contesté par les Verts à Villejuif, Bagnolet, Montreuil, Ivry et Nanterre. La fragilisation est nette, même là où le PCF résiste relativement bien. La part que représente le vote communiste s'amenuise, plus fortement pour le PC que pour les autres formations politiques.

LA DÉBÂCLE DE 2002

Le mini-choc des municipales n'est qu'un avant-goût du désastre à venir. Les dirigeants du PCF s'en émeuvent, mais n'en tirent pas de conséquences, pas plus que ne l'avaient fait leurs homologues au lendemain des mauvaises élections municipales de 1983. Les communistes n'en démordent pas de leur choix de la « gauche plurielle » ; les ministres communistes restent à leur poste jusqu'au bout. Robert Hue a décidé de tout miser sur l'élection présidentielle de 2002, en arguant du bon bilan des ministres communistes et de l'esprit de responsabilité du PCF. Pendant l'été de 2001, il organise un tour de France des entreprises en lutte puis, à l'automne 2001, il met en scène sa candidature en proposant même une phase de « candidature à la candidature » (mais il n'a face à lui, à côté d'une poignée d'inconnus, que la personnalité remuante du député de la Somme, Maxime Gremetz). En octobre 2001, un congrès « extraordinaire » lui attribue la responsabilité de Président du parti (la charge du secrétariat national étant confiée à Marie-George Buffet) et le désigne comme le candidat officiel des communistes pour 2002.

Le 21 avril 2002, deux coups de tonnerre successifs ébranlent l'univers du PC. Le premier ne le concerne pas au premier chef : quelque temps avant l'annonce des résultats officiels, la direction communiste, réunie au cinquième étage de la place du Colonel-Fabien, apprend que le leader de la « gauche plurielle », Lionel Jospin, ne sera pas présent au second tour de scrutin. Quelques minutes plus tard, les responsables savent que le Président du PCF est nettement au-dessous de la barre fatidique des 5 % (c'est le seuil de remboursement des frais de campagne...). Le PCF n'a pas profité des malheurs du Premier ministre, bien au contraire. Tandis que Noël Mamère, après des débuts chaotiques, est parvenu à assurer aux Verts leur meilleur score à une élection nationale, le candidat communiste, Robert Hue, a enregistré le plus mauvais résultat de toute l'histoire du Parti communiste. La référence à « l'audace sociale » et l'appel au renforcement de la composante communiste de la gauche plurielle n'ont pas suffi à enrayer le mouvement de désaffection des milieux populaires.[8] Avec moins d'un millions de voix, Robert Hue atteint à peine les 3,37 % des suffrages exprimés, alors qu'il en avait recueilli 8,7 % sept ans plus tôt. Dans une élection qui ne comptait pas moins de huit candidats à gauche, le communiste n'est qu'en sixième position : outre le malheureux Premier ministre sortant et ses 16,2 %, il est cette fois devancé par Arlette Laguiller (5,7 %), Jean-Pierre Chevènement (5,3 %), Noël Mamère (5,2 %) et par l'inconnu de la LCR, le jeune postier Olivier Besancenot (4,2 %). Pour la première fois depuis soixante-quinze ans, le total des candidats issus du trotskysme surclasse le PCF, en

8. Pascal Perrineau, Colette Ysmal, *Le vote de tous les refus. Les élections présidentielles et législatives de 2002*, Presses de Sciences Po, Paris, 2003.

Région	Présid 1981	Région	Présid 1988	Région	PC % exp. 1995	Région	Présid. 2002
Limousin	22,7	Limousin	12,1	Limousin	13,5	Limousin	6,0
Nord-Pas-de-Calais	22,1	Nord-Pas-de-Calais	10,8	Nord-Pas-de-Calais	12,7	Nord-Pas-de-Calais	5,2
Langue-doc-Rous-sillon	21,5	Langue-doc-Rous-sillon	10,0	Langue-doc-Rous-sillon	11,1	Corse	5,0
PACA	20,7	Auvergne	9,6	Picardie	10,7	Langue-doc-Rous-sillon	4,6
Picardie	20,7	Picardie	8,7	Haute-Norman-die	10,7	Auvergne	4,5
France métropoli-taine	15,5	France métropoli-taine	6,9	France métropoli-taine	8,7	France métropoli-taine	3,5

Le vote présidentiel communiste dans les régions (1981-2002) (% sur les exprimés)

dépassant le seuil des 10 % des suffrages portés sur les trois candidats de la Ligue Communiste Révolutionnaire, de Lutte Ouvrière et du Parti des Travailleurs.

En 2002, le PCF n'atteint les 5 % des suffrages exprimés que dans trois régions (Limousin, Nord-Pas-de-Calais, Corse) et quinze départements et il est au-dessous de la barre des 3 % dans 37 départements métropolitains. Quelques zones de moindre recul, dans des zones d'implantation semi-rurale (Allier, Corse, Corrèze, Cher...) et, dans une bien moindre mesure en Seine-Saint-Denis, dans le Val-de-Marne et le Nord, n'empêchent pas la catastrophe. Dans l'ensemble, le mouvement d'évolution s'est inversé par rapport à 1995 : cette année-là, la progression avait été d'autant plus forte que la densité du vote communiste était plus faible ; en 2002, à l'exception de la Picardie et de la Haute-Normandie, le recul est d'autant plus important que l'implantation initiale est faible. L'Alsace et la Franche-Comté sont au tiers de leur pourcentage de départ, portant le vote communiste au rang de vote résiduel.

Carte 9. *Évolution régionale du vote présidentiel* *(1988-1995)*

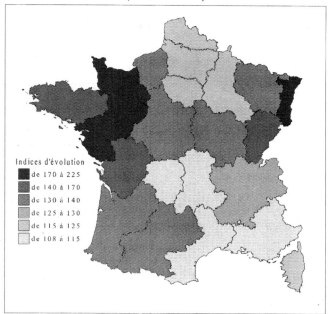

Carte 10. *Évolution régionale du vote présidentiel* *(1995-2002)*

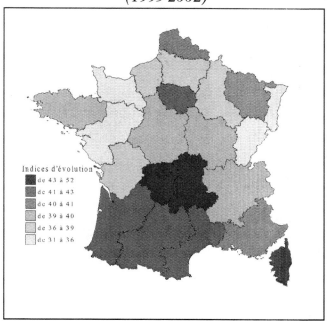

	Évolution du vote présidentiel de 1995 à 2002 (communes de plus de 3 500 habitants)	
	Législatives 1988	2002/1995
Nbre	Tranches de communes	Indices
20	Plus de 40 %	49
86	De 30 à 40 %	48
84	De 25 à 30 %	42
121	De 20 à 25 %	42
160	De 15 à 20 %	41
382	De 10 à 15 %	40
838	De 5 à 10 %	40
532	Moins de 5 %	37
2248	Total	43

Le vote des communes de plus de 3 500 habitants confirme le constat : c'est dans les communes où le PCF avait le pourcentage le plus élevé en 1988 que le recul est relativement atténué (une perte d'un peu plus de la moitié du niveau de 1995) ; au contraire le recul est plus fort dans les communes d'implantation modeste.

Que sont devenus les électeurs communistes des précédentes consultations ? La fragilité des données de sondages, pour des échantillons réduits, rend aléatoire l'examen des chiffres. Si l'on en croit l'institut IPSOS, un tiers des électeurs de Robert Hue en avril 1995 se serait ventilé à égalité entre Jospin et les deux principaux candidats trotskystes et un peu plus d'un tiers de l'électorat législatif de 1997 en aurait fait autant. Le vote pour l'extrême gauche progresse particulièrement dans les zones communistes du Limousin, du Nord et de l'Est. Jean Saint-Josse, le candidat des chasseurs et pêcheurs, dispute au PCF une part de son électorat dans la Somme et en Dordogne. Quant à la candidate radicale Christiane Taubira, elle vient grignoter une part de l'électorat communiste en région parisienne. En revanche, le transfert de voix communistes vers le Front national n'est pas une hypothèse plausible, sauf cas exceptionnels. Étudiant dans le détail le vote calaisien, le chercheur Nicolas Bué observe « une absence quasi-totale de lien » entre la décrue du vote communiste et la poussée de

Jean-Marie Le Pen.[9] Pour Nonna Mayer,[10] si le Front national est devenu dans les années quatre-vingt-dix, le premier
parti ouvrier de France, le phénomène touche davantage les
ouvriers de génération nouvelle, plus désocialisés et plus dispersés, que les ouvriers ayant voté communiste autrefois.

L'électorat communiste, en 2002, a perdu l'originalité qui
était la sienne depuis plusieurs décennies. Simplement, il est
le plus masculin et le plus âgé : les trois quarts des électeurs
de Robert Hue auraient plus de 45 ans (contre un tiers pour
Olivier Besancenot) et 45 % sont retraités. Les ouvriers actifs
ne constituent plus qu'un groupe minoritaire (16 %), moindre que celui de l'extrême gauche.

Le piteux résultat présidentiel laisse en tout cas très mal
augurer de l'échéance législative prévue conjointement par
la réforme du quinquennat. De fait, le 9 juin, le score législatif du PC est au-dessous de la barre des 5 %, le total de ses voix
dépassant tout juste le cap de 1,2 million. Au soir du second
tour, le PCF a préservé de justesse son groupe parlementaire
ce qui, somme toute, témoigne de son imprégnation forte
dans le paysage politique français. Mais les réserves électorales sont désormais au bord du tarissement. Sans doute, faut-il
tenir compte du fait que le PCF n'était pas présent cette fois
dans toutes les circonscriptions et absent dans trois départements. Si l'on ne prend en considération que les lieux où le
PCF concourait au suffrage, le tableau est un peu meilleur
(5,6 %) mais n'infirme pas l'évolution d'ensemble.

Les réserves électorales du PC sont désormais en voie de
tarissement. Aux législatives, le PCF n'a franchi les 10 % que
dans sept départements (Allier, Seine-Saint-Denis, Cher, Val-
de-Marne, Corse du Sud, Dordogne, Pyrénées-Orientales)
et il est au-dessous des 3 % dans trente-trois autres départements. L'effondrement est spectaculaire dans une vingtaine
de départements, où le PC est réduit à un tiers à peine de son
niveau de 1997. Il résiste un peu mieux que la moyenne nationale dans une trentaine, notamment dans l'Est, la Région
parisienne et la Picardie ; mais les pertes sont plus sensibles
dans l'Ouest, le Sud-ouest, la région Rhône-Alpes et la Bourgogne.

Le scrutin présidentiel a-t-il tiré la représentation locale
vers le bas ? C'est franchement le cas pour trente-quatre départements qui se retrouvent, le 9 juin, avec des résultats in-

---

9. Nicolas Bué, « De la relativité des phénomènes sismiques. Le vote communiste à Calais de 1969 à 2002 », *Communisme*, n° 72-73, 2002-2003.
10. Nona Mayer, *Ces Français qui votent FN*, Flammarion, Paris, 1999.

La sociologie des électorats à gauche le 21 avril 2002 (IPSOS)								
	A. Laguiller	O. Besancenot	D. Gluckstein	R. Hue	L. Jospin	C. Taubira	N. Mamère	JP. Chevènement	Total gauche
Ensemble	5,8	4,3	0,5	3,4	15,9	2,1	5,3	5,4	42,7
Sexe									
Hommes	6	4	1	4	15	2	6	6	44
Femmes	6	4	1	3	16	2	5	5	42
Âge									
18 - 24 ans	6	8	1	2	14	4	10	5	50
25 - 34 ans	4	5	1	3	13	2	8	7	43
35 - 44 ans	10	6	0	3	16	2	7	4	48
45 - 59 ans	7	5	0	5	15	2	4	5	43
60 - 69 ans	4	2	1	3	22	1	1	6	40
70 ans et plus	2	1	0	5	17	1	1	5	32
Profession de l'interviewé									
Prof. lib., Cadres Sup.	4	3	1	3	18	4	7	7	47
Prof. inter-médiaires	7	7	1	2	13	2	10	7	49
Employés	9	7	1	4	15	2	5	5	48
Ouvriers	10	6	0	3	15	1	4	4	43
Statut de l'interviewé									
Salariés du privé	8	6	0	3	15	2	6	5	45
Salariés du public	9	6	1	4	16	3	8	7	54
Chômeurs	5	2	0	0	13	1	7	4	32
Retraités	3	1	1	5	19	1	1	6	37

férieurs à ceux du 21 avril. Pour une dizaine d'entre eux, c'est plus de 20 % du maigre capital engrangé quelques semaines plus tôt qui disparaît encore en ce dimanche décevant. Il est vrai que, pour vingt-six autres, la récupération en un mois est plus sensible : c'est le cas notamment pour huit départements qui font plus que doubler leur score du 21 avril (Manche, Seine-Saint-Denis, Oise, Aisne, Corse-du-Sud, Hauts-de-Seine, Pyrénées-Orientales, Allier). Le poids des sortants n'est pas pour rien dans cette situation : les circonscriptions « sortantes » ne perdent que 1,4 % sur les législatives précédentes et regagnent 20,5 % sur la présidentielle !

COMMENT ASSURER LA SURVIE ?

Comment échapper au cycle infernal de la marginalisation politique ? À partir de 2002, le PCF aux abois est confronté à un choix stratégique délicat. Le désir de maintenir une représentation élective suffisante pousse désormais plutôt à rechercher l'alliance avec le PS, comme ce fut le cas aux régionales de 1998 et comme c'est devenu pour le PC la norme dans les scrutins municipaux. Cette hypothèse est défendue par les partisans, dans la direction, de l'ancien secrétaire national. Mais, relativement efficace quand il s'agit de comptabiliser des élus, la solution place les communistes dans une situation de dépendance à l'égard de l'allié socialiste. Restent donc deux possibilités : la généralisation des candidatures estampillées PCF (sauf aux municipales) ou la recherche de configurations d'alliances de premier tour à la gauche du Parti socialiste. La première de ces deux hypothèses a l'avantage d'assurer l'indépendance politique totale de l'organisation communiste, mais multiplie les risques de marginalisation électorale. La seconde, au départ prônée par les « refondateurs »,[11] a l'avantage théorique d'élargir l'espace du vote, mais fait tout autant courir le risque de dilution du fait communiste et, à la limite, peut se cantonner à un rassemblement étroit des effectifs réduits d'une « gauche de la gauche ».

Dans la pratique, le PCF use des unes et des autres de ces hypothèses. Aux élections régionales de 2004,[12] il reproduit l'alliance avec le PS dans 14 régions, s'allie avec le MRC de Jean-Pierre Chevènement en Franche-Comté et, dans sept

11. Il s'agit de la mouvance critique apparue en 1989, autour de Charles Fiterman et de Guy Hermier et de l'hebdomadaire *Futurs*.

12. Gérard Le Gall, « régionales et cantonales 2004 : le retour de la gauche deux ans après le 2& avril », *Revue politique et parlementaire*, n° 1029-1030, avril-mai-juin 2004.

autres régions, présente des listes plus ou moins ouvertes à des formations et personnalités du monde syndical et associatif. Dans ces élections marquées par une nette poussée de la gauche (près de 2 % supplémentaires sur 1998), les anciens alliés du PS ne s'en sortent pas trop mal, quand ils sont allés seuls à la bataille. Les Verts, qui ont joué leur propre carte dans huit régions, passent chaque fois la barre des 5 % et même atteignent celle des 10 % en Rhône-Alpes. Il en est de même pour le PCF. En Picardie, dans le Nord-Pas-de-Calais, en Auvergne et en Île-de-France, il a largement passé le seuil des 5 % (10,9 % en Picardie, 10,7 % dans le Nord-Pas-de-Calais, 9,2 % en Auvergne) qui lui permet de fusionner avec les listes du Parti socialiste. En Corse, il améliore ses résultats entre le premier et le deuxième tour (8,3 % contre 6,6 %) et obtient 4 sièges. Ce n'est qu'en Alsace, en Aquitaine et en Franche-Comté que sa stratégie autonome ne lui permet pas de dépasser les 5 %. Partout, il surclasse les chiffres de Robert Hue en avril 2002. Sauf en Aquitaine et dans quelques départements de forte implantation locale (Allier, Dordogne, Seine-Saint-Denis, Val-de-Marne), il est même au-delà des décevantes législatives de juin 2002.

Le succès de l'Île-de-France mérite tout particulièrement l'attention. Dans cette région phare où le PC est en déclin continu, on attendait de savoir si les communistes allaient atteindre le seuil garantissant le maintien d'une représentation régionale. Ils sont d'autant plus attendus au tournant qu'ils ont choisi, dans ce lieu symbolique de leur histoire, une formule inédite : sous la houlette de Marie-George Buffet, ils s'associent à d'autres sensibilités (par exemple, celle que représente Claire Villiers, animatrice de l'association Agir contre le chômage, une des figures des nouveaux mouvements sociaux de la décennie 1990), à l'intérieur d'une liste de « Gauche populaire et citoyenne ». Parviendraient-ils à convaincre leur électorat– ce que n'avait pas su faire la liste d'ouverture de Robert Hue aux européennes de 1999 – tout en faisant reconnaître par d'autres leur volonté réelle de partage ? Au bout du compte, l'association de militants politiques et de représentants des mouvements dits « sociaux » réussit à créer une dynamique intéressante, en permettant aux communistes et à leurs alliés de regrouper 7,2 % des suffrages exprimés.

La satisfaction régionale du PCF contraste cette fois avec la déception de l'extrême gauche. Les formations d'Arlette Laguiller et d'Olivier Besancenot avaient décidé de reconduire leur stratégie d'alliance amorcée au lendemain des régionales de 1998. Mais, à la différence des scrutins antérieurs, l'élection du 21 mars n'est pas allée dans le sens des espoirs annoncés. L'extrême gauche retrouve certes à peu près son niveau de 1998, mais très au-dessous des 10 % engrangés le 21 avril 2002. Les deux partis héritiers du trotskisme n'ont donc pu confirmer la progression commencée quatre années plus tôt. En Auvergne, en Île-de-France et dans le Nord où ils espéraient passer au-delà des 10 %, l'alliance LO-LCR s'est trouvée surclassée par les listes à participation communiste, comme elle l'a été dans son « fief » toulousain par la liste alternative des « Motivés ».

Les cantonales, une fois de plus, sont moins rassurantes pour le PC. Comme les régionales, elles marquent une sensible poussée de la gauche, qui passe de 45,4 % à 48 %. Les bénéficiaires en sont l'extrême gauche et le PS. En passant de 0,6 % à 2,9 %, l'extrême gauche compense quelque peu sa déception des régionales et confirme le mouvement de territorialisation de son influence qu'avaient montré les municipales de 2001. Quant au PS, il gagne plus de trois points et progresse la plupart du temps au détriment des communistes.

Pour ceux-là, à rebours de l'extrême gauche, les cantonales se révèlent décevantes, alors que les régionales témoignent le même jour d'un réel regain. En quatre ans, le PC a perdu 2,5 % dans cette série de cantons et sa représentation en sièges, qui avait augmenté en 1998, retombe à 100, soit une perte de 36 sur le scrutin précédent. Le fléchissement n'est pas universel, mais il constitue la tendance générale, notamment les cantons les plus urbanisés : les communistes reculent dans la plupart des grandes villes. Le plus curieux est que, le 21 mars, il n'y a pas eu concordance entre le vote régional et le scrutin cantonal : le PCF perd, même là où ses scores sont bons sur le plan régional – c'est le cas dans le Nord-Pas-de-Calais, en Picardie et en Île-de-France. La fragilisation se poursuit : il est significatif que les pertes s'observent notamment, soit à la suite de successions difficiles (comme à Montluçon, Douai ou Amiens), soit dans des cantons où la droite l'a emporté en 2001 (comme La Garde, Vigneux, Argenteuil ou Drancy).

L'ESPOIR ET LE TRAUMATISME (2004-2007)

Le PCF peut-il échapper à la spirale du déclin et dans quelle configuration d'alliances ? Dans l'ensemble, les régionales n'ont pas permis de trancher entre les différentes hypothèses possibles. Chacun peut arguer de « son » résultat (Nord-Pas-de-Calais, Île-de-France, régions d'union de la gauche) pour légitimer sa stratégie. La même année, les élections européennes (qui se déroulent cette fois dans le cadre de sept grandes régions) n'ont guère éclairci les choix. Globalement les listes présentées par le PCF (parfois ouvertes à des personnalités et groupements extérieurs) obtiennent un score encore en recul sur celui de la liste Bouge l'Europe ! de 1999 : 5,4 % contre 6,8 % à l'élection précédente. En nombre de voix, le PCF franchit une fois de plus le seuil d'un million (900 600 suffrages), ce qui le met à 60 000 voix en-deçà de Robert Hue et à 285 000 voix de Bouge l'Europe ! Seuls six départements (Corse du Sud et Haute-Corse, Pas-de-Calais, Lozère, Paris et le Gard) échappent au mouvement de recul. En revanche, 25 départements perdent plus du tiers de leur niveau de départ, essentiellement dans les régions de l'Est, en Normandie et dans la région Rhône-Alpes.

Carte 11. Évolution du vote européen du PCF
(1999-2004)

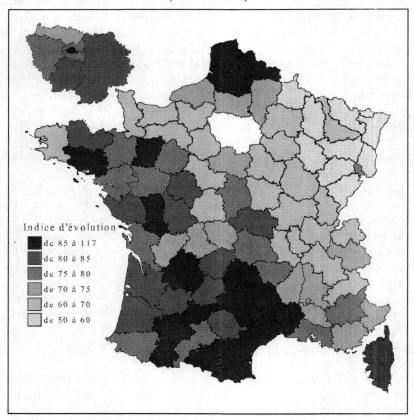

Mais, cette fois, et comme aux régionales, l'alliance LO-LCR marque le pas (avec 2,6 %, elle perd la moitié de son pourcentage de 1999) et elle ne devance les listes communistes que dans neuf départements d'influence communiste résiduelle.

La satisfaction enregistrée dans l'appareil, au lendemain du scrutin, contraste avec la modestie des résultats. Mais le simple fait que ne se reproduise pas à l'identique le scénario catastrophe d'avril 2002 suffit à rassurer l'actif militant. L'optimisme va se renforcer dans les mois qui suivent. À partir de l'été 2004 s'ouvre en effet la polémique nourrie par le « Traité établissant une Constitution pour l'Europe », adopté au Conseil européen, le 19 juin 2004 et signé quelques mois plus tard, le 29 octobre. En France, Jacques Chirac choisit la procédure référendaire pour la ratification du traité. La campagne qui précède le référendum est l'occasion d'une énorme mobilisation des partisans du « Non ». Alors que la plupart des partis au Parlement (UMP, PS, UDF, Verts) ont choisi de soutenir le traité, l'opposition au projet rédigé sous l'égide de Valéry Giscard d'Estaing provoque un peu partout la formation de comités en faveur du Non, à la suite de « l'appel des 200 » initié par la Fondation Copernic. Multipliant les rencontres de proximité et les meetings unitaires, déployant les ressources des réseaux tissés sur le Web, les militants critiques se dépensent sans compter. Après avoir hésité, la direction du PCF s'engage pleinement dans cette dynamique collective qui triomphe le 29 mai 2005 : le Non l'emporte à 54,7 % des suffrages exprimés ; les électeurs de gauche, y compris ceux du PS semblent avoir opté en majorité pour le Non.

Dès le lendemain du scrutin, des voix s'élèvent, jusqu'au sein du PCF, pour suggérer de prolonger en 2007 la convergence esquissée pendant la bataille référendaire. Pourquoi ne pas rééditer, dans la présidentielle de 2007, la « photo du 29 mai » rassemblant, sur une même tribune les personnalités du PC, de l'extrême gauche, des différentes forces alternatives et de la gauche socialiste ? En mai 2006, un nouvel appel est publié « pour un rassemblement antilibéral de gauche et des candidatures communes ». À la différence des multiples appels rédigés après 2002, la direction décide de signer cet appel, que boude la LCR, de participer à la mise en place de « collectifs antilibéraux » et de partager l'activité d'un « collectif national d'initiative ». En même temps, à l'issue du 33e Congrès du PCF, en février 2006, les responsables communistes proposent que leur secrétaire nationale, Marie-George Buffet, devienne la candidate du rassemblement antilibéral. À la fin décembre 2006, à Saint-Ouen, une assemblée générale des collectifs ne peut que constater l'échec du processus commun. La direction communiste se targue d'avoir fait voter la majorité des collectifs antilibéraux en faveur de M.-G. Buffet ; les autres sensibilités rétorquent qu'il est impossible que le mouvement d'ensemble soit représenté par la numéro un d'une de ses composantes. Le PCF va donc seul à la bataille, tout comme la LCR qui a décidé, dès le début, qu'elle chercherait à tirer tous les bénéfices de l'aura publique grandissante d'Olivier Besancenot.

Le 22 avril 2007, au premier tour de la présidentielle, la secrétaire nationale regroupe sur son nom le plus faible nombre national de suffrages de toute l'histoire du PCF. Elle arrive en septième position, avec à peine plus de 700 000 voix, soit 1,93 % des suffrages exprimés. Entre la présidentielle de 2002 et celle de 2007, le PCF a perdu entre le tiers et la moitié de son influence dans la totalité des departements

D'une présidentielle à l'autre (2002-2007)				
	2002	2007	2007/2002	
Départements où le PCF obtenait en 2002	% Hue	% Buffet	PCF	LCR
Plus de 5 %	5,85	3,37	58	108
Entre 4 et 5 %	4,58	2,64	58	106
Entre 3 et 4 %	3,32	1,84	55	95
Entre 2 et 3 %	2,49	1,41	57	88
Moins de 2 %	1,56	0,90	58	90
France métropolitaine	3,44	1,95	57	96

français, de façon uniforme quel que soit le niveau atteint à la présidentielle de 2002.

La perte est analogue pour l'ensemble de la gauche radicale. Si Olivier Besancenot maintient à peu près son score de 2002 (4,1 % contre 4,3 % en 2002) et progresse notamment dans les zones les plus favorables au PCF en 2002, il n'en est pas de même des autres forces à la gauche du PS. Les trois candidats de la famille trotskyste se contentent au total de 5,8 % des suffrages exprimés, bien loin des 10,5 % du 21 avril 2002. Quant à José Bové, qui se réclamait d'une partie des « collectifs antilibéraux », il est derrière la secrétaire nationale du PCF avec un timide 1,3 %. Les « antilibéraux » rêvaient de faire la surprise, après le succès du Non en mai 2005 : le 22 avril, les candidats qui avaient soutenu le Non enregistrent un bien médiocre 9 % des suffrages exprimés et ils sont aux deux

L'évolution régionale du vote présidentiel du PCF (2002-2007)			
	% Hue	% Buffet	2007/2002
Nord-Pas-de-Calais	5,1	3,2	64
Alsace	1,0	0,6	62
Haute-Normandie	3,7	2,3	62
Franche-Comté	2,9	1,8	60
PACA	3,8	2,3	60
Basse-Normandie	2,1	1,2	58
Centre	3,6	2,1	58
Auvergne	4,5	2,6	57
Bretagne	2,7	1,5	57
Corse	2,7	1,6	57
Rhône-Alpes	3,2	1,8	57
Champagne-Ardenne	2,9	1,7	57
Bourgogne	3,9	2,2	56
Limousin	4,5	2,5	56
Île-de-France	3,5	1,9	55
Midi-Pyrénées	3,6	2,0	55
Languedoc-Roussillon	4,6	2,5	54
Pays-de-Loire	2,3	1,2	54
Lorraine	2,6	1,4	54
Aquitaine	3,8	2,0	54
Picardie	3,9	2,0	53
Poitou-Charentes	3,0	1,5	48
France métropolitaine	3,4	2,0	57

tiers seulement de leur résultat de 2002.[13] Contrairement à toute attente, les forces à la gauche du PS réalisent leur plus mauvais résultat électoral présidentiel de toute l'histoire.

Les résultats du premier tour des élections législatives de 2007 organisées le mois suivant sont meilleurs pour le PCF :

13. Encore ne tient-on pas compte ici de ce que, en 2002, Noël Mamère (5,3%) et Christiane Taubira (2,3%) avait capté une part de l'électorat à la gauche du Parti socialiste.

ses candidats rassemblent sur leurs noms 4,4 % des suffrages exprimés sur le territoire métropolitain (4,6 % selon les totalisations du PC lui-même), soit 0,2 % à 0,5 % de moins qu'en 2002. Au total, si l'on ajoute aux résultats des communistes

Les scores présidentiels de la gauche du PS	
1969	26,3 %
1981	18,9 %
1988	15,2 %
1995	17,4 %
2002	19,1 %
2007	9,1 %

ceux de leurs soutiens divers, on constate une stabilité presque complète entre 2002 et 2007. Au final, quinze députés sont élus en métropole, tandis que les PC réunionnais et martiniquais obtiennent un siège (Huguette Bello). Avec les quatre députés Verts, le président du Conseil général de la Martinique Alfred Marie-Jeanne, le MDC Jacques Dessalangre, le maire de Montreuil Jean-Pierre Brard et le député de la Somme Maxime Gremetz (qui s'était cette fois présenté contre le PCF local), les communistes forment le groupe de la «Gauche démocrate et républicaine».

Entre 2002 et 2007, le PCF voit son influence s'éroder légèrement, comme les écologistes, tandis que le PS connait une faible progression et que l'extrême gauche poursuit son essor, sans annuler le décalage qui est le sien entre ses scores dans des élections purement nationales et lors des scrutins territorialisés.

La relative stabilité du vote communiste ne peut laisser dans l'ombre la très grande inégalité dans l'évolution locale des votes. Par rapport à 2002, le PCF recule dans 284 circonscriptions et reste stable ou progresse dans 204 (il n'était pas présent dans une soixantaine de circonscriptions en 2002). Dans douze circonscriptions, il recule de plus de 10 % et dans une il progresse de plus de 10 %. Dans huit circonscriptions, il progresse de plus de 5 % et dans vingt-cinq il recule de plus de 5 %. Au total, depuis 1997, le PCF a perdu la moitié au moins de son potentiel électoral dans 400 circonscriptions et il ne reste stable ou progresse que dans 13 circonscriptions.

La part des circonscriptions où le PCF se situe à un niveau de marginalisation forte (moins de 2 %) est passé de 7 en 1997 à 94 en 2002 et à 113 en 2007. En sens inverse, le nombre

Indices d'évolution du vote législatif (2002-2007)	
PCF	89
Extrême gauche	122
Parti socialiste	102
Divers gauche	86
Écologistes	71

des circonscriptions où le PCF est au-dessus des 5 % est passé de 473 en 1997 à 145 dix ans plus tard. Dans cet ensemble supérieur à 5 %, le nombre des circonscriptions où le PCF est au-dessus des 20 % (et donc peut postuler au second tour et espérer peser activement sur l'espace politique local) est passé de 60 en 1997 à 32 en 2002 et à 23 en 2007. Les législatives de 2007 ont permis de contenir la tendance continue au dé-

Carte 12. L'évolution du vote législatif 2002-2007

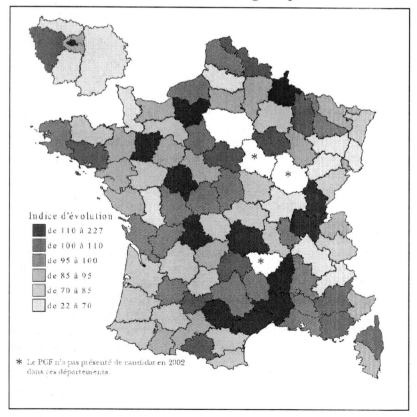

Indice d'évolution
- de 110 à 227
- de 100 à 110
- de 95 à 100
- de 85 à 95
- de 70 à 85
- de 22 à 70

* Le PCF n'a pas présenté de candidat en 2002 dans ces départements.

Répartition des circonscriptions par niveau d'influence législative du PCF			
	1997	2002	2007
Moins de 2 %	7	99	120
De 2 % à 5 %	75	248	288
Plus de 5 %	473	137	144
dont : de 5 % à 10 %	275	74	86
dont : plus de 10 %	198	66	59
dont : plus de 20 %	60	34	23
Total des circonscriptions	555	484	552

clin ; elles ne l'ont pas interrompue et l'écart se creuse même entre les zones d'implantation restée forte et la très grande majorité des circonscriptions où l'influence communiste est devenue marginale. Ainsi, la dénationalisation du vote communiste est confirmée par la séquence électorale de 2007.

2008 : UNE ANNÉE EN DEMI-TEINTES

Le résultat communiste désastreux de la présidentielle et la sévère défaite de la gauche aux seconds tours de la présidentielle et des législatives laissent présager le pire pour les consultations locales à venir. L'enjeu pour le PCF est clair : parviendrait-il à préserver son patrimoine municipal et à conserver la présidence des deux conseils généraux de la Seine-Saint-Denis et du Val-de-Marne ? À l'issue de la double élection de mars (cantonale et municipale), le bilan est mitigé. Statistiquement, le PCF a évité le pire en conservant une large part de son assise locale et en reculant modestement au scrutin cantonal. Mais, fût-il ralenti, le déclin ne s'est pas interrompu et le « neuf-trois » a été perdu...

Les cantonales ont permis à la gauche d'obtenir son meilleur score depuis 1988, tandis que l'extrême droite s'effondre.[14] Alors que le total de la gauche progresse de 1,8 % entre 2001 et 2008, le total du PCF, de l'extrême gauche et des Verts fléchit de 3,4 %. En nombre de conseillers généraux, la droite perd 183 sièges, ce qui fait basculer l'équilibre

---

14. Pierre Martin, « Les élections cantonales des 9 et 16 mars 2008 », *Regards sur l'actualité*, n° 342, juillet 20008, La Documentation Française.

des conseils généraux métropolitains. Le PS récupère l'essentiel des sièges de la droite (+ 149), gagne 7 départements et n'en perd aucun. Le PCF perd la Seine-Saint-Denis mais récupère l'Allier (où il est avec égalité avec les socialistes et divers gauche).

*Le vote cantonal du PCF :
évolution de 2001 à 2008*

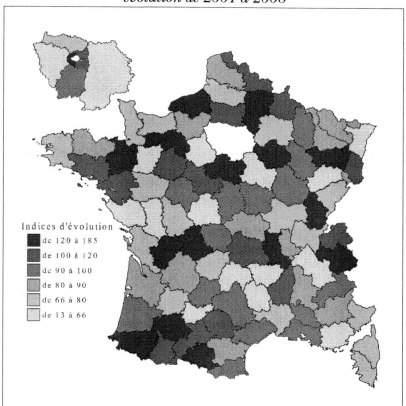

En 2008, le PCF présente un nombre de candidats inférieur d'un tiers par rapport à l'élection précédente. Dans une élection favorable à la gauche, ce déficit réduit son nombre de voix et tire vers le bas sa part relative dans les suffrages exprimés. Alors que son score national baisse de 1 % entre 2001 et 2008, il progresse légèrement (+ 0,3 %) dans les 1 163 cantons où il est présent à la fois en 2001 et en 2008. Mais, au final, sa représentation nationale a reculé une fois de plus : dans cette série de cantons, en général plus favorable au vote communiste que la seconde série, le PCF recule continûment depuis 1976. Les pertes en sièges sont de 51 en 1982, de 26 en 1988, de 23 en 19944, de 14 en 2001 et encore de 10 en 2008.

Les trois régions qui progressent depuis l'élection précédente sont de vote communiste moindre : Haute-Normandie, Midi-Pyrénées et Champagne-Ardenne. Parmi les régions de forte implantation, le Nord-Pas-de-Calais est la seule à se maintenir, tandis que la région parisienne fléchit un peu moins que la moyenne nationale, grâce aux relativement bons résultats de la petite couronne, et notamment de la Seine-Saint-Denis, où la progression globale (+ 2,8 %) n'empêche pas la perte du département.

Les élections de 2008 (les élections municipales de 2008 sont traitées dans le chapitre suivant) n'ont pas interrompu le recul enregistré depuis 1983. Il est moindre que celui constaté lors des précédentes consultations et, surtout, il est moins important que ne le laissait présager la présidentielle de 2007. Mais il est vrai que ces élections locales ont été les meilleures pour la gauche depuis 1977. Si le tassement des communistes et de leurs partenaires est plus limité que précédemment, l'écart entre le PS et le PCF s'est, lui, accentué, dans des élections fortement marquées par une bipolarisation partisane. Dans la tranche de villes de plus de 9 000 habitants, la gauche gère en 2008 près de 60 % du total contre 57 % en 1977 ; mais le PS à lui seul en gère 46 %, contre 30 % en 1977. Dans les villes de plus de 3 500 habitants, le PCF et les « apparentés » sont passés de 228 maires en 1995 à 188 en 2008, tandis que le PS, dans le même temps, est passé de 675 à 823 mairies.

ARRÊT SUR IMAGE 2.
APOGÉE ET DÉCLIN
DU COMMUNISME MUNICIPAL

Phénomène politique national, le communisme a marqué concrètement la société urbaine française par la vigueur et l'originalité de son ancrage municipal. Le délégué syndical et l'élu local : ces deux figures ont permis au PCF d'imprégner la vie quotidienne de millions de Français. Numériquement, l'impact communal a pourtant été assez faible : au plus fort de son influence, le PCF n'a comptabilisé qu'un peu plus de 6 % des quelque 550 000 conseillers municipaux et il s'est trouvé à la tête de moins de deux mille communes, sur les 36 000 qui maillent le territoire français.

LA CONQUÊTE DES VILLES

Au départ, l'implantation municipale est d'ailleurs bien modeste. Le socialisme unifié de 1905 avait lui-même un bilan intéressant, mais sans commune mesure avec celui des radicaux de la grande époque. Les socialistes ont commencé leur imprégnation locale à la fin du siècle précédent, à Ivry avec Ferdinand Roussel, au Kremlin-Bicêtre avec Eugène Thomas, ou à Alfortville avec Jules Cuillerier. Après guerre, ils sont un peu partout confrontés à la concurrence des « socialistes indépendants », comme Pierre Laval à Aubervilliers, Julien Dupoisot à La Courneuve ou Henri Rémond à Stains. Pourtant, par une manière de paradoxe, tandis que les législatives déçoivent des militants déjà fort perturbés, les élections municipales de 1919 sont plutôt un succès. Au moment où les socialistes se divisent, en 1920, la SFIO s'appuie déjà sur un réseau de 700 municipalités.[1] Leur distribution sur le

---

1. La liste par départements se trouve dans Jean Charles et *alii*, *Le Congrès de Tours, op. cit.*

territoire national est très irrégulière : la moitié des mairies socialistes se trouve dans sept départements seulement. Le quart se situe dans le Nord (116 mairies) et le Pas-de-Calais (68), suivis par la Haute-Vienne (47) et l'Allier (42). Le bloc de la région parisienne vient derrière, en nombre de mairies (mais pas en population administrée), avec vingt-quatre mairies socialistes dans la Seine et quatorze en Seine-et-Oise.

De cet héritage socialiste, le jeune Parti communiste ne conserve que la portion congrue. Sur le papier, il n'est pas au départ si démuni. Par exemple, sur les vingt-quatre mairies socialistes de la banlieue parisienne, seize adhèrent à la IIIe Internationale à la fin de 1920. Mais les communistes doivent bien vite compter avec les défections.[2] Fin 1922, le maire le plus influent et le plus actif, Henri Sellier[3] de Suresnes, quitte le PCF, entraînant avec lui de nombreux élus de la petite couronne (Aubervilliers, Pantin, Pré-Saint-Gervais, Bagnolet, Bondy, Drancy et Pavillons-sous-Bois). En 1923, quand s'éloigne le premier secrétaire général de la SFIC, Louis-Oscar Frossard, il est suivi par les élus de Saint-Ouen. Tous ces dissidents forment le Parti socialiste-communiste, qui s'implante à Saint-Ouen, Pavillons-sous-Bois, Issy-les-Moulineaux, Le Kremlin-Bicêtre. Beaucoup, comme Frossard et Sellier, André Morizet à Boulogne ou Charles Auray à Pantin, finissent même par retourner à la « vieille maison ».

Au final, à la veille des municipales de 1925, le PC ne contrôle plus que quatre municipalités en banlieue (Saint-Denis, Bobigny, Villetaneuse et Choisy-le-Roi[4]). En 1925, s'y ajoutent cinq communes dans la Seine (Clichy, Ivry, Vitry, Villejuif et Malakoff) et sept en Seine-et-Oise (Achères, Athis-Mons, Bezons, Corbeil-Essonnes, Mitry-Mory, Paray, Saint-Cyr-l'Ecole). En 1925, loin des 700 mairies socialistes de 1919, le PCF doit se contenter d'un dixième d'entre elles, de soixante-dix mairies dont vingt-et-une dépassent le chiffre des 5 000 habitants, et il dispose de minorités dans cinquante-cinq autres communes. Certaines de ces conquêtes auront cependant la vie longue, comme Le Martinet dans le Gard ou Tarnos dans les Landes...

En 1928, Bagnolet vient compléter le palmarès. Aux élections municipales de 1929, les communistes confortent leur capital électoral d'une trentaine de villes (104 mairies en tout,

2. Michel Dreyfus, *PCF. Crises et dissidences*, Complexe, Paris, 1991.

3. Katherine Burden (sous la direction de), *La Banlieue oasis. Henri Sellier et les cités-jardins, 1900-1940*, Presses universitaires de Vincennes, Paris, 1987.

4. Cette dernière est toutefois perdue en 1925.

40 communes, continûment communistes de 1965 à 2008, étaient déjà socialistes en 1919.	
Allier	Buxières-les-Mines, Désertines, Treban, Ygrande
Alpes-de-Haute-Provence	Saint-Maime
Bouches-du-Rhône	La Bouilladisse
Corrèze	Chanteix
Gard	Les Mages, Le Martinet, Les Salles-du-Gardon
Indre-et-Loire	Saint-Pierre-des-Corps
Landes	Tarnos
Meurthe-et-Moselle	Homécourt
Nièvre	Garchizy
Nord	Bachant, Escaudain, Fenain, Haveluy, Raismes, Roeulx, Seclin, Trith-Saint-Léger, Vieux-Condé, Wavrechain-sous-Denain, Waziers
Oise	Montataire,
Pas-de-Calais	Avion, Calonne-Ricouart, Cauchy-à-la-Tour, Division, Grenay, Marles-les-Mines, Méricourt, Sallaumines
Saône-et-Loire	Saint-Vallier
Seine-et-Marne	Mitry-Mory
Haute-Vienne	Saint-Sylvestre
Seine-Saint-Denis	Bagnolet, Bobigny, Saint-Denis, Saint-Ouen, Villetaneuse
Val-de-Marne	Choisy-le-Roi, Valenton
Val-d'Oise	Bezons

dont 26 de plus de 5 000 habitants, et des minorités communistes dans 139 autres communes), sans pour autant rompre le seuil d'une certaine marginalité. Où se trouvent les zones d'implantation ? Dans une quarantaine de départements, dans le centre (Allier, Cher, Haute-Vienne) et le sud (Gard), le groupe le plus dense se trouvant dans le Nord-Pas-de-Calais et la région parisienne, qui donnent à l'espace communiste sa plus grande visibilité.

Huit municipalités communistes sur soixante-neuf dans la couronne suburbaine de Seine-banlieue... Avec les bons résultats législatifs de 1924, cela suffit à nourrir l'inquiétude et le mythe. En 1927, Édouard Blanc consacre tout un livre à *La ceinture rouge*, qu'un jésuite, le père Lhande, assimile la même année à l'espace des lotissements et définit comme une nouvelle terre de mission. Le PCF ne s'offusque pas de ce mythe : il s'en nourrit. Les écrits de Blanc font écho au célèbre article de Paul Vaillant-Couturier, célébrant, dans *l'Humanité* du 13 mai 1924, le « Paris encerclé par le prolétariat révolutionnaire ». En 1925, *L'Humanité* poursuit dans la même veine : « Paris est maintenant enfermé dans une ceinture rouge. Cette ceinture se resserrera autour de la capitale et les troupes communistes balaieront à l'heure H les cadres d'une société pourrie ». Au milieu de la décennie 1920, les effectifs communistes ne dépassent pas les 15 000 adhérents ; Édouard Blanc, lui, s'effare du quadrillage réussi par 300 000 « Moscoutaires » !

De fait, Georges Marrane à Ivry, Jean-Marie Clamamus à Bobigny, Léon Piginnier à Malakoff ou Paul Vaillant-Couturier à Villejuif donnent l'image de maires bien implantés dans leur commune. L'installation municipale du PCF est donc solide, mais les communistes doivent toujours compter avec les dissidences. À la fin de 1929, Jules Lauze, maire de Villetaneuse, Marius Paquereaux, maire d'Athis-Mons et Charles Auffray, maire de Clichy, quittent le PCF ainsi que six élus parisiens, dont Jean Garchery et Louis Sellier. Un peu plus tard, ils participent à la création d'une petite organisation, le Parti d'Unité Prolétarienne (PUP), qui obtient dix députés en 1932, avant de se fondre dans la SFIO en 1936. Cinq ans après, à la fin 1934, le PC doit compter avec la pression des amis de Jacques Doriot, à Saint-Denis et dans les villes alentours. Jusqu'au milieu des années trente, la situation reste incertaine. En 1932, devant les instances de l'Internationale communiste, le Russe Piatnikski qui connaît bien la France s'inquiète : « En général, on peut dire que dans la majorité des cas notre parti n'utilise pas les municipalités pour élargir son lien avec les masses ».

Pour que s'opère la première grande expansion, il faut attendre 1935, alors que le PCF est en train d'assumer son tournant vers le Front populaire. À l'issue des élections municipales de cette année-là, vingt-sept communes de la Seine sur quatre-vingt sont administrées par les communistes et vingt-huit le sont dans la Seine-et-Oise. En 1936 et 1937, Georges Marrane est le premier président du Conseil général de la Seine, tandis que Léon Piginnier dirige l'Amicale des maires du département. Au total, la « banlieue rouge » regroupe plus d'un million d'habitants. D'autres territoires ne sont pas en reste : dans le Nord, les municipalités communistes passent de dix-sept à trente-six, dans le Gard elles sont vingt-sept. Douarnenez, Concarneau, Miramas, Oyonnax sont gérées par des majorités communistes et l'implantation se confirme dans l'Allier et en Corrèze. Ce sont donc 324 municipalités à majorité communiste et 155 minorités municipales qui sont recensées à la veille de la guerre par la direction du PCF.

À partir de 1935, les dissidences ne perturbent plus l'édifice installé qu'à la marge. Seule la guerre affecte l'ordonnancement du premier municipalisme communiste, en provoquant la quatrième crise municipale, après celles de 1922-1923, 1929 et 1934. À l'automne de 1939, l'approbation par le PCF du Pacte germano-soviétique suscite tout à la fois la répression gouvernementale (en septembre, vingt-sept[5] conseils municipaux sont suspendus dans la Seine et trente-sept en Seine-et-Oise) et les départs d'élus à Concarneau, Douchy-les-Mines, Somain, Clichy, Draveil... Sur les 725 conseillers municipaux de Paris et de la Seine-banlieue, 114 (soit 17 %) se démarquent du pacte et, parmi eux, douze maires sur vingt-sept.[6] Certains élus d'envergure s'éloignent du PCF, quelques uns s'enfonçant dans la collaboration, comme Jean-Marie Clamamus à Bobigny, Marcel Capron à Alfortville ou Fernand Soupé, maire de Montreuil qui rejoindra les rangs « collaborationnistes » du PPF de Doriot. Mais d'autres maires enrichiront le panthéon des martyrs communistes de la guerre, comme Pierre Gueguin de Concarneau et Jean Grandel de Gennevilliers, tombés sous les balles allemandes à Châteaubriant, Georges Le Bigot, successeur de Paul Vaillant-Couturier à Villejuif et mort en déportation à Auschwitz, ou encore Henri Janin, maire de Villeneuve-Saint-Georges et organisateur de la résistance militaire en Bretagne. Au total, on estime à 10 % la part des élus franciliens fusillés, déportés ou tués dans des actions résistantes.

Cette résistance assoit définitivement l'ancrage local du PCF. À la Libération, ses militants sont très présents dans les comités locaux de Libération. Ils triomphent en 1945, quand sont organisées les premières élections municipales

---

5. Aux vingt-six municipalités de 1936 s'est ajoutée celle de Fresnes en 1937.

6. Claude Pennetier, Denis Peschanski, « Partir, se taire, rester : les choix des élus de la Seine », *Le Parti communiste des années sombres 1938-1941*, Le Seuil, Paris, 1986.

de l'après-guerre (et les premières à expérimenter le vote féminin). Combien y a-t-il alors de mairies communistes ? Le ministère de l'Intérieur en dénombre officiellement 1 462, mais il faut encore tenir compte des 247 conseils municipaux désignés par le ministère comme « socialistes-communistes » et des 913 classés « Gauche sans prédominance d'un ou de deux partis ». Une part d'entre eux est en fait dominée par les communistes, sans que l'on soit en état d'en estimer la proportion. À la veille des municipales de 1947, la direction du PCF annoncera elle-même le chiffre de 1 999 (plus six adjoints à Paris)... L'implantation du PC (effectifs et électorat) se ruralise d'un côté et d'un autre côté touche les unités urbaines centrales. Plusieurs villes de plus de cent mille habitants confient leur gestion à des communistes. Limoges (dont le maire est Georges Guingouin, le célèbre « préfet du maquis »), Nantes, Toulon et Reims sont administrées par des édiles communistes, comme Lens, Cambrai, Calais, Saint-Quentin, Avignon, Béziers, Cannes, Ajaccio, Montluçon ou Versailles. En décembre 1946, une élection municipale partielle permet même au député communiste Jean Cristofol, de devenir un temps maire de Marseille...

La région parisienne, avec ses 143 conseils municipaux communistes, est talonnée par le Nord (116 mairies revendiquées) ; l'Aisne, la Corrèze, la Corse, la Creuse, la Dordogne, le Gard, le Pas-de-Calais et la Haute-Vienne égalent ou franchissent le seuil des cinquante maires officiellement annoncés comme étant membres du parti.[7] Daniel Renoult, maire de Montreuil, préside l'Union des maires de la Seine et devient vice-président de l'Association des maires de France. Une génération se met en place, dont la carrière a parfois commencé avant la guerre et qui marque le communisme municipal jusqu'aux années 1970 : Raymond Barbet à Nanterre, Louis Perronnet à Bezons, Henri Quatremaire à Noisy-le-Sec, Waldeck L'Huillier à Gennevilliers, René Rieubon à Port-de-Bouc, Camille Vallin à Givors...

LES PREMIERS PAS DE LA GESTION LOCALE

Quand s'installent les premières villes communistes, le PC dispose d'un héritage déjà solide : celui des maires républicains, et d'abord celui des radicaux et radicaux socialistes de la fin du xixe siècle, tenants acharnés de la bienfaisance com-

7. Rapports du Comité central pour le XIe Congrès national (Strasbourg, 25-26-27-28 juin 1947), « Liste des municipalités dont le maire est membre du Parti », page 163.

munale. Le premier âge du « municipalisme »[8] a vu la mise en place du paysage urbain de la banlieue, des équipes techniques locales et des ébauches d'équipement collectif, crèches, hospices, dispensaires et bureaux de placement gratuits. Au début du xxe siècle, on voit même apparaître les premières formes d'intercommunalité dans la Seine-banlieue, pour gérer les dépenses obligatoires et les conséquences de l'empiètement parisien, et pour faire face aux contraintes de la gestion du gaz, de l'eau et... des pompes funèbres.

Le socialisme parti à la conquête des municipalités n'est donc pas sans antécédent gestionnaire et les communistes, de manière inattendue au départ, vont s'en inspirer à leur manière. Il n'y avait pourtant rien d'évident à ce qu'ils s'avèrent être des gestionnaires compétents et engagés. Le deuxième Congrès de l'Internationale, en juillet 1920 (c'est le congrès des vingt-et-une conditions), est sans ambigüité, comme il l'est pour le parlementarisme. De même que le parlement n'est qu'un instrument de la dictature bourgeoise qu'il convient de « briser », de même les institutions municipales « font aussi partie du mécanisme gouvernemental de la bourgeoisie : elles doivent être détruites par le prolétariat révolutionnaire et remplacées par les Soviets de députés ouvriers ».[9] De cette conception subversive, le PC gardera une certaine latitude dans l'observation des règles légales. Aux élections municipales de 1925, les communistes n'hésitent pas à présenter et à faire élire des femmes, comme Marie Chaix à Saint-Denis ou Marthe Tesson à Bobigny, « malgré la loi, contre la loi », précise Marcel Cachin dans L'Humanité du 7 mars 1925. À quelques décennies de là, à la fin des années quatre-vingt-dix, des maires communistes (Patrick Braouezec à Saint-Denis, Bernard Birsinger à Bobigny) n'hésitent pas, dans le même esprit, à présider des cérémonies officielles de parrainage de migrants « sans-papiers ». Entretemps, la liste est longue des maires poursuivis pour avoir participé à des opérations visant à empêcher les saisies et expulsions...

En fait, les communistes persistent longtemps à concevoir l'action municipale comme une préfiguration de ce que pour-

8. Emmanuel Bellanger, « Spécificité, continuité et uniformisation de la gestion communiste dans les mairies de la Seine », in Jacques Girault (sous la direction de), *Des communistes en France (années 1920 – années 1960)*, Publications de la Sorbonne, Paris, 2002.

9. « Le Parti communiste et le parlementarisme », *Thèses, manifestes et résolutions adoptés par les Ier, IIe, IIIe et IVe congrès de l'Internationale communiste (1919-1923)*, Bibliothèque communiste, juin 1934, réédition François Maspero, Paris, 1978.

rait être la gestion collective de l'avenir. La valorisation du bilan municipal prend dès lors une dimension qui va au-delà de l'exercice classique de fin de mandat. Si la mairie ouvrière n'est pas le « soviet », en l'absence de révolution et de prise du pouvoir d'État, elle n'en est pas moins présentée comme un modèle. À la veille des élections municipales de 1929, *L'Humanité* se livre sans retenue à cette mise en exergue exemplaire.[10] « À Saint-Denis, malgré les coups de force de l'État bourgeois, notre municipalité a réalisé une gestion modèle » (24 avril). « Notre municipalité de Villejuif a fait d'un marécage une cité » (29 avril). « En liaison avec les ouvriers, la municipalité d'Ivry a réalisé des œuvres modèles » (5 mai).

Très vite s'installe l'image des édiles constructeurs, équivalents à leur échelle des bâtisseurs soviétiques. En fait, avant même la forte expansion de 1935, les maires communistes ont cessé d'effrayer et ont commencé d'imposer leur image de gestionnaires efficaces. Dans la pratique, le discours idéologique sur le « bris de l'État » laisse la place à un pragmatisme conséquent. Dès les années vingt, les élus privilégient le résultat, l'extension des prestations d'assistance, l'efficacité des services techniques, l'ouverture d'équipements collectifs et la baisse des coûts d'accès aux biens municipaux. Tant que la prise du pouvoir d'État n'a pas installé les mécanismes de la dictature du prolétariat, à quoi bon nourrir l'illusion que l'on peut faire l'économie de la révolution ? Dans le substrat de l'action communale, les nouveaux élus ne recherchent pas la rupture à tout prix. Saint-Denis, Nanterre, Maisons-Alfort ou Montreuil conservent des régies privées (contrairement aux énoncés du programme du « Bloc ouvrier et paysan » de 1924-1925) et n'annulent pas la concession des monopoles communaux aux grands groupes, pour le gaz, l'électricité, l'eau ou les pompes funèbres.

Pour parvenir à des résultats, les élus s'entourent de techniciens et cherchent des formes de synergie collective, tout en maintenant le « patriotisme de clocher » qui est, depuis les années 1880, un puissant ressort de la politisation républicaine locale. Les socialistes avaient créé en 1919 une Union des municipalités socialistes de la Seine ; les communistes la prolongent au plan national avec la mise en place, en 1923, d'une Union des municipalités communistes,[11] au départ

10. Articles de Marcel Le Gay, 18 et 30 avril 1929, cités dans Raymond Pronier, *Les municipalités communistes. Bilan de 30 années de gestion*, Balland, Paris, 1983.

11. Plus tard, Fédération des municipalités ouvrières et paysannes, confiée en 1931 à Georges Marrane ; en 1935, la Fédération des municipalités com-

sous la houlette de Victor Cat, ingénieur de formation, qui travaille par ailleurs à la « commission municipale » du Comité central. Dès le tout début des années vingt, l'action municipale prend toute sa place dans l'effort d'éducation militante.[12] Les écoles de cadres se penchent sur les « pratiques anciennes » du syndicalisme et de la coopération municipale et Victor Cat insiste en 1925 sur la nécessité de combiner l'exaltation de la « cité soviétiste », antithèse de « l'État bourgeois », et le recours à « la compétence technique (...) des intellectuels, techniciens et spécialistes ».[13] En cela, l'encadrement communiste n'a pas oublié, malgré son départ, le dynamisme urbain d'un Henri Sellier, qui jouera un grand rôle dans la formation des cadres municipaux, l'essor de l'urbanisme savant et l'émergence d'une volonté d'aménagement concertée de l'espace parisien.[14]

LE « MODÈLE » COMMUNISTE

Y a-t-il une gestion communiste spécifique ? À proprement parler, non. Les maires communistes s'appuient sur les équipes techniques en place et reprennent souvent à leur compte l'héritage des précédentes municipalités. Ils utilisent, non sans habileté, des aides publiques qui s'épaississent, tout au moins dans la Seine-banlieue. S'il est une originalité, elle tient à ce que, davantage que d'autres, avec plus de constance et de visibilité, les élus communistes de l'entre-deux-guerres s'essaient à moderniser et à dynamiser l'activité municipale, en l'ouvrant aux besoins nouveaux de populations urbaines en pleine croissance démographique. Ils sont souvent des hommes neufs, qui manifestent une disposition plus grande à comprendre la nature des attentes, dans des tissus urbains en pleine restructuration. Plus encore que les radicaux historiquement pétris de l'expérience des bourgs, davantage que les socialistes accoutumés par leur ancrage sociologique aux strates anciennes du monde ouvrier et aux couches moyen-

---

munistes de France a comme secrétaire général Albert Vassart, qui dirige *L'Information municipale*.

12. Danielle Tartakowsky, *Les Premiers Communistes français. Formation des cadres et bolchevisation*, Presses de la FNSP, Paris, 1980.

13. Notice biographique de Victor Cat, rédigée par Jean Maitron et Claude Pennetier, dans le *Dictionnaire biographique du mouvement ouvrier* (le « Maitron »).

14. C'est par exemple sur la proposition d'Henri Sellier que le Conseil général de la Seine décide la création d'une École des hautes études urbaines qui devient, en 1924, l'Institut d'urbanisme de l'Université de Paris.

nes, les élus communistes installent une gestion, modeste par son style, mais conséquente par son contenu, qu'ils raccordent explicitement au groupe social le plus expansif en milieu urbain : les ouvriers, et notamment ceux de la grande industrie en forte croissance.

Le maire communiste n'impose pas des structures nouvelles, mais il insuffle une tonalité franchement sociale à l'action municipale, plus cohérente au total que dans les municipalités voisines. La communauté politique forte que constitue « le Parti » contribue à cette homogénéité qui, elle-même, donne en retour sa couleur et son épaisseur au « modèle » communiste. La gestion des communistes s'identifie bien sûr d'abord à l'action sociale proprement dite.[15] Saint-Denis instaure des soupes populaires en décembre 1930. Les dépenses augmentent pour alimenter le bureau de bienfaisance ou la caisse des écoles. Ivry crée en 1925 « l'œuvre des vacances populaires enfantines » et, en 1927, Clichy ouvre une colonie de vacances à Saint-Gilles. En 1934, la municipalité de Gennevilliers, dirigée par Jean Grandel, installe un service d'assistance sociale et municipalise un service privé de nourrissons, tandis que Georges Marrane crée en 1929 à Ivry l'Association d'hygiène sociale antituberculose. Quant à Vitry, elle voit s'ouvrir, dès 1926, l'immense école de plein air, dans un parc de 2 000 mètres carrés, qui accueille des centaines d'enfant pendant les mois d'été. L'enfance, les vieux travailleurs, la santé publique : les archétypes sont bien en place, pour longtemps.

Le social au sens strict n'est pas le seul déployé. Quand Paul Vaillant-Couturier, maire de Villejuif depuis 1929, décide la construction d'un groupe scolaire dans la partie basse de la ville, il se tourne vers André Lurçat, un des maîtres de l'architecture moderne avec Le Corbusier.[16] Par la place accordée à la lumière et par l'alliance des matériaux qu'il choisit, Lurçat fait de cette commande le symbole d'une « volonté de modernisation culturelle mais aussi du choix du terrain de l'architecture comme manifestation d'un projet gestionnaire novateur ».[17] Son inauguration en grande pompe, le 9 juillet 1933, est l'occasion pour Paul Vaillant-Couturier, de donner

15. Emmanuel Bellanger, « Spécificité, continuité et uniformisation... », article cité.

16. Il a fondé avec lui les Congrès internationaux d'architecture moderne. Cf. Jean-Louis Cohen, *André Lurçat (1894-1970) : l'autocritique d'un moderne,* IFA, 1995.

17. Jean-Louis Cohen, « L'école Karl-Marx de Villejuif (1930-1933) », *Banlieue rouge 1920-1960,* Autrement, Paris, 1992.

du sens à ses choix : « L'école de Villejuif n'est ni une école de luxe, ni une école-prison, ni une école-caserne. Elle est une école de lumière, de fleurs, de verdure et de grand air. Elle est faite pour être aimée des enfants de travailleurs ». La presse hostile ne manque pas de dénoncer « une architecture toute soviétique » ; les intellectuels prestigieux, Primo Levi ou Aldous Huxley, y voient quant à eux le symbole de ce « banc d'essai des modernités » (*Autrement*, 1992) que veut être la banlieue rouge. Marcel Cachin, de son côté, enfonce le clou dans *L'Humanité* : « Cette école est une anticipation, un début, un modèle, un exemple. Elle attestera que les prolétaires s'intéressent à tout ce qui concerne l'enfance [...] Elle prouvera que les bolcheviks français, même bridés, même limités par l'administration bourgeoise, sont capables de réalisations importantes que les municipalités bourgeoises ne peuvent prendre en compte ».

Si la gestion communiste du territoire finit par être reconnue et positivée, ce n'est pas par la hardiesse « révolutionnaire » de ses méthodes, ni même par le détail ses choix. Les historiens de la banlieue ont souvent souligné que l'administration de la banlieue rouge participe d'une modernisation générale des politiques locales qui affecte plus ou moins l'ensemble des municipalités des zones suburbaines, quelle que soit leur étiquette politique. Mais l'espace occupé par les communistes se caractérise tout de même, dès les années trente, par la jonction de trois grands traits dont l'entrelacement va identifier pour longtemps le « communisme municipal ».

Le premier est la capacité à donner du sens à une expérience locale qui est ainsi, tout à la fois, singulière (le « communisme aux couleurs du local »[18]) et universelle (un modèle expansif). La municipalité communiste se présente comme un lieu d'organisation de la quotidienneté populaire. Elle est un territoire ouvrier, dont les édiles sont issus (en 1939, 64 % des 725 conseillers municipaux de Paris et la Seine-banlieue sont des ouvriers), et dont la logique gestionnaire est tendue vers un seul objectif : limiter les effets de carence qui sont la manifestation première de l'existence prolétarienne. Mais la politique sociale n'est que le premier pas vers la cité idéale, où le peuple ouvrier n'est plus souffrant mais dirigeant. Le choix de la modernité urbaine n'est pas alors une concession à l'air du temps : elle est la concrétisation de l'idée selon laquelle l'avenir de la société se trouve dans le peuple et non dans les classes dirigeantes.

18. Michel Hastings, *Halluin-la-Rouge*, *op. cit.*

Le deuxième trait du communisme municipal est le souci apporté à une cohérence de vie municipale qui se vit et qui se dit. La gestion communiste est moderne, parce qu'elle est sociale ; elle est sociale, parce qu'elle se veut ouvertement prolétarienne, jusqu'au milieu des années trente, et plus largement plébéienne après 1934, quand il s'agit de rassembler, non le seul prolétariat, mais le « peuple » dressé contre les « deux cent familles ». Au départ espace du manque, espace surveillé et dévalorisé, la banlieue rouge est devenue le lieu de la valorisation d'un territoire populaire en expansion, qui se définit de plus en plus, de l'entre-deux-guerres jusqu'aux années soixante, comme l'aire par excellence de l'industrie mécanicienne. La gestion communiste, par son souci de la mise en scène populaire (la réunion, la manifestation, la presse municipale), contribue à confondre la recherche de la dignité et de la reconnaissance ouvrière, d'un côté, et, de l'autre côté, la promotion d'un territoire qui n'est plus celui des rejetés de l'urbanisation, mais celui d'un peuple urbain reconnu dans ses statuts (la conquête du droit social) et dans ses lieux de travail et de vie. L'utopie de la « cité soviétique » (leitmotiv des adversaires de droite et de gauche) fonctionne alors comme un vecteur de promotion du monde ouvrier. La banlieue rouge des communistes installe la fierté de la banlieue, contre la stigmatisation du « Far West » des classes dangereuses tenues en lisière de la cité.

Enfin, le troisième trait distinctif du municipalisme communiste est le lien qui s'établit, dès les années vingt, entre le modèle de gestion communale et la sociabilité locale. Davantage qu'un mode de gestion publique, le communisme municipal des origines est un type de sociabilité populaire. Étudiant le Bobigny de l'entre-deux-guerres, Annie Fourcaut a décrit cette sociabilité complexe qui entremêle la culture proprement communiste et les formes populaires de la vie collective. Au cœur du dispositif, se trouve la section et les cellules du parti communiste. Officiellement, c'est le parti qui assure le contrôle de la gestion locale, par l'intermédiaire d'un « bureau municipal » où le secrétaire de section siège aux côtés du maire, des adjoints et du responsable syndical des communaux. En fait, les organisations du parti sont politiquement dépendantes de l'activité des élus et leurs militants servent de réservoir et d'encadrement pour l'action municipale et la vie associative. Tout autour du parti se déploie un réseau d'associations dites parfois « de masse », qui vont de l'association des anciens combattants à la Société de pêche à la ligne, en passant par les associations de solidarité locale, comme l'amicale du Nouveau Village qui fait office de caisse de solidarité. Certaines sont ouvertement politiques (les Amis de l'URSS ou le Secours Rouge International) et d'autres plus culturelles comme « l'Aube artistique balbynienne » ou « les Blouses bleues de Bobigny » qui adhèrent à la Fédération des théâtres ouvriers de France en 1931. Elles animent la vie locale par les bals, les fêtes, les ginguettes, les séances de cinéma ou de théâtre, les rencontres sportives et les « causeries ». En cela, les municipalités communistes, notamment en zone suburbaine mais aussi dans les petites villes des espaces plus ruralisés, contribuent à l'émergence d'une culture populaire urbaine originale, qui prend le relais des sociabilités anciennes, de la communauté de village, de l'isolat ouvrier ou des faubourgs de la ville d'hier. Elles installent une superposition vécue de l'espace ouvrier et de la sociabilité irriguée par le communisme politique. Le numéro *d'Autrement* consacré à la « banlieue rouge » peut, avec pertinence, sous-titrer sa parution par un « Années Thorez, années Gabin : archétype du populaire, banc d'essai des modernités ».

Le maire socialiste, radical ou républicain suit une politique municipale proche de celle de ses collègues communistes. À l'occasion, il peut même montrer davantage de hardiesse réformatrice, comme le maire radical-socialiste de Saint-Maur qui n'hésite pas à exploiter en régie l'alimentation en eau de sa ville. Mais c'est dans les villes communistes que s'opère avec le plus de force la mise en cohérence de la politique municipale, du discours local et de la sociabilité urbaine nouvelle.

Apogée du modèle : le triomphe de la banlieue ?

Jusqu'à la Seconde Guerre mondiale, le communisme municipal a les vertus de la visibilité ; il n'en est pas moins géographiquement marginal. Or, en 1945, le nombre de maires communistes a au moins quintuplé. Bien sûr, la guerre froide a entamé le capital de la Libération, sans que l'on soit en mesure d'en mesurer les rythmes : en 1956, par exemple, Jacques Duclos avance devant le Congrès du PCF le chiffre de « 1 300 maires et 25 000 conseillers municipaux environ » ; en 1964, à la veille du XVIIe congrès du PCF, le rapport d'activité de la direction sortante retient le chiffre de 1 064 municipalités « à maire communiste » et de 20 470 conseillers municipaux. Les statistiques officielles du ministère de l'Intérieur, qui confirment ponctuellement l'estimation de Duclos, suggèrent toutefois une diminution continue du nombre de conseillers municipaux communistes, de 1945 à 1965. Les données avancées par le PCF diffèrent, de façon sensible. En tout état de cause, après 1947, l'effritement du réseau des petites communes gagnées au vote PC affecte la représentation locale globale, quand bien même le nombre de mairies se maintient.

Les conseillers municipaux communistes		
	PCF	% des conseillers municipaux
Données du ministère de l'Intérieur[19]		
1945	36 517	8,4
1947	30 503	6,4
1953	24 736	5,3
1959	20 454	4,4
1965	16 254	3,5
Données du PCF[20]		
1964	20 470	
1965	19 567	
1977	28 000	

Ce que l'on sait de façon sûre, c'est que le PCF compte quelque 1 140 maires communistes ou sympathisants au milieu de la décennie soixante ; en 1977, ce nombre est porté à environ 1 460. Le maire communiste, sur une période de plus de trois décennies, exerce ses responsabilités dans tous les types de communes, de la commune rurale en voie de désertification jusqu'à la commune suburbaine, la ville moyenne et même, dans quelques cas et pour une période limitée, la ville de plus de 100 000 habitants. Dans l'entre-deux-guerres, le municipalisme communiste fait corps avec l'expansion des formes modernes de la ville, notamment à la périphérie des grandes agglomérations, où il incarne la fusion de l'industrie mécanicienne et de la banlieue. Après 1945, et jusqu'aux années 1970, il se coule dans la deuxième phase – la plus rapide – de l'urbanisation du XXe siècle.

En fait, le PCF bénéficie de la conjonction de deux phénomènes sociaux massifs : la poussée de la salarisation qui accompagne le double essor de l'industrie et des services

19. Les chiffres reproduits ici sont tirés de *L'Année politique*.

20. Pour 1964, supplément au *Bulletin de Propagande et d'Information* n° 1, janvier 1964 ; pour 1966, « Du XVIIe au XVIIIe congrès du PCF », Supplément au *Bulletin de propagande et d'informations*, n° 9, novembre 1966 ; pour 1977, statistique de l'ANECR.

jusqu'à la fin des années soixante ; la grande expansion de l'urbain et les métamorphoses de la ville, dans la phase de la grande croissance des « Trente Glorieuses ». Au sortir de la guerre, les ouvriers forment un groupe social de six millions d'individus, relativement stabilisés dans leurs statuts et leurs qualifications. Jusqu'au milieu des années cinquante, ce groupe conserve, des expériences antérieures, la présence massive du manque, logements vétustes et dépenses familiales centrées sur l'alimentation. En vingt ans, de 1954 à 1975, les effectifs ouvriers passent de six millions et demi à huit millions et demi, soit près de 38 % des actifs. Mais leur part dans le monde salarial se tasse, tandis que leur composition se diversifie. Agents d'entretien et de surveillance, manutentionnaires, magasiniers, agents de la SNCF s'agrègent au groupe, le renforçant et le modifiant. La classe est unifiée par ses statuts, mais diverge dans ses trajectoires : d'un côté, la hausse des qualifications et des revenus des « professionnels » ; de l'autre côté, la croissance des OS, numériquement renforcés par les flux de l'immigration.

Ce nouveau conglomérat ouvrier et salarial alimente une rapide croissance urbaine. La population des villes passe de 25 à 38 millions entre 1954 et 1975, soit de 59 % à 73 % de la population totale. La région parisienne à elle seule gagne un million d'habitants entre les deux recensements de 1954 et de 1962. La ville expansive se transforme, les centres-villes se dépeuplent, les périphéries se densifient et s'étendent. La croissance horizontale ne suffit plus, le lotissement de l'entre-deux-guerres laisse la place à la cité. La construction de logements passe d'un rythme annuel de moins de 100 000 à la fin des années quarante à 300 000 au début de la décennie 1960 et à 400 000 au milieu de ladite décennie. Le grand ensemble s'installe, à Sarcelles dès 1958-1961, puis aux Quatre-Mille de la Courneuve, aux Minguettes à Vénissieux...

Le communisme, dans un premier temps, bénéficie de cette mutation. Il le fait au départ en conservant la logique gestionnaire essayée dans les années vingt et trente : l'éducation par le sport, la promotion d'équipement de proximité, l'acquisition de réserves foncières et la construction de logements. Le modèle de la gestion communiste est régulièrement énoncé par les dirigeants. En 1956, Jacques Duclos énumère ainsi les pivots de l'activité des élus : « le soutien aux luttes ouvrières », « au service des vieux et des vieilles », « la défense des droits et de l'avenir de la jeunesse », « l'action en faveur de l'enfance et de l'École laïque », « la protection de la santé publique », « pour l'enrichissement culturel des masses populaires », « pour une politique du logement répondant aux besoins du peuple », en bref « les élus communistes attentifs à tous les besoins des masses ».[21] Dans cet esprit, la génération d'après-guerre poursuit l'alliance des élus et des techniciens : Venise Gosnat, maire adjoint d'Ivry, installe un bureau inter-offices qui, avec l'appui d'André Lurçat, participe à la mise en place d'offices municipaux à Saint-Ouen, Arcueil, Gentilly, Saint-Maur, Nanterre, Vitry, Gennevilliers et Romainville. Lurçat, architecte en chef de la ville de Saint-Denis, édifie cité, groupes scolaires et équipements sportifs.[22]

Jusque dans les années soixante, peu de forces se sentent en état de disputer aux communistes leur terrain suburbain de prédilection. Échaudées par leur échec des municipales de 1959, les autorités gaullistes des débuts de la Cinquième République font le choix, pour garder le contrôle politique du centre parisien, de concentrer les grands ensembles en territoire « rouge ». De même, le redécoupage de la carte francilienne, en 1964, concentre l'aire d'influence communiste dans des fractions de territoires (la quasi-totalité de la Seine-Saint-Denis et une partie du Val-de-Marne) dont l'État décide de faire de véritables « bantoustans » communistes. Sur les 151 grands ensembles mis en place entre 1947 et 1971, 74 se trouvent dans des communes gérées par le PC, dont 45 sur le territoire de la Seine-Saint-Denis et du Val-de-Marne.[23] Jusqu'en 1977, les communistes font de cette croissance urbaine nouvelle un ressort de leur propre expansion. Notamment dans les zones semi-rurales de la grande couronne (Val d'Oise et Essonne), le grignotage du territoire par les « cités » s'accompagne de l'installation de municipalités communistes dynamiques, comme à Sarcelles, avec Henri Canacos, ou à Grigny, avec André Rodriguez. De même que les édiles communistes se sont identifiés à la valorisation des lotissements d'avant-guerre, leurs successeurs des années soixante s'attachent à l'équipement des nouvelles cités : dans la cité nouvelle des Courtilières (bâtie entre 1956 et 1959), c'est à cet objectif prioritaire que se consacre l'équipe municipale de Jean Lolive, après son élection à Pantin, en mars 1959.[24]

21. Jacques Duclos, « Les municipalités au service des masses laborieuses », Rapport au XIVe congrès, juillet 1956.

22. Emmanuel Bellanger, « Spécificité, continuité et uniformisation... », article cité.

23. Raymond Guglielmo et Brigitte Moulin, « Les grands ensembles et la politique », Hérodote, n° 43, « Après les banlieues rouges »,4e trimestre 1986.

24. Céline Vaz, « Pantin à l'heure des grands ensembles. Affirmation et limites d'une gestion municipale de la ville », in Emmanuel Bellanger, Jacques Girault (sous la direction de), Villes de banlieue. Personnel communal, élus locaux et politiques urbaines en banlieue parisienne au XXe siècle, Creaphis, Grâne, 2008.

Dans la petite couronne elle-même, les années d'expansion des décennies soixante et soixante-dix s'accompagnent d'un effort de dynamisation de la gestion communiste classique. Celle-ci garde ses archétypes fondateurs : le sérieux de la politique « sociale », l'attention au tissu de sociabilité populaire, la place importante accordée à la manifestation publique encadrée et à la communication. Dans le prolongement des actions culturelles pionnières de l'entre-deux-guerres se met en outre en place une politique culturelle ambitieuse, combinant la mise en place d'équipements culturels de masse et les initiatives « de prestige » : le théâtre à Aubervilliers, Gennevilliers et Ivry, autour de Gabriel Garan, de Bernard Sobel et d'Antoine Vitez, l'art moderne à Vitry autour de ce qui deviendra le Mac-Val au début des années 2000.

Une génération nouvelle d'élus, comme Louis Bayeurte à Fontenay-sous-Bois ou Marcel Rosette à Vitry, prend conscience de la nécessité d'intégrer, tout à la fois, les modalités nouvelles de la sociabilité et l'exigence d'une maîtrise globale du cadre urbain. Jusqu'alors, la croissance de la périphérie s'est faite en respectant le partage des tâches républicain, fondement d'un certain équilibre francilien entre gaullisme et communisme : l'équipement et l'urbanisme incombent à l'État et à ses services régionaux, le travail social de quartier revient au parti communiste. Dans la seconde moitié des années soixante, une ébauche de politique urbaine s'esquisse du côté communiste, à partir de Sarcelles et de Fontenay-sous-Bois,[25] toutes deux conquises en 1965. Des opérations ambitieuses de rénovation des centres-villes sont mises en chantier, autour de Jean Renaudie à Ivry et à Givors, d'Henri Ciriani à Saint-Denis, de Paul Chemetov à Pantin et d'Oscar Niemeyer au Havre. La recherche de formes nouvelles de participation des administrés vise à compenser l'affaiblissement des relais traditionnels des groupes inducteurs et des « organisations de masse ». Les consultations de la population, relayées par une information municipale modernisée, vient compléter les formes maintenues de mobilisation (pétitions, délégations, manifestations) qui continuent, de façon plutôt efficace, ce mixte de négociation et de confrontation caractérisant, depuis les années trente, les rapports des municipalités et des organismes de tutelle, préfectures et bureaux ministériels.

---

25. Le cas de Louis Bayeurte à Fontenay-sous-Bois est décrit par Raymond Pronier, *Les municipalités communistes, op. cit.*, page 247 et suivantes.

Pour donner vie à cette recherche de mise à jour, les communistes s'efforcent d'améliorer leurs propres outils politiques. Depuis les années vingt, deux structures coordonnent la politique municipale des communistes. La définition de la « ligne » incombe au Comité central et à sa Commission municipale centrale, selon « le principe léniniste de la subordination [...] au Comité central », rappelé par Jacques Duclos en 1956.[26] Pas question, affirme le numéro deux du parti, de dessaisir les directions du parti de leur rôle : « C'est le Parti qui assume la direction du travail des élus communistes, aussi bien dans les conseils municipaux que dans les autres assemblées élues ». Pour mettre en œuvre la ligne, les directions s'appuient sur une association d'élus communistes, qui « vise à documenter les élus » et à « agir pour obtenir des crédits pour les communes ». En mai 1945, au lendemain des élections municipales, le secrétariat décide de relancer, sous l'autorité de Raymond Barbet, maire de Nanterre, l'Union des municipalités communistes, dotée de trois « instructeurs », eux-mêmes placés sous la tutelle d'une « fraction municipale centrale ».[27]

Cette association est-elle réservée aux seuls élus communistes ou doit-elle s'ouvrir aux « républicains » ? En mai 1945, le secrétariat du PCF envisage, à côté de l'Amicale, de lancer une « Union des municipalités patriotiques, républicaines et antifascistes », dont il veut proposer la direction à Édouard Herriot, flanqué d'adjoints communistes régionaux. La tension, puis la rupture entre les alliés de la Résistance, rendent vite caduque la recherche d'une telle structure. Les communistes se rabattent donc sur la formule qui consiste à ouvrir les rangs de leur propre association. Avec l'accord du secrétariat du PCF,[28] l'Amicale des élus communistes devient en 1949 l'Amicale nationale des Élus Républicains, qui reste sous le contrôle étroit du secrétariat du PCF.[29] En 1963, alors

---

26. Jacques Duclos, « Les municipalités au service des masses laborieuses », texte cité, 1956.

27. Décision du secrétariat du 14 mai 1945, Archives départementales de Seine-Saint-Denis.

28. Le 27 septembre 1949, le procès-verbal du secrétariat note qu'il est d'accord « pour un changement du titre de l'organisation permettant son élargissement à des élus non communistes ».

29. Par exemple, le 2 juillet 1954, le secrétariat réaffirme le rôle de l'Amicale des élus (« s'efforcer d'établir sur une large base d'union de meilleurs rapports avec les municipalité et élus non-communistes notamment avec les municipalités et élus socialistes »), tout en précisant que « ce sont les organismes réguliers du Parti (Comités fédéraux, de sections, etc.) qui ont la responsabilité de la direction des municipalités communistes ». Le 25 novem-

que se déploie la nouvelle stratégie d'union de la gauche, elle se transforme en Fédération Nationale des Élus Républicains municipaux et cantonaux (FNER), toujours sous la direction de Waldeck L'Huillier,[30] et publie un bulletin régulier, *L'Information municipale*. À cette date, la FNER est le point de ralliement unique des élus communistes, la gestion directement politique restant bien sûr assumée par la direction nationale elle-même,[31] longtemps sous la houlette d'André Marty puis de Jacques Duclos.

En 1977, le PCF décide de refondre les structures d'encadrement de l'action municipale communiste, au lendemain de la moisson de mairies qu'entraîne le scrutin de mars. Les 4 et 5 juin 1977, une grande rencontre nationale réunit 1 100 élus communistes à Nanterre, pour décider, sous la présidence de Charles Fiterman alors numéro deux du parti, la création d'une Association nationale des élus communistes et républicains (ANECR), qui prend la place de la Fédération présidée par Waldeck L'Huillier. Le 8 octobre, l'association naît effectivement, sous la direction de Marcel Rosette, jusqu'alors maire de Vitry. Publiant une revue destinée aux élus (*L'Élu d'aujourd'hui*), dotée d'antennes départementales et de centres de formation, la nouvelle association veut contribuer à moderniser la gestion communiste dans une phase d'expansion maximale du communisme municipal. Cette création, en tout cas, met fin à la dualité des structures inaugurée dans les années vingt. Il n'y a plus de « commission municipale » : la coordination des élus revient entièrement à l'ANECR, le Comité central conservant un « secteur Élections », dont le seul rôle est de veiller aux équilibres de la représentation électorale du PCF et de préparer les grandes négociations qui précèdent chaque élection.

LA CRISE DU COMMUNISME MUNICIPAL

En fait, constituée au moment de l'apogée, l'association doit faire face au repli, puis au déclin. La force du communisme municipal a tenu à la synergie qu'il établissait entre

---

bre 1955, le même secrétariat donne son « accord pour que les municipalités communistes augmentent le prix de la licence des débits de boisson » !

30. Catherine Dupuy, « Le communisme municipal de banlieue : Gennevilliers, bastion rouge (années 1930 – années 1960) », *in* Jacques Girault (sous la direction de), *Des communistes en France (années 1920 – années 1960)*, Publications de la Sorbonne, Paris, 2002.

31. En 1956, par exemple, Waldeck L'Huillier se voit reprocher de ne pas avoir respecté le principe de « subordination ».

un tissu social populaire – plus ou moins construit autour de l'équilibre du travail et de l'habitat –, des formes de sociabilité collective, un encadrement partisan et une méthode de gestion publique locale. Le délitement progressif de cet équilibre renvoie à des évolutions lourdes qui débordent le cadre municipal et qui seront analysées plus avant dans le dernier chapitre. Les mutations dans les rapports des classes, le déplacement des « groupes inducteurs », le glissement général des formes de sociabilité et des grandes représentations collectives, constituent le soubassement nécessaire à toute interprétation des dynamiques locales régressives du communisme français. Mais à ces phénomènes généraux s'ajoutent encore des dimensions propres au cadre municipal lui-même, notamment dans l'aire d'extension des périphéries urbaines.

La gestion communiste, de l'entre-deux-guerres aux années cinquante, a contribué à la valorisation de l'espace de la banlieue et, plus généralement, à celui des territoires populaires liés à l'industrie. L'imagerie communiste s'est associée à la fierté de la banlieue, au début de désenclavement de territoires naguères relégués. Or les années soixante-dix sont marquées par l'amorce d'un phénomène inverse de dévalorisation. Au cœur de ce processus se trouve la question du logement, et plus particulièrement celle des grands ensembles : leur percée avait accompagné la seconde extension de l'aire d'influence municipale du PCF ; leur crise va coïncider avec son érosion.[32] La phase de construction accélérée de logements neufs à moindre coût (années cinquante et soixante), qui a ouvert l'accès du logement urbain aux ruraux déracinés, se ralentit au milieu des années soixante-dix. C'est le moment où la « ZUP », associée au mieux-être dans la phase précédente, voit se retourner son image. Les ménages en ascension sociale et encore relativement protégés dans leur statut, aspirent à d'autres conditions de logement et s'engagent dans l'occupation des couronnes extérieures et la « rurbanisation ». Les ménages les plus précaires, eux, se trouvent captifs d'un environnement urbain dévalorisé et rapidement dégradé. Leur fixation dans les zones d'habitat collectif « aidé » accélère alors le départ des groupes les plus aisés et ouvre la voie à la constitution des « ghettos de pauvreté ».

Départ volontaire des uns et stabilité résidentielle forcée des autres : la commune de périphérie passe ainsi, de l'image d'un territoire valorisé par la qualité des équipements

---

32. Simon Ronai, « La crise des grands ensembles et les nouvelles politiques municipales », *Après les banlieues rouges, op. cit.*

publics, à celle d'une aire dépréciée par la double tendance du retrait industriel et de la ghettoïsation du tissu urbain. Territoire de l'enracinement et des déplacements réduits, la France devient, à partir de la décennie 1970, un pays dans lequel la mobilité résidentielle se fait massive. Entre 1975 et 1982, la moitié des résidents en France ont changé au moins une fois de logement et 38 % de commune. Or il y a mobilité et mobilité, contrainte ou choisie. Dans le cas de la banlieue, la mobilité contrainte du logement inadéquat ou du travail introuvable est redoublée par le départ choisi, vers des lieux supposés plus accueillants.

Le second élément de crise du communisme municipal renvoie aux évolutions de la gestion publique. Des années vingt aux années soixante, s'était installé de fait, on l'a vu, un partage des tâches entre un État entrepreneur et stratège, agissant sur l'aménagement du territoire, et des municipalités chargées de la gestion quotidienne du social. Cet équilibre est ultérieurement remis en cause, par l'effritement de l'État-providence, par l'essor de la décentralisation et par la mutation profonde des enjeux du territoire. La ville, qui domine par le nombre, est désormais en elle-même un territoire de valorisation, aussi important que l'était la qualité technique de l'entreprise mécanicienne, au moment de la seconde révolution industrielle. La qualité des territoires et leur équilibre social sont ainsi promus au rang d'enjeux majeurs de société. L'accès égal aux services urbains, l'équilibre du fonctionnel et du sensible, la synergie des espaces publics et des espaces privés tendent à occuper la place structurante qui était autrefois celle des statuts du travail et de la redistribution des ressources. Les exigences anciennes du « mouvement ouvrier » ne disparaissent pas, et se renforcent même avec le grand retour de la machine inégalitaire, mais elles s'insèrent désormais dans des enjeux territorialisés qui forment la trame de la question urbaine, jusqu'à en faire le cœur de la question sociale.

Les municipalités se trouvent ainsi placées devant des missions qui excèdent de beaucoup le cadre de leurs compétences anciennes. Or cela se produit à un moment où se remodèlent, à l'échelle de la société tout entière, les frontières de l'espace public et de l'initiative privée. Le service public, base quasi exclusive de l'accès aux services des catégories modestes, reflue dans tous les territoires. L'aide publique, globalement restreinte et de plus en plus sélective, a souvent des effets pervers : l'aide au logement, naguère source de promotion résidentielle, tend à enfermer les catégories modestes dans des zones déclassées, aggravant ainsi la ségrégation des territoires.[33] Le dilemme classique de toute gestion communiste (celui qui oppose la fourniture élargie de prestations de qualité et la nécessité de contenir la pression fiscale exercée sur les habitants) atteint son paroxysme, dans des villes par ailleurs souvent déstabilisées par la récession économique et la perte de ressources qui en résulte. Face à cette situation délicate, les municipalités communistes fustigent le « désengagement de l'État » et le « non-transfert des ressources » et appellent à la mobilisation des populations, sans pouvoir rompre les contraintes qui pèsent de plus en plus lourdement sur leur gestion et sur l'originalité de leurs réalisations.

Le troisième élément majeur de crise, pour le communisme municipal, est lié aux profondes mutations de sociabilité évoquées plus haut. Dans le cadre local, elles se trouvent renforcées par la mobilité résidentielle. Les groupes inducteurs d'hier (le salariat ouvrier « protégé ») s'éloignent ou disparaissent et, avec eux, se délite le réseau associatif qui constituait un des piliers de l'imprégnation communiste. En cela l'espace banlieusard, par ailleurs travaillé par le jeu croissant des inégalités, se décompose alors que la phase expansive des années trente-cinquante avait plutôt tendu à l'unifier. Quand des recompositions s'opèrent, elles passent par d'autres canaux, à la frontière du public et du privé, dans les associations nouvelles, plutôt nourries par les classes moyennes, et soutenues par la sociabilité des groupes plus restreints affirmant l'identité du territoire local, sur toute une gamme de registres allant de l'exigence fière et combative au ressentiment violent et à la clôture sur soi.

Depuis deux décennies, les communistes investis dans la gestion locale cherchent des parades à la perte de contrôle et de sens qui affecte l'hégémonie d'hier. Cette recherche, parfois anxieuse, est conduite dans un cadre national fragilisé, qui relègue au rang de souvenir l'image conquérante du Front populaire et de la Libération, et même l'image plus ouvertement moderniste des années soixante-dix. Les expériences d'intercommunalité visent à élargir le remodelage des territoires à des échelles plus larges et plus pertinentes que le cadre strictement communal. Elles se heurtent toutefois aux difficultés d'une culture ancienne confondant volontiers l'autonomie des communes et le patriotisme de clocher. Elles rencontrent par ailleurs le problème encore plus redoutable de l'articulation du communal et du multi-

---

33. Le mécanisme en est décrit par Simon Ronai, « La crise des grands ensembles », article cité.

communal et des niveaux supérieurs de l'agglomération et de la région. En région parisienne, les rapports de Paris et de la banlieue occupent le devant de la scène, plaçant les édiles communistes de la périphérie dans une posture délicate, s'ils ne veulent ni s'immerger dans des stratégies de pilotage par le centre parisien, ni s'enfermer dans la défense quelque peu passéiste d'une identité locale séparée.

Sur le terrain de la sociabilité, les militants communistes se trouvent souvent en situation difficile, peinant à trouver des relais dans les formes nouvelles de l'association. L'affaiblissement global du tissu militant rend plus malaisée la recherche d'un nouvel enracinement. De plus en plus, les équipes municipales s'efforcent donc de tisser de nouveaux liens avec la population au travers des méthodes de la « démocratie participative », plus ou moins inspirées de l'exemple fondateur brésilien. Ces efforts, particulièrement vifs dans les périphéries des plus grandes agglomérations, restent numériquement limités dans leurs effets. Mais ils commencent à identifier une gestion municipale de souche communiste qui y trouve, tout à la fois, un moyen de retrouver les contacts populaires dilués et de créer les conditions de mobilisations collectives permettant de conforter la commune dans ses négociations avec les pouvoirs publics de tutelle.

Pour l'instant, le cadre local garde une capacité de résistance au déclin supérieure à celui des territoires plus étendus. La force des équilibres anciens garde son efficacité relative, dans un contexte de recompositions politiques nationales complexes. Mais cette force reposait avant tout sur la capacité à se reproduire d'écosystèmes politiques locaux rattachés symboliquement à une grande force nationale, visible, typée et elle-même susceptibre de raccorder de façon simple les enjeux locaux et les enjeux plus globaux. Cette capacité s'est affaiblie, mettant en question la vigueur des écosystème eux-mêmes. Quand bien même elle n'était pas si différente en pratique de la gestion des autres forces politiques, la pratique municipale des élus communistes avait une visibilité qui la distinguait et assurait son originalité. Depuis les années soixante-dix, l'évolution générale s'accompagne d'une certaine banalisation de cette gestion, atténuant par là-même sa distinction.

Les dirigeants communistes n'ont jamais aimé l'expression de « communisme municipal », qui leur paraissait trop proche des thématiques hostiles de la « contre-société » ou de la « dictature communiste locale ». Sans doute y a-t-il, dans cet usage notionnel, une simplification outrancière contredisant l'extrême diversité des enracinements locaux et des pratiques gestionnaires elles-mêmes. Pourtant, la formule a l'avantage de désigner ce qu'il peut y avoir de commun, au-delà de l'étiquette choisie par le premier magistrat, entre des espaces sociopolitiques par ailleurs fortement hétérogènes. Le communisme municipal est davantage qu'un territoire où les communistes sont en position d'hégémonie politique : c'est un ensemble complexe où s'entremêlent l'institutionnel, le social et le culturel, dans une dynamique que le politique est capable d'unifier et de reproduire dans la durée. Pour une part, cette dynamique déborde celle du communisme proprement dit : quelques dizaines de mairies communistes appartenaient déjà à la grande famille socialiste, avant même que ne naisse le Parti communiste français. Mais le XXe siècle a superposé la cohérence d'un style de commune populaire et la référence à un engagement politique, celui des communistes, chargé d'une profonde dimension éthique et culturelle. Au fond, les principaux intéressés avaient bien tort de bouder une notion expliquant la durabilité de leur écosystème de prédilection. La cohérence suggérée par l'appellation de communisme municipal n'existe plus aujourd'hui ; dès lors, chacune des pièces du dispositif se trouve fragilisée. C'est ce que disent les chiffres électoraux, depuis un quart de siècle.

Le déclin (1983-2008)

L'année 1977 marque à la fois l'apogée du communisme municipal et le moment où, dans la France urbaine, le PCF laisse l'hégémonie à son allié socialiste.[34] En 1971, dans les communes de plus de 9 000 habitants, le PCF recueille 26,7 % dans les villes où il dirige la liste, contre 15,8 % pour le PS. En 1977, le pourcentage est déjà de 22 % pour le PC et 26 % pour le PS. En 1983, l'écart se creuse en faveur du PS : 29,3 % contre 13,9 %. Au total, sur les 322 communes de plus de 9 000 habitants qui sont à gauche en 1971, les communistes en dirigent 137 et le PS 143 ; en 1977, le rapport est de 220/252 et, en 1983, de 186/221.

Selon des rythmes variable, le déclin est continu. En 1977, le PCF administre 1 464 communes qui totalisent 16,7 % de la population municipale française ; en 2008, il n'en administre plus que la moitié, 725, totalisant 5,6 % de ladite population communale. Proportionnellement, le communisme résiste mieux à l'échelon communal que dans toutes les autres cir-

---

34. Élisabeth Dupoirier, Gérard Grunberg, Béatrice Roy, « L'évolution électorale de la France urbaine (1971-1983) », *Revue Française des Sciences Politiques*, février 1985.

conscriptions électorales. Mais sa dépression moindre n'annule pas pour autant la tendance générale au repli.

Le reflux ne suit pas des rythmes uniformes. En 1983, le PCF maintient le nombre global de ses mairies et conforte même sa position dans quelques départements encore marqués par

Les maires communistes et « apparentés » de 1965 à 2008[35]								
	Maires communistes		Maires « apparentés »		Total maires communistes et « apparentés »			
Année	Nombre	Population administrée	Nombre	Population administrée	Nombre	Population administrée	% de la population métropolitaine	
1965					1 139	3 989 663	8,8 %	
1971	1 082	5 199 315	68	5 355	1 150	5 253 308	10,8 %	
1977					1 464	8 604 640	16,7 %	
1983	1 278	6 937 989	182	119 034	1 460	7 057 023	13,0 %	
1989	989	5 275 302	135	13 917	1 124	5 361 219	10,1 %	
1995	756	4 410 909	117	192 123	873	4 603 032	8,2 %	
2001	656	3 359 504	130	192 399	786	3 551 903	6,2 %	
2008	561	2 948 977	164	301 275	725	3 250 252	5,6 %	

35. Jusqu'en 1971, il n'existe aucune donnée globale fiable sur les élections municipales. Pour la suite, les données sont disponibles, mais difficilement utilisables, compte tenu de l'imprécision des étiquettes politiques attribuées par les services préfectoraux. Les données de 1965 proviennent à la fois des sources d'agence (en l'occurrence un recensement des maires communistes établi en 1965 par... le service de renseignement téléphonique SVP et qui m'a été transmis aimablement par François Platone) et, pour partie, du *Bulletin de l'élu communiste*, n° 22, 1er et 2e trimestre 1965. Celles de 1971 ont été publiées par *l'Humanité* du 21 août 1971 (correctif le 24 avril) ; celles de 1977 proviennent de *Communes d'aujourd'hui*, n° 11, 2e trimestre 1977 ; celles de 1983, 1989 et 1995 ont été publiées par *l'Élu d'aujourd'hui*, au lendemain des trois élections municipales correspondantes. Celles de 2001 proviennent à la fois de *l'Élu d'aujourd'hui* et du secteur « Élections » du PCF ; enfin, celles de 2008 ont été établies par le secteur « Élections » du PC, sous l'impulsion de Lucien Atencia, avec le concours de ses fédérations. Au printemps 2008, *L'Élu d'aujourd'hui* a publié une liste des maires, adjoints, conseillers généraux et régionaux communistes et apparentés, mais cette liste présente quelques approximations dans l'attribution des étiquettes, notamment pour certaines villes de plus de 3 500 habitants.

Évolution d'une élection à l'autre[36]			
Maires communistes			
	1983-1989	1989-1995	1995-2001	2001-2008
Nombre de maires			
Plus de 3500 habitants	-93	-32	-36	-14
Moins de 3500 habitants	-196	-201	-64	-81
Total	-289	-233	-100	-95
Maires communistes et apparentés			
	1983-1989	1989-1995	1995-2001	2001-2008
Nombre de maires			
Plus de 3500 habitants	-93	-26	-35	-5
Moins de 3500 habitants	-243	-225	-52	-56
Total	-336	-251	-87	-61

la ruralité (Allier, Dordogne, Corrèze, Haute-Vienne). Mais, en termes de population administrée, le gain de soixante communes de moins de 500 habitants ne compense pas la perte de soixante villes de plus de 10 000 habitants. Arles, Grasse, La Seyne, Nîmes, Béziers, Sète, Saint-Quentin, Reims et Saint-Etienne sont perdues en province ; Poissy, Franconville, Levallois-Perret, Aulnay, Gagny, Rosny, Noisy-le-Grand, Chelles, Antony, Savigny-sur-Orge, Athis-Mons, Sarcelles et Villeneuve-Saint-Georges n'ont plus de maire communiste.

Les élections de 1989 amplifient le phénomène : 520 communes sont perdues (pour seulement 185 gagnées) ; les maires communistes et apparentés sont 336 en moins par rapport à la précédente consultation, soit à nouveau une perte de plus d'un million et demi d'administrés. Cette fois, ce sont soixante-treize villes de plus de 10 000 habitants qui manquent dans le bilan : Alès, La Ciotat, Petit-Quevilly, Saint-Dizier, Amiens, Les Mureaux, Sartrouville, Sainte-Geneviève-des-Bois et Le Mans disparaissent du tableau. Le Havre est la seule ville de plus de 100 000 habitants et, pour la première fois depuis la guerre, le PCF passe nettement au-dessous de la barre des 1 000 : 756 communes ont un maire communiste, auxquelles s'ajoutent les 117 qui ont désigné un « apparenté ». Six ans plus tard, en 1995, le constat est le même : 251 communes en moins (394

36. Les tableaux détaillés se trouvent en annexe.

Le rapport des forces droite-gauche aux municipales (villes de plus de 3500 habitants)		Gauche	Droite	Droite sans le Modem
1983	1er tour	45,4	53,6	
	2e tour	47,2	52,7	
1989	1er tour	47,4	51,2	
	2e tour	45,9	51,6	
1995	1er tour	44,3	53,6	
	2e tour	41,6	57,3	
2001	1er tour	47,0	52,2	
	2e tour	45,8	52,0	
2008	1er tour	47,4	49,2	45,4
	2e tour	49,5	49,9	47,8

perdues, 171 gagnées), soit un déficit de population administrée de plus de 850 000 habitants. Pour la seconde fois, le recul est généralisé, dans les grandes villes (déficit de 20 villes de plus de 20 000 habitants) comme dans les petites (déficit de 201 communes de moins de 3 500 habitants).

En 2001, le fléchissement est moindre : les maires communistes sont 100 en moins, mais leur tassement est atténué par le gain de treize « apparentés ». Le déséquilibre, lui, ne s'est pas atténué : le PCF décroche de plus en plus du sommet de la France urbaine (déficit de 36 villes de plus de 10 000 habitants), les maires communistes ne sont plus que 656 (auxquels s'ajoutent 130 « apparentés ») et administrent à peine plus de 6 % de la population française, contre près de 17 % en 1977. Désormais, le « communisme municipal » est ébranlé dans ses bases.

Alors que la gauche au pouvoir avait été pénalisée en 2001, la gauche engagée dans l'opposition progresse en 2008 de trois points sur l'élection précédente, réalisant sa meilleure mobilisation municipale depuis 1977. Les soirées électorales semblaient se résumer à la litanie des villes perdues ; en 2008, les communistes gagnent ou regagnent une vingtaine de villes de plus de 3 500 habitants, parmi lesquelles Vierzon, Dieppe, Villerupt, Villeneuve-Saint-Georges, Firminy et Villepinte. Le bilan global, lui, est plus ambivalent : à l'issue des deux tours, la France compte 725 communes administrées par un maire communiste ou « apparenté », soit 61 de moins qu'en 2001. Le recul global (moins de 10 % du niveau antérieur) est donc moins accentué que celui noté à l'occasion des consultations précédentes, et notamment en 1989 et en 1995.

Mais si l'ensemble témoigne d'une résistance incontestable, il n'en est pas tout à fait de même si l'on tient compte de l'étiquette du maire. Les maires membres du PCF passent en effet de 656 en 2001 à 561 en 2008 : le recul de 95 unités est comparable à celui enregistré en 2001 (100). Le grand changement tient à la sensible progression du nombre des « apparentés » : entre 2001 et 2008, leur nombre avait augmenté de 13 ; en 2008, ils sont 34 de plus. La part des « apparentés » croît de façon continue depuis 1983 : leur nombre représentait 14 % de celui des membres du PCF en 1983, un peu moins de 20 % en 2001 et près de 30 % en 2008. L'espace du communisme municipal ne se maintient relativement que grâce à l'apport de celles et ceux qui s'inscrivent dans sa tradition, sans se reconnaitre dans l'organisation qui l'a jusqu'alors fait vivre.

Le rapport entre communistes et « apparentés »			
	Communistes	« Apparentés »	
	Nombre	Nombre	apparentés/PC (%)
1971	1 082	68	6,3
1983	1 278	182	14,2
1989	989	120	12,1
1995	756	117	15,5
2001	656	125	19,1
2008	561	164	29,2
Évolution 2001-2008	-95	39	+ 10,2

Le recul a continué dans la tranche des plus de 50 000 habitants (perte d'Aubervilliers, de Calais, de Montreuil et du 8e secteur de Marseille), s'est accentué parmi l'ensemble des moins de 3 500 habitants (perte de 81 pour les communistes, de 61 pour les communistes et « apparentés »). La seule stabilisation réelle s'observe dans la tranche des 20 à 30 000 habitants (72 communes PC et « apparentés » contre 172 en 1977), où le PCF et ses alliés trouvent désormais le plus gros de leur espace (environ 1,5 millions d'administrés sur un total de 3,2 millions).

Au final, le bilan des gains et des pertes s'approche de celui enregistré entre 1995 et 2001, moins défavorable qu'en 1989 et 1995.

Gains et pertes 1971-2008		
	Gains	Pertes
1971	382	366
1977	562	170
1983	392	395
1989	185	520
1995	171	394
2001	201	285
2008	208	270

Mais l'équilibre à l'issue de la consultation de 2008 ne dissipe pas la fragilité constatée depuis une vingtaine d'années : les pertes dans le sommet de la France urbaine continuent de l'emporter sur les gains et l'impact des communistes *stricto sensu* est moins fort qu'auparavant. Une commune sur trois gagnée en 2008 l'a été par un « apparenté », alors que ces mêmes « apparentés » ne perdent qu'une ville sur 5 perdue entre 2001 et 2008.

Gains et pertes 2008		
Perdues : 270 totalisant 775 817 habitants		
dont :	4 villes de plus de 50 000 habitants	
	36 de plus de 3500 habitants	
dont :	212 par un communiste	
	58 par un apparenté	soit 1 sur 5
Gagnées : 208 totalisant 474 166 habitants		
dont :	0 ville de plus de 50 000 habitants	
	30 de plus de 3500 habitants	
	99 de moins de 500 habitants	
dont :	144 par un communiste	
	64 par un apparenté	soit 1 sur 3
dont :	67 gérées par un communiste ou un apparenté entre 1983 et 2001	

Où EN EST LE COMMUNISME MUNICIPAL ?

Où en est le « communisme municipal » ? On l'a dit : les 726 communes dirigées par un maire communiste ou « apparenté » administrent un peu plus de 3 millions de personnes, soit quelque 5,6 % de la population française. Ces 726 communes se répartissent dans 85 départements, soit trois de moins qu'en 2001 : en diffusion nationale du communisme municipal, le PCF est revenu à la situation des années 1960, en retrait par rapport à l'expansion maximale de 1983 (92 départements métropolitains).

Il est vrai que la localisation des communes situées dans la mouvance PCF reflète à peu près celle de son implantation nationale générale, à l'intérieur de la carte qui est celle du vote communiste depuis 1924. En dehors de la vieille « ceinture rouge » aujourd'hui desserrée, on retrouve le Nord du Bassin parisien, les contreforts du Massif central et le littoral méditerranéen. Si le Nord industriel et urbain garde nettement la tête en conservant de fortes positions en longue durée, si le Gard maintient sa place en nombre de mairies (mais pas en population administrée), certains départements marquent le pas, comme l'Aisne, le Pas-de-Calais, la Dordogne ou la Corrèze. En revanche, le Puy-de-Dôme, qui a conforté ses positions depuis les années 1970, entre dans le peloton de tête des « dix ».

Si l'on prend en considération les effectifs de population administrée, la hiérarchie se modifie bien sûr au profit de la

Hiérarchie départementale *(nombre de maires PC et « apparentés »)*			
1965		2008	
Nord	63	Nord	48
Corrèze	53	Allier	35
Allier	51	Gard	31
Haute-Vienne	39	Corrèze	25
Gard	36	Meurthe-Et-Moselle	23
Dordogne	35	Pas-de-Calais	22
Pas-de-Calais	32	Haute-Vienne	21
Aisne	29	Puy-de-Dôme	20
Lot-et-Garonne	28	Gers	19
Isère	27	Dordogne	18

Hiérarchie départementale selon la population administrée

1965		1977		1989		2008	
Seine-Saint-Denis	676 527	Seine-Saint-Denis	1 045 554	Seine-Saint-Denis	789 127	Seine-Saint-Denis	442 597
Hauts-de-Seine	395 776	Val-de-Marne	570 603	Val-de-Marne	454 069	Val-de-Marne	437 389
Val-de-Marne	393 209	Hauts-de-Seine	482 880	Seine-Maritime	361 837	Nord	266 228
Nord	288 125	Seine-Maritime	435 967	Nord	344 471	Bouches-du-Rhône	229 779
Seine-Maritime	269 254	Nord	434 632	Pas-de-Calais	294 708	Hauts-de-Seine	192 859
Gard	186 287	Essonne	374 975	Hauts-de-Seine	285 342	Pas-de-Calais	140 757
Val-d'Oise	181 051	Pas-de-Calais	346 687	Bouches-du-Rhône	266 960	Rhône	131 486
Pas-de-Calais	178 630	Val-d'Oise	328 997	Val-d'Oise	225 158	Seine-Maritime	121 000
Bouches-du-Rhône	95 564	Yvelines	298 750	Essonne	224 843	Isère	114 047
Meurthe-et-Moselle	94 608	Bouches-du-Rhône	293 550	Isère	168 470	Meurthe-et-Moselle	80 352
Total général	3 989 663	Total général	8 604 640	Total général	5 361 219	Total général	3 250 252

France urbaine. Comme en 1965, la moitié de la population administrée par un maire communiste ou « apparenté » se trouve dans cinq départements (Seine-Saint-Denis, Val-de-Marne, Nord, Bouches-du-Rhône et Hauts-de-Seine). Depuis 1965, la hiérarchie s'est légèrement modifiée. La Seine-Saint-Denis conserve la tête de peu, malgré la perte d'Aubervilliers, Montreuil et Pierrefitte, grâce au gain d'une maire apparentée à Villepinte ; le Val-de-Marne, en maintenant son implantation conforte la seconde place (la première si l'on s'en tient aux seuls maires membres du PCF).

Communes ayant été gérées par un maire communiste ou apparenté		
	Nombre de mairies	Population administrée (base RP 1999)
Au moins une fois depuis 1965	2 899	10 400 826
Au moins une fois depuis 1977	1 465	8 766 454
Une seule fois en 1965	291	308 122
Une seule fois en 1971	77	67 552
Une seule fois en 1977	172	1 155 855
Une seule fois en 1983	128	119 048
Une seule fois en 1989	57	52 523
Une seule fois en 1995	38	61 242
Une seule fois en 2001	61	56 180
Pour la première fois en 2008	130	132 038
Continûment depuis 1977	263 *	2 276 701 *
Continûment depuis 1965	160 **	1 802 574 **
* Maire PCF depuis 1977	228	2 142 103
** Maire PCF depuis 1965	139	1 730 299

Depuis 1965, la France municipale marquée par le communisme connaît un important *turn over*. Depuis cette date, ce sont 2 899 communes (8 % du total des communes françaises) qui ont eu, au moins une fois, un(e) maire communiste ou apparenté(e) ; ces communes représentaient en 1999 un total de plus de 10 millions de personnes, soit 18 % de la population métropolitaine. Ainsi, de 1965 à nos jours, près d'un Français sur cinq a été administré par des équipes situées dans la mouvance du communisme français.

Mais sur ces 2 899 communes, 824 n'ont désigné qu'une seule fois un ou une maire communiste, auxquelles s'ajoutent les 130 communes (130 000 habitants) qui ont élu un(e) communiste ou un(e) « apparenté(e) » pour la première fois en 2008. Le « noyau » stable est quant à lui beaucoup plus restreint : 160 communes, situées dans 49 départements, ont élu continûment, depuis 1965, un communiste ou un « apparenté » et 263 (dans 64 départements) n'ont pas modifié leur orientation politique depuis 1977. La moitié du premier groupe se regroupe dans 7 départements et celle du second groupe dans 11 départements. Leur liste dessine, plus encore que la hiérarchie générale, les contours historiques du vote communiste en France.

Communes continûment gérées par un maire communiste ou apparenté			
Depuis 1965		Depuis 1977	
Département	Nombre de communes	Département	Nombre de communes
Nord	18	Nord	27
Pas-de-Calais	11	Pas-de-Calais	17
Allier	10	Allier	11
Corrèze	10	Corrèze	11
Gard	9	Val-de-Marne	10
Seine-Saint-Denis	9	Alpes-de-Haute-Provence	9
Val-de-Marne	9	Bouches-du-Rhône	9
		Gard	9
		Meurthe-et-Moselle	9
		Seine-Maritime	9
		Seine-Saint-Denis	9

L'ensemble représente un volant de population communale qui se situe entre 1,8 et 2,3 millions d'habitants. Au-delà, la règle est celle de la relative volatilité : entre un cinquième et un tiers des communes gagnées lors d'une élection ne réitèrent plus leur vote aux consultations ultérieures.

La « surprise » d'un vote municipal exceptionnellement favorable à la gauche a évité au PCF, une fois de plus, une douloureuse répercussion de son influence nationale sur ses bases locales d'implantation. Le plus gros des positions acquises a été maintenu à l'issue du scrutin de 2008, tant dans la France urbaine que dans les zones moins densément urbanisées. Mais l'effritement des bases n'a pas été contredit, fragilisant numériquement le communisme municipal. En outre, l'importance croissante des « apparentés » est une donnée désormais structurante. Eux seuls, depuis 1995, sont parvenus à enrayer la tendance alors irréversible au déclin : le rapport entre maires membres du PCF et « apparentés » est de trois sur dix et, selon l'ANECR, la part des adhérents de l'association qui ne sont pas membres du PCF approcherait de la moitié.

Historiquement, l'espace politique et électoral du communisme s'est inséré dans les terres anciennes d'une démocratie plébéienne, de souche révolutionnaire, qui est le socle de la gauche française. Cet espace est aujourd'hui confronté au déséquilibre qui, en 2007-2008, a « simplifié » la carte électorale tout entière. Aux municipales comme aux cantonales, le bipartisme a marqué des points considérables, à droite comme à gauche et, à l'intérieur de la gauche, le PS a conforté sa place hégémonique. Dans les années 1960-1970, la stratégie de l'union de la gauche a nourri l'expansion des bases municipales du communisme français. Depuis cette date, elle conforte celle du socialisme dans la France urbaine. Sans doute observera-on que, une fois de plus en 2008, le PS n'est pas parvenu à ravir l'essentiel du patrimoine municipal du PC : à Ivry et à Tremblay, les communistes l'emportent même haut la main dès le premier tour. Mais s'il n'a pas emporté partout la mise, il a poursuivi l'entreprise de grignotage amorcée après 1977 et dont la perte d'Alès et de Bègles avaient été un modèle en 1989 : en 2008, Aubervilliers, Pierrefitte et Montreuil prolongent un exemple déjà réitéré à Pantin en 2001.

Au lendemain du mauvais résultat communiste de 2007, l'avenir des bases territoriales du communisme français semblait au plus noir. De façon inattendue, le discrédit du nouveau Président et le désarroi de la droite profitent à la gauche en 2008. À la veille des scrutins de mars, à un moment où les sondages laissaient déjà entrevoir l'ampleur de la défaite de droite, des responsables du PCF avancent l'idée que la représentation électorale communiste sortira renforcée du scrutin. Le chiffre de 13 000 élus est ainsi annoncé alors même que la dernière statistique officielle de l'Association des élus évoquait en 2003 le chiffre de 11 600 élus. Après les résultats des deux tours, la direction communiste affiche bruyamment sa satisfaction, à la mesure de la grande peur qui avait suivi le printemps 2007. Au mois de septembre 2008, l'ANECR est toutefois contrainte de tempérer les enthousiasmes, en faisant savoir à ses responsables que le nombre d'élus vérifiés par l'Association est d'environ 6 900 et que l'on parvient à quelque 9 500 élus, si l'on additionne les effectifs annoncés par les fédérations départementales, les ADECR. Au même moment, l'Association réévalue à la baisse les effectifs qui avaient été déclarés en 2001 : les 14 000 annoncés cette année-là sont ramenés à un chiffre plus vraisemblable de 12 200. C'est donc au mieux un quart des élus communistes et « apparentés » qui aurait disparu depuis 2001. Quelques semaines plus tard, il est vrai, le congrès national de l'ANECR annonce un chiffre de 11 000 élus, sans que le détail de leur ventilation soit cette fois fourni.

Nombre d'élus communistes et républicains[37]	
1964[38]	21 696
1966[39]	19 567
1977	28 000
1983[40]	27 000
1989	22 000
1997	14 681
2001[41]	12 230
2003	11 600
2008[42]	6 849/9 483/11 000

Dans l'ensemble qui demeure, il semble qu'augmente la part de l'Île-de-France et du Nord-Pas-de-Calais : 30 % du total des élus PC. En revanche, la densité fléchit dans la moitié sud du pays (Aquitaine, Languedoc-Roussillon et PACA). Si l'on en croit les statistiques de l'ANECR, le PCF progresserait

37. Chiffres officiels annoncés par le PCF ou par l'ANECR.
38. Supplément au *Bulletin de Propagande et d'Information* n° 1 janvier 1964.
39. Du XVIIe au XVIIIe congrès du PCF, Supplément au *Bulletin de propagande et d'informations*, n° 9, novembre 1966.
40. Pour l'année 1983, le chiffre du ministère de l'Intérieur est de 26 986.
41. En 2001, l'ANECR annonçait le chiffre de 14 000 élus. En septembre 2008, la direction de l'association des élus a réévalué l'estimation à la baisse.
42. Le premier chiffre est celui des élus recensés par l'ANECR nationalement ; le second provient de la totalisation des effectifs annoncés par les associations départementales, les ADECR.

dans treize départements et deux régions (Corse et Limousin) ; en revanche, la Picardie, PACA, Poitou-Charentes et Aquitaine perdraient plus du tiers de leur effectif de départ.

L'insertion municipale du communisme résiste, pour un parti qui continue globalement de baigner dans le vieil héritage communal de la gauche française. Elle n'en est pas moins érodée. Il reste un « noyau dur » ; il n'y a plus de bastion.

Arrêt sur image 3.
Que devient
la banlieue rouge ?

La région parisienne a été longtemps, avec le bassin minier du Nord et les départements de la France du Centre, un lieu emblématique de l'ancrage communiste en terre française. Elle reste une de ses grandes zones de présence électorale (les communistes dirigent toujours le conseil général du Val-de-Marne). Mais l'imprégnation s'est relâchée, au point de remettre en cause l'exceptionnalité parisienne. La banlieue ne serait-elle plus rouge ?

Du mythe à l'hégémonie

La région parisienne est, au départ, un des rares territoires métropolitain où le jeune PCF se trouve en état de récupérer à lui seul l'essentiel de l'héritage électoral de la SFIO.

Le PCF est au-dessus du vote socialiste de 1919 en Seine-et-Oise, récupère plus des trois cinquièmes de ce vote dans le département de la Seine et fait sensiblement mieux que la moyenne nationale en Seine-et-Marne. Il marque le pas en 1928, notamment en Seine-et-Oise, alors qu'il progresse dans l'ensemble du territoire national. En revanche, en 1932, sa résistance régionale s'avère un peu plus forte que la moyenne. L'apogée de l'influence législative est atteinte en 1936 : tandis que, nationalement, le PCF n'est encore qu'au deux tiers du niveau socialiste de 1919, le PC francilien est partout au-dessus des résultats de cette année-là.

L'ancrage municipal a été plus précoce et plus spectaculaire encore. On en a décrit plus haut l'allure générale. Rassemblons-en ici les principales tendances. En 1919, la région parisienne compte quarante-huit municipalités socialistes, dont vingt-quatre dans la Seine et quatorze en Seine-et-Oise.

En 1925, le PCF ne dispose que de huit municipalités sur soixante-dix-neuf dans la Seine. En 1935, il fait un premier bond en avant : la Seine et la Seine-et-Oise comptent désormais cinquante-six municipalités dirigées par des équipes communistes.

	Le vote socialiste (1919) puis communiste en région parisienne (1919-1936)								
	Législatives (% expr.)					Indices			
	1919	1924	1928	1932	1936	1924/1919	1928/1924	1932/1928	1936/1919
Seine	32,4	26,5	25,3	21,7	34,7	82	96	86	107
Seine-et-Marne	20,1	14,5	13,5	11,9	20,2	72	93	88	100
Seine-et-Oise	21,8	28,1	22,2	17,8	29,4	129	79	80	135
France métropolitaine	22,5	9,8	11,4	8,4	15,4	44	115	74	68

La région parisienne est devenue un « bastion », même si sa part dans le total des voix communistes recule légèrement entre 1924 et 1936. En 1936, trente-huit des soixante-douze députés communistes sont élus dans la Seine et la Seine-et-Oise. La réalité semble se mettre peu à peu au niveau du mythe. Quand naît celui de la « banlieue rouge », le PCF compte dix-neuf députés dans la Seine et la Seine-et-Oise et il dirige en tout et pour tout huit mairies dans la première couronne parisienne. Mais les représentations superposent très vite la peur du « Rouge » et la sombre inquiétude devant les barbares engendrés par la conjonction de la grande industrie, des périphéries urbaines en expansion et des flux migratoires stimulés par la Grande Guerre et les impératifs de la reconstruction. Jacques Valdour, journaliste proche de l'Action française, ou Gustave Gautherot, professeur à la Faculté catholique de Paris, ne cessent d'évoquer le spectre des émeutiers potentiels déferlant de la « ceinture rouge ». Jean Damase, dans un roman xénophobe écrit en 1937, évoque un meeting en banlieue avec Maurice Thorez : « Une odeur d'internationalisme vous agaçait la gorge avec le relent de sueur musquée du nègre, l'haleine suffocante des Sarrois, le dégagement huileux des Annamites ».[1]

Le mythe, bien sûr, fait l'affaire du PCF. La concentration industrielle dans la banlieue n'est-elle pas, pour reprendre une expression d'André Marty de 1928, « le talon de fer de l'impérialisme des trusts et des banques »[2] ? C'est donc avant tout en banlieue que se joue le drame fondamental qui oppose la bourgeoisie et le prolétariat, la France « rouge » de la révolution et la France « bleue » du capital et de la réaction... Sans doute les militants n'hésitent-ils pas, eux aussi, à dénoncer les désastres du sous-équipement, la détresse des mal-lotis et la tristesse du nouveau « Far West français ». Mais, à la différence de la culture communiste locale de certains centres ouvriers comme Halluin-la-Rouge, exaltant le prolétariat souffrant et le révolutionnaire martyr, le communisme banlieusard s'attache davantage à valoriser la dignité de la périphérie et la modernité potentielle d'un territoire éminemment populaire. La banlieue décriée devient un lieu de fierté, par l'entremise de la sociabilité communiste et de la gestion communale, une terre périphérique certes, mais où il fait bon vivre et dont on peut revendiquer hautement le caractère profondément ouvrier.

Pour une part, la banlieue rouge s'efface en 1936. Le monde ouvrier n'est certes pas comme les autres et, une fois abattus les remparts qui enserraient Paris, la « zone » continue de marquer une frontière symbolique entre la capitale et sa banlieue. Mais la couronne prolétarienne n'est plus un espace de droits bridés. L'entreprise est désormais régie par un droit social expansif et la banlieue fait l'objet de volontés assumées d'aménagement, que les communistes ne récusent plus, comme ils le faisaient dans les années vingt. Dans son étude sur Bobigny, Annie Fourcaut exhume une enquête de Georges Sadoul dans l'hebdomadaire *Regards*, le 30 mai 1935. Le critique de cinéma, pour parler de la banlieue, utilise la métaphore de la « Mort rouge » qui vient menacer le prince

1. Cité dans Annie Fourcaut, *Bobigny, banlieue rouge, op. cit.*
2. André Marty, *Cahiers du bolchevisme*, n° 9, novembre 1928.

corrompu, calfeutré derrière ses remparts : « Le rouge qui
règne hors des palais n'est pas la couleur de la mort, mais
celle du sang jeune, de la vie. Et à l'intérieur du palais s'est
établie la mort, cette parente de la peste brune, cette mère de
la corruption ». Or, si la banlieue est le foyer de l'avenir, dans
une société bourgeoise qui se meurt, elle n'est plus une réalité externe. Avec les conquêtes sociales du Front populaire
puis de la Libération, sur un territoire façonné par l'hégémonie communiste, elle est plus que jamais un laboratoire
où s'expérimente une potentialité de la France de demain.

Les élections du printemps 1945 sont, de fait, celles du
triomphe : quarante-huit municipalités communistes sont
élues dans la Seine, quatre-vingt-huit dans la Seine-et-Oise
et vingt-sept dans la Seine-et-Marne, soit cent-soixante-trois
en tout (près de 13 % des communes de la région). Les communistes ont la majorité absolue dans une trentaine de villes
de la Seine-banlieue, et notamment dans celles qui avaient
été tentées par les multiples « dissidences » du socialisme
et du communisme avant 1939 : Saint-Denis, Pierrefitte et
Villetaneuse, séduites par Jacques Doriot, ou Aubervilliers
et La Courneuve, anciens fiefs de Pierre Laval. Suresnes elle-
même, la ville d'Henri Sellier, vitrine du socialisme municipal de la SFIO, est passée du côté du PC. En 1947, l'isolement
politique du PC lui fait perdre vingt-deux communes, au profit des rivaux socialistes, du RPF ou du MRP. En avril 1953,
deux villes supplémentaires sont perdues (Joinville-le-Pont et
Le Plessis-Robinson), tandis que deux autres sont conquises
(Issy-les-Moulineaux et L'Haÿ-les-Roses). Le communisme
banlieusard n'est plus à son apogée : il n'en reste pas moins

Nombre de mairies PC et apparentées			
	1965	1971	1977
Total région parisienne	79	94	147
Population administrée par le PC	1 882 178	2 375 818	3 252 958
France métropolitaine	1 134	1 150	1 464
% des communes franciliennes administrées par le PC	6,2	7,3	11,5
% de population francilienne administrée par le PC	22,3	25,8	33,1

que le gaullisme au pouvoir échoue dans sa tentative d'expulser le PC de ses terres. Si Thiais est perdue en 1959, les communistes l'emportent à Choisy-le-Roi, Chatillon, Pantin, Orly, Noisy-le-Sec et Le Plessis-Robinson. Au total, la région parisienne compte soixante-dix-neuf mairies à direction communiste et la direction du PCF revendique le chiffre d'un peu plus de 1 500 conseillers municipaux.

En outre, les années soixante et soixante-dix sont celles de l'expansion retrouvée, en nombre de mairies et en population administrée. Jusqu'en 1977, le PCF n'enregistre plus aucune perte de ville. De soixante-dix-neuf communes dans toute l'Île-de-France, il passe à quatre-vingt-quatorze en 1971 et à cent-quarante-sept en 1977, à une quinzaine de mairies à peine du record exceptionnel de 1945. Plus d'une commune francilienne sur dix est administrée par des communistes et par leurs alliés, ce qui correspond à un tiers de la population totale de la région (soit 10 % en plus par rapport à 1965).

La part de la région parisienne et de la banlieue dans le total des voix PCF						
	1924	1936	1945	1946	1951	1956
% de la RP	35,4	32,7	22,3	21,0	20,4	22,9
% de la Seine-banlieue	12,1	14,1	5,8	5,3	5,3	5,9

L'analyse des élections nationales précise encore le tableau. Pendant toute la période de la Quatrième République, le PCF recueille près du tiers des suffrages exprimés en région parisienne. Mais sa capacité d'expansion en banlieue semble essoufflée dès la Libération. En 1936, la Seine-banlieue accordait 43,5 % de ses suffrages exprimés au PCF (42,7 % dans l'arrondissement de Sceaux et 44,1 % dans celui de Saint-Denis). En 1945, le pourcentage tombe à 39,7 %, alors que le pourcentage national passe de 15,4 % à 26,2 %. En janvier 1956, il est de 36,7 %. La part de la région parisienne se stabilise à la baisse. En 1924, plus du tiers des voix communistes se trouvaient concentrées en région parisienne ; entre 1945 et 1956, le pourcentage est ramené dans une fourchette de d'un cinquième à un quart. Dans cet ensemble, la banlieue proprement dite a vu sa part relative baisser d'un tiers environ. Le PCF a perdu en identification sociale prolétarienne ce qu'il a gagné en surface d'hégémonie territoriale : dans la dynamique du vote communiste, l'impact national-régional a pris le pas sur la communauté plus restreinte du groupe social et du local.

Le vote législatif du PCF en région parisienne (1945-1958)					
	PCF % exprimés				
	oct-45	nov-46	juin-51	janv-56	Nov-58
Seine 4 (Banlieue-Sud)	40,0	41,6	38,4	37,5	32,0
Seine 5 (Banlieue Nord-ouest)	39,3	39,0	35,3	35,8	
Seine	34,1	35,3	31,8	32,4	25,7
Seine et Marne	29,9	34,9	30,9	30,6	22,0
Seine-et-Oise	34,0	34,3	31,8	34,0	26,0
Région parisienne	33,8	35,1	31,7	32,7	25,6
France métropolitaine	26,2	28,6	25,7	25,4	18,9
	Indices				
		1946/ 1945	1951/ 1946	1956/ 1951	1958/ 1956
Seine 4 (Banlieue-Sud)		104	92	98	85
Seine 5 (Banlieue Nord-ouest)		99	91	101	
Seine		104	90	102	79
Seine et Marne		117	88	99	72
Seine-et-Oise		101	93	107	77
Région parisienne		104	90	103	78
France métropolitaine		109	90	99	74

LE TEMPS DE L'HÉSITATION (1958-1978)

En région parisienne, le PCF marque le pas en novembre 1958 : de 32,7 % en janvier 1956, il passe à 25,4 %. Dans la Seine-banlieue, les chiffres respectifs sont 37,5 % et 32 %. La résistance à l'érosion est un peu meilleure en banlieue, mais le PCF n'évite pas le choc enregistré sur tout le territoire national. Dans la banlieue, le PCF est bien sûr en tête dans dix-sept des vingt-quatre circonscriptions découpées pour le nouveau mode de scrutin. Mais, à l'arrivée, les députés communistes ne sont que cinq, auxquels s'ajoute Robert Ballanger en Seine-et-Oise. Fernand Grenier est le seul élu au premier tour, à Saint-Denis, Maurice Thorez est mis en ballotage à Ivry, Jacques Duclos et Etienne Fajon sont battus à Montreuil et à Saint-Ouen, ainsi que Raymond Barbet à Nanterre et Waldeck L'Huillier à Gennevilliers. Les députés de 1956 étaient vingt-six en région parisienne et ils ne sont plus que six en 1958. Paris et la Seine-et-Marne n'ont plus de députés communistes.

En apparence, la première moitié des années soixante annule la déception de la fin 1958. Aux élections législatives de 1962, la progression régionale du PCF est légèrement plus forte que sur le plan national et le PCF se rapproche de ses scores des années cinquante. Les municipales de 1959 et de 1965 renforcent, comme on l'a vu, l'assise communale des communistes. Quant à la création des départements franciliens, décidée en 1964, elle se révèle plutôt favorable au PCF. Le département de Seine-Saint-Denis, taillé sur mesure, est le symbole du dynamisme communiste : en novembre 1962, le territoire du futur département donne 48,5 % des suffrages exprimés aux candidats communistes et encore 45 % en 1967. Cette année-là, huit députés du département sur neuf sont communistes, dont cinq l'ont emporté dès le premier tour. Le Val-de-Marne, dessiné de façon plus complexe, est d'emblée plus partagé : aux législatives de 1962, gaullistes et communistes font presque jeu égal sur le territoire dessiné par le législateur. En 1967, le PCF n'obtient que trois députés sur les huit alloués au département et, entre 1970 et 1976, le gaulliste Roland Nungesser préside l'Assemblée départementale. Mais le magistère gaulliste ne passe pas le cap de la décennie : en 1973, le PCF est redevenu le premier parti départemental sur le plan législatif et, en 1976, la poussée cantonale le propulsera de nouveau à la tête du département, avec Michel Germa qui préside l'assemblée départementale jusqu'en 2001.

Pourtant, on sent d'emblée que quelque chose est en train de se passer dans le sous-bassement électoral du PC en Île-de-France. Les résultats régionaux du vote législatif de 1967 auraient pu donner l'alerte : alors que le PCF progresse nationalement, il s'érode en région parisienne, et notamment à Paris et dans la petite couronne. Dans la Seine-Saint-Denis et le Val-de-Marne, le PCF perd respectivement 3,5 % et 1,3 % ; dans le même temps, la FGDS, dopée par la première campagne présidentielle de François Mitterrand, progresse sur les scores SFIO de 1,4 % en Seine-Saint-Denis et de 5 % dans le Val-de-Marne. En région parisienne, les scores communistes

Le vote législatif du PCF en région parisienne 1962-1978					
	% exprimés				
	nov-62	mars-67	juin-68	mars-73	mars-78
Ville-de-Paris	23,4	22,3	18,4	17,9	15,6
Seine-et-Marne	24,2	22,2	21,2	21,3	20,9
Yvelines	24,7	25,2	21,4	21,5	17,7
Essonne	33,4	33,1	31,3	31,4	26,7
Hauts-de-Seine	30,0	30,6	27,6	28,1	24,6
Seine-Saint-Denis	48,5	45,0	39,9	41,5	38,0
Val-de-Marne	36,9	35,6	31,7	32,7	29,4
Val-d'Oise	35,5	33,2	29,6	30,7	22,7
Total RP	30,7	29,9	26,5	27,1	23,7
Total France métropolitaine	21,8	22,5	20,0	21,4	20,6
Part de la RP dans les voix PC (%)	25,6	23,7	22,9	22,0	19,3
	Indices				
	1962/ 1958	1967/ 1962	1968/ 1967	1973/ 1968	1978/ 1973
Ville-de-Paris	117	95	83	97	87
Seine-et-Marne	110	92	95	101	98
Yvelines	116	102	85	101	82
Essonne	126	99	95	100	85
Hauts-de-Seine	116	102	90	102	88
Seine-Saint-Denis	121	93	89	104	91
Val-de-Marne	125	96	89	103	90
Val-d'Oise	120	94	89	104	74
Total RP	120	97	88	102	88
Total France métropolitaine	117	103	89	107	96

n'ont pratiquement pas cessé de baisser depuis novembre 1946, mais leur effritement, jusqu'en 1962, est compensé par la bonne tenue du vote communiste dans la zone suburbaine. Or, à partir de 1962, la « petite couronne » elle-même est affectée par le mouvement de recul. Dans l'ensemble formé par la Seine-Saint-Denis et le Val-de-Marne, le PCF est passé de 42,9 % en 1962 à 40,4 % en 1967, puis à 33,7 % en 1968. Les élections de 1973 voient là aussi une légère remontée, moindre que sur le plan national, suivie par un nouveau et sévère repli en 1978.

La direction communiste ne s'inquiète pas outre mesure de ces évolutions. En fait, jusqu'au début des années soixante-dix, le dynamisme de la grande couronne fait passer au second plan le tassement dans la petite. Dans l'Essonne et le Val d'Oise, le PCF recueille un tiers des suffrages exprimés, conquiert les communes en expansion de la grande croissance périurbaine et consolide sa représentation cantonale, ce qui lui permet de gagner la présidence du Conseil général de l'Essonne entre 1976 et 1982 (Robert Lakota). Hélas pour les communistes, le triomphe gestionnaire de la seconde moitié des années soixante-dix intervient alors que l'élan électoral est en train de s'essouffler. La bonne tenue

L'évolution du vote législatif francilien du PC de 1945 à 1981 (Indices)					
De 1945 à 1956		De 1956 à 1958		De 1967 à 1981	
Val-d'Oise	106	Seine-Saint-Denis	84	Seine-Saint-Denis	81
Seine-et-Marne	102	Val-de-Marne	81	Val-de-Marne	73
Seine-Saint-Denis	99	Val-d'Oise	80	Total France métropolitaine	72
Essonne	98	Total RP	78	Essonne	68
Total France métropolitaine	97	Hauts-de-Seine	77	Val-d'Oise	67
Yvelines	97	Essonne	76	Seine-et-Marne	66
Total RP	97	Total France métropolitaine	74	Hauts-de-Seine	66
Ville-de-Paris	96	Yvelines	74	Total RP	65
Val-de-Marne	95	Ville-de-Paris	74	Yvelines	50
Hauts-de-Seine	90	Seine-et-Marne	72	Ville-de-Paris	42

de la grande couronne s'érode en effet dès la fin des *sixties* : les législatives de juin 1968 sont là encore un signe avant-coureur négatif (30,5 % en Essonne-Val d'Oise contre 33,2 % en 1967), à peine contredit en mars 1973 (31,1 %) et amplifié au contraire en mars 1978 (24,8 %). Tout se passe comme si la grande couronne reproduisait, à un rythme accéléré, les évolutions du centre parisien : expansion, stagnation, érosion et bientôt reflux.

Entre 1945 et 1956, le PCF a vu son influence nationale se tasser légèrement, mais, en région parisienne, son expansion s'est poursuivie dans les franges extérieures du Val d'Oise et de la Seine-et-Marne, tandis que le bastion de la banlieue nord-est s'est maintenu et que se sont tassés le centre parisien et la première couronne banlieusarde de l'est et du sud. Jusqu'en 1981, les zones d'influence plus ancienne et plus dense manifestent comme partout une capacité de résistance supérieure : en phase de reprise, elles récupèrent moins nettement de leurs pertes antérieures, mais elles manifestent une capacité d'agrégation électorale plus solide que les terres d'implantation plus récente. En 1958 et en 1981, la petite couronne prolétarisée des années trente-cinquante voit le PCF perdre moins d'un quart de son capital électoral ; en revanche, dans les franges « moyennisées » des années soixante et soixante-dix, les communistes perdent entre un tiers et la moitié de leurs scores initiaux.

LA CHUTE (1978-2008)

Après 1978, en tout cas, il n'y a plus de doute sur l'évolution générale. Les élections présidentielles, à quatre reprises, ont été des traumatismes, en Île-de-France comme dans le reste du pays. En avril 1981, Georges Marchais fait 9 % de moins que Jacques Duclos en 1969. Le recul est à peu près de même ampleur partout, un peu plus important dans la petite couronne que dans la grande, plus fort en Seine-Saint-Denis que dans le Val-de-Marne. Sept ans plus tard la déception est plus amère encore : André Lajoinie obtient à peine plus en Île-de-France que sur l'ensemble du territoire métropolitain, la résistance étant un peu plus grande dans les territoires de la première croissance périphérique, dans des populations moins sensibles au discours d'ouverture au centre de François Mitterrand. Il est vrai que la récupération y est un peu moins grande en 1995 : si la région parisienne a été relativement moins conquise par le nouveau secrétaire national du PCF, Robert Hue, c'est parce que la petite couronne a été moins sensible à son image et à la tonalité de son discours.

Le vote communiste présidentiel en Île-de-France (1969-2007)	% d'exprimés					
	1969	1981	1988	1995	2002	2007
Ville-de-Paris	18,6	9,2	3,7	4,7	2,2	1,2
Seine-et-Marne	23,1	15,4	6,3	8,2	3,0	1,7
Yvelines	22,1	12,5	4,7	6,4	2,3	1,3
Essonne	27,0	16,8	6,9	9,1	3,4	2,0
Hauts-de-Seine	25,7	16,1	6,9	7,9	3,3	1,7
Seine-Saint-Denis	38,6	27,3	13,5	14,1	6,3	3,5
Val-de-Marne	30,4	21,4	10,9	12,6	5,4	3,0
Val-d'Oise	29,3	18,8	7,9	10,7	4,0	1,8
Petite couronne	31,1	21,3	10,2	11,3	4,9	2,7
Grande couronne	25,2	15,6	6,3	8,4	3,1	1,7
Total région parisienne	25,8	16,5	7,2	8,7	3,5	1,9
France métropolitaine	21,5	15,5	6,9	8,7	3,4	2,0

L'évolution du vote communiste présidentiel en Île-de-France (1969-2007)	Indices				
	1981/ 1969	1988/ 1981	1995/ 1988	2002/ 1995	2007/ 2002
Ville-de-Paris	49	40	128	47	56
Seine-et-Marne	67	41	131	37	58
Yvelines	57	37	136	36	55
Essonne	62	41	133	38	57
Hauts-de-Seine	63	43	115	42	52
Seine-Saint-Denis	71	49	104	45	56
Val-de-Marne	70	51	115	43	56
Val-d'Oise	64	42	135	38	46
Petite couronne	69	48	110	43	55
Grande couronne	62	40	134	37	54
Total région parisienne	64	44	121	41	55
France métropolitaine	72	44	127	39	57

Le vote communiste législatif (1978-2007)								
	% exprimés							
	mars-78	juin-81	mars-86	juin-88	mars-93	mai-97	juin-02	juin-07
Ville-de-Paris	15,6	9,4	4,6	5,4	5,3	5,6	2,2	2,7
Seine-et-Marne	20,9	14,7	8,8	10,4	7,8	7,5	4,6	3,1
Yvelines	17,7	12,6	6,4	9,4	6,1	7,3	2,8	3,0
Essonne	26,7	22,6	10,6	14,2	9,5	9,3	5,7	3,8
Hauts-de-Seine	24,6	20,1	10,8	12,9	10,3	10,5	7,1	6,5
Seine-Saint-Denis	38,0	36,3	18,7	26,8	20,0	17,9	16,2	14,7
Val-de-Marne	29,4	26,0	16,0	19,7	16,0	16,5	10,8	10,1
Val-d'Oise	22,7	22,1	11,8	15,9	10,1	11,1	5,6	3,5
Petite couronne	30,3	27,0	14,8	19,3	15,0	14,7	10,8	9,9
Grande couronne	21,8	17,7	9,2	12,2	8,2	8,7	4,5	3,3
Total RP	23,7	19,5	10,3	13,4	10,1	10,2	6,2	5,5
Total France métropolitaine	20,6	16,1	9,7	11,1	9,1	9,8	4,9	4,6
	Indices							
	1978/1973	1981/1978	1986/1981	1988/1986	1993/1988	1997/1993	2002/1997	2007/2002
Ville-de-Paris	87	60	49	119	98	106	38	125
Seine-et-Marne	98	70	60	118	75	96	61	68
Yvelines	82	71	51	147	66	119	38	107
Essonne	85	85	47	134	67	98	61	66
Hauts-de-Seine	88	82	54	120	80	102	68	91
Seine-Saint-Denis	91	96	51	143	75	90	90	90
Val-de-Marne	90	88	61	124	81	103	65	94
Val-d'Oise	74	97	53	135	64	109	50	62
Petite couronne	90	89	55	130	78	98	74	92
Grande couronne	84	81	52	133	67	105	52	73
Total RP	88	82	53	130	75	101	61	88
Total France métropolitaine	96	78	60	115	82	108	50	93

Les évolutions ultérieures sont moins typées, la marginalisation du vote communiste présidentiel estompant l'originalité ancienne, comme s'il devenait de plus en plus difficile de parler d'un espace électoral proprement communiste. En 2007, de façon uniforme, dans des proportions équivalentes quel que soit le territoire, le score présidentiel du PCF est entre 11 et 13 % de ce qu'il était en 1981.

Le constat est analogue sur le plan législatif : à l'exception de juin 1988 et, dans une moindre mesure, de mai 1997, le PCF va de recul en recul.

La banlieue constitue toujours le principal réservoir d'élus nationaux. La moitié des députés communistes sont aujourd'hui issus de la petite couronne. Mais le « bastion » n'existe plus. Depuis 1981, la ville capitale n'a plus d'élus communistes, alors qu'elle en comptait sept sur trente-et-un en 1967 et 1973. La grande couronne elle-même n'a plus de député PCF, alors que l'Essonne, par exemple, avait trois

Les députés franciliens de 1967 à 2007										
	mars-67	juin-68	mars-73	mars-78	juin-81	mars-86	juin-88	mars-93	mai-97	juin-02	juin-07
Ville-de-Paris	7	0	7	3	0	0	0	0	0	0	0
Seine-et-Marne	0	0	1	1	0	1	0	0	0	0	0
Yvelines	1	0	0	0	0	1	0	0	0	0	0
Essonne	3	0	3	3	0	1	0	0	0	0	0
Hauts-de-Seine	5	3	5	5	5	1	1	2	3	3	3
Seine-Saint-Denis	8	7	8	9	5	3	6	6	6	5	4
Val-de-Marne	3	3	4	4	2	2	2	3	2	1	1
Val-d'Oise	2	1	3	2	1	1	1	0	1	0	0
Petite couronne	16	13	17	18	12	6	9	11	11	9	8
Grande couronne	6	1	7	6	1	4	1	0	1	0	0
Total RP	22	14	24	24	13	10	10	11	12	9	8
Total France métropolitaine	72	34	73	86	43	44	24	22	35	21	17
Part de la RP dans le total des députés PC (%)	30,6	41,2	32,9	27,9	30,2	22,7	41,7	50,0	34,3	42,9	47,1
Part de la petite couronne (%)	22,2	38,2	23,3	20,9	27,9	13,6	37,5	50,0	31,4	42,9	47,1

députés communistes sur les cinq qui représentaient le département en 1978. Quant à la Seine-Saint-Denis, elle avait élu neuf députés communistes sur neuf en 1978 ; elle en compte quatre (dont « l'apparenté » Jean-Pierre Brard) en 2007.

Le phénomène notabiliaire peut, il est vrai, ralentir le mouvement de recul. En 1981, le décrochage législatif sur 1978 est moindre en région parisienne que dans le reste du territoire national ; il est un peu plus atténué encore en petite couronne. Alors que le PCF perd en juin un peu plus d'un cinquième de son niveau législatif de 1978, il n'en perd qu'un dixième dans ses zones de plus vieille implantation de la petite couronne. En revanche, le recul est plus accentué en mars 1986, quand les élections législatives, pour la seule fois de la Cinquième République, se font au scrutin proportionnel. Le poids des personnalités locales ne joue pas de façon égale, mais fluctue en fonction de la nature du scrutin et de la conjoncture politique elle-même. Après 1981, chaque fois que l'affrontement de la gauche et de la droite se durcit, le PC francilien marque le pas, de façon plus sensible que dans le reste du territoire national. C'est le cas en 1986 et en 1993 et, de façon toutefois moins marquée, en 1997.

À partir de 1981, le niveau d'influence de départ n'est plus un gage de plus grande résistance au déclin. Entre 1981 et

L'évolution francilienne du vote législatif communiste (Indices)					
1997 / 1981		2007 / 1997		2007 / 1945	
Val-de-Marne	64	Seine-Saint-Denis	82	Seine-Saint-Denis	31
Total France métropolitaine	61	Hauts-de-Seine	62	Val-de-Marne	26
Ville-de-Paris	60	Val-de-Marne	61	Total France métropolitaine	18
Yvelines	58	Total RP	53	Hauts-de-Seine	17
Hauts-de-Seine	52	Ville-de-Paris	48	Total RP	16
Total RP	52	Total France métropolitaine	46	Essonne	10
Seine-et-Marne	51	Seine-et-Marne	42	Seine-et-Marne	10
Val-d'Oise	50	Yvelines	41	Yvelines	10
Seine-Saint-Denis	49	Essonne	40	Val-d'Oise	10
Essonne	41	Val-d'Oise	32	Ville-de-Paris	10

1997, les tassements les plus importants s'observent à la fois dans les espaces nord-est de la « banlieue rouge » et dans les terres de la croissance périurbaine, où le PCF avait connu ses fortes croissances des années soixante. En revanche, dans la dernière décennie, le maintien d'un vote législatif communiste est d'autant plus fort que l'ancrage local est solide et ancien : la Seine-Saint-Denis, le noyau urbain communiste des Hauts-de-Seine et le Val-de-Marne maintiennent l'Île-de-France dans une situation plus favorable que le reste du territoire métropolitain. À l'arrivée, néanmoins, dans les élections combinant la représentativité nationale et le poids des personnalités, l'influence se trouve, en Île-de-France comme ailleurs, réduite à la portion congrue. Elle reste, au mieux, à un quart ou un tiers des hautes eaux de la Libération en Seine-Saint-Denis et dans le Val-de-Marne où le PCF bénéficie de l'aura gestionnaire départementale. Partout ailleurs dans la région, elle se situe à 10 % à peine du niveau de 1945. Le centre parisien et les franges périurbaines se rejoignent dès lors dans la sphère périlleuse de la marginalisation politique.

Le tassement s'observe quel que soit le type d'élection. Aux élections cantonales, il est continu depuis 1982 dans les deux séries de cantons. Dans l'ensemble, le recul est un peu plus important en région parisienne que sur l'ensemble du territoire métropolitain. Mais il est variable selon l'aire géographique et le niveau d'influence de départ. L'affaissement est presque toujours supérieur à la moyenne nationale dans les cantons de la grande couronne, quelle que soit la série de cantons : dans ces zones le PCF semble pâtir, tout à la fois, d'une dérégulation sociale un peu plus tardive et plus douloureusement ressentie, et d'une concurrence plus forte du vote socialiste. Dans la petite couronne, le PCF résiste dans l'ensemble un peu mieux que sur le plan national, sauf en 1998 dans la série A : cette année-là, alors que les communistes enregistrent nationalement un léger regain, le PC francilien stagne et même se tasse en petite couronne.

De ce point de vue, on notera le caractère atypique du scrutin de mars 2008. Tandis que le PCF recule de façon limitée sur le plan national, il progresse dans la petite couronne et s'effondre en grande couronne, où il a souvent renoncé à présenter des candidats dans tous les cantons. Dans une élection où la gauche connaît une forte progression générale, le PCF s'avère d'autant plus dynamique qu'il incarne encore fortement la gauche sur le terrain local. Dans ce contexte inédit (la plus forte mobilisation locale pour la gauche depuis 1977), l'ancrage territorial s'avère un atout stimulant pour enrayer, ou même contredire le déclin.

Reste dès lors à mesurer la réalité de cette implantation locale.

Le vote communiste cantonal de 1984 à 2004 (% exprimés)				
	Cantons série A			
	1985	1992	1998	2004
Petite couronne	20,2	15,9	15,1	11,6
Grande couronne	13,3	9,2	9,9	6,9
Total région parisienne	16,7	12,3	12,3	9,1
Total France métropolitaine	12,5	9,5	9,9	7,6

	Cantons série B				
	1982	1988	1994	2001	2008
Petite couronne	28,3	25,9	19,6	14,4	16,6
Grande couronne	16,9	14,4	11,1	8,8	5,2
Total région parisienne	21,8	19,0	14,4	10,8	9,4
Total France métropolitaine	15,2	13,3	11,2	9,7	8,9

L'évolution du vote communiste cantonal de 1984 à 2004 (indices)				
	Évolution série A			
	1992/1985	1998/1992	2004/1998	
Petite couronne	79	95	77	
Grande couronne	70	108	70	
Total région parisienne	74	100	74	
Total France métropolitaine	76	104	77	
	Évolution série B			
	1988/1982	1994/1992	2001/1994	2008/2001
Petite couronne	92	75	73	116
Grande couronne	85	77	79	59
Total région parisienne	87	76	75	87
Total France métropolitaine	88	84	87	92

LES RELIQUATS DU COMMUNISME MUNICIPAL

Les édiles communistes ont pu avoir des responsabilités dans des villes importantes, comme ce fut le cas au Havre, à Nîmes ou à Saint-Étienne. Le communisme municipal ne s'en est pas moins identifié d'abord à la petite ville industrielle isolée (Tarnos ou le Boucau dans le Sud-ouest) ou au bassin d'emploi élargi, sidérurgique ou minier (le réseau municipal du Nord-Pas-de-Calais, le chapelet des villes sidérurgiques de la Meurthe-et-Moselle ou la Lorraine mosellane). Il a surtout fait corps avec les grandes périphéries urbaines et, plus encore, avec celle de Paris.

Cette identification a été doublement pertinente : par la densité réelle du fait communiste municipal et par la coloration de l'espace collectif qui est résulté de l'imprégnation communiste en longue durée. Dans les représentations courantes, le « bastion » est principalement celui de la « banlieue rouge ». D'élection en élection, les observateurs attendent avec passion ce qui subsistera du capital municipal ou cantonal francilien.

Les mairies communistes en région parisienne depuis 1965						
	Mairies PC et apparentées					
	1977	1983	1989	1995	2001	2008
Nombre de communes	147	106	84	69	53	49
Population administrée par le PC (unité : million)	3,3	2,7	2,1	1,9	1,5	1,3
Les mairies communistes en France	1 464	1 460	1 124	873	786	725
% des communes franciliennes administrées par le PC	11,5	8,3	6,6	5,4	4,1	3,8
% de la population francilienne administrée par le PC	33,1	26,6	21,2	17,7	13,4	12,0

Le tableau ci-dessus résume l'évolution des quarante dernières années. Alors que le tassement de l'influence municipale du PCF est nationalement masqué en 1983, il frappe de plein fouet la périphérie parisienne. En Île-de-France, le PCF perd d'un seul coup un quart de son capital municipal. Il gérait 11,5 % des communes franciliennes en 1977 et un peu plus de 8 % en 1983. La population qu'il administre tombe de 3,3 à 2,7 millions. Plusieurs villes gagnées en 1977 sont perdues six ans plus tard, comme Antony, Athis-Mons, Chelles, Franconville, Gagny, Noisy-le-Grand et Villeneuve-Saint-Georges. L'emblématique Sarcelles, conquise en 1965, tombe elle aussi, comme Levallois-Perret et Aulnay-sous-Bois.

Les échéances électorales suivantes apparaissent moins cuisantes en comparaison, mais le mouvement ne s'interrompt pas. Vingt-deux communes perdues en 1989, dont Sartrouville et Les Mureaux, tandis que Sainte-Geneviève-des-Bois entre en « dissidence ». Quinze autres changent de majorité municipale en 1995, la plupart du temps dans la grande couronne, comme Corbeil, Étampes, Garges-lès-Gonesse, Goussainville ou Palaiseau. En 2001, le reflux se rapproche de la zone de force et touche des municipalités de vieille imprégnation communiste : Drancy et Argenteuil avaient été gagnées en 1935, Pantin en 1959 et Colombes en 1965. En comparaison, le bilan de 2008 semble moins défavorable : cinq municipalités perdues pour une gagnée (Villepinte, par une liste conduite par une « apparentée »). Mais les pertes sont symboliquement cruelles : Pierrefitte, Aubervilliers et Montreuil incarnent la commune de proche banlieue, soumise à l'attraction du centre parisien. Le PCF préserve des villes que l'on disait menacées, comme Saint-Ouen, Bagnolet ou la Courneuve. Le Blanc-Mesnil et même Saint-Denis ont été toutefois conservées avec des majorités réduites. Le Parti socialiste a perdu la plupart des « primaires » qu'il avait une fois de plus choisi de tenir contre ses anciens alliés de la « gauche plurielle ». Il n'en reste pas moins que les appétits socialistes se trouvent aiguisés par la chute d'Aubervilliers et de Montreuil et, plus encore, par l'arrivée du socialiste Claude Bartolone à la tête du Conseil général de Seine-Saint-Denis.

Depuis 1965, cent-soixante-trois communes, regroupant un tiers de la population francilienne, ont élu à un moment ou à un autre une équipe municipale dirigé par un communiste ou un apparenté. En 2008, le PCF en gère encore quarante-neuf, soit 3,8 % de l'échantillon communal régional et 12 % de la population régionale. On est loin du tiers administré en 1977, mais sensiblement au-dessus du niveau législatif de juin 2007 (5,5 %). L'influence municipale manifeste donc une capacité amoindrie mais persistante de reproduction, alors même que l'espace communiste est nationalement fragilisé. Cette solidité se structure autour d'un noyau d'une trentaine de communes, pour un total d'un million d'habitants, qui ont choisi continûment une gestion communiste ou apparentée depuis au moins 1965. Parmi elles, huit étaient déjà socia-

Villes franciliennes
continûment communistes depuis 1965

Yvelines	Val-de-Marne	Seine-Saint-Denis	Hauts-de-Seine	Essonne	Seine-et-Marne
Saint-Martin-du-Tertre	Bonneuil-sur-Marne	Bagnolet	Bagneux	Fleury-Mérogis	Mitry-Mory
Bezons	Champigny-sur-Marne	Le Blanc-Mesnil	Gennevilliers	Grigny	
	Choisy-le-Roi	Bobigny	Malakoff	Morsang-sur-Orge	
	Fontenay-sous-Bois	La Courneuve	Nanterre		
	Gentilly	Saint-Denis			
	Ivry-sur-Seine	Saint-Ouen			
	Valenton	Stains			
	Villejuif	Tremblay-en-France			
	Vitry-sur-Seine	Villetaneuse			

listes en 1919 (Bagnolet, Bobigny, Saint-Denis, Saint-Ouen, Villetaneuse, Choisy-le-Roi, Valenton et Bezons).

Dans un recueil d'études publié en 1992,[3] Annie Fourcaut définissait la « banlieue rouge » comme « une formation sociale où se mêlent inextricablement représentation municipale d'avant-garde, classe ouvrière organisée autour d'un projet politique et sentiment d'appartenance à une communauté politique périphérique ». Les deux premiers termes se sont érodés, le troisième s'est déplacé. La persistance d'un vote communiste local, en faveur des maires de banlieue est, pour une part, une manière d'exprimer encore une identité périphérique, d'autant plus anxieuse qu'elle constate le maintien voire l'exacerbation de la stigmatisation de l'espace banlieusard. Mais la persistance ne signifie pas la reproduction à l'identique. Plus fort que le vote national dans les mairies communistes, le vote communiste local recule lui aussi. Et la banlieue n'a plus cette cohérence relative d'une formation sociale qui la colorait, il y a peu.

---

3. Annie Fourcaut (sous la direction de), *Banlieue rouge, op. cit.*

Arrêt sur image 4.
« Neuf-trois » :
le bastion perdu

La perte par les communistes du Conseil général de Seine-Saint-Denis, au printemps de 2008, était attendue.[1] Elle n'en a pas moins été douloureuse, pour un Parti communiste revigoré par une dynamique électorale sensible en faveur de la gauche. Le discrédit imprévu du nouveau Président de la République et les signaux rassurants des sondages avaient presque fini par convaincre les dirigeants communistes départementaux que l'on pouvait conjurer le désastre qui se profilait un an plus tôt, après l'élection présidentielle. De fait, les résultats cantonaux du PCF en Seine-Saint-Denis ont été, paradoxalement, plutôt satisfaisants, les communistes faisant 2,8 % de mieux qu'en 2001 dans cette série de cantons. Mais le sursaut d'une campagne électorale n'a pas suffi à inverser des tendances lourdes à la dégradation. À l'arrivée, les communistes restent à la tête de l'administration départementale du Val-de-Marne, a priori moins favorable, et perdent, avec la Seine-Saint-Denis, le territoire de leur plus forte identification ouvrière et populaire.

Une hégémonie écrasante

Jusqu'à la création du département, l'espace de la banlieue nord-est se caractérise par la très grande densité du vote communiste : une fourchette de 40 à 49 % des suffrages exprimés, entre la Libération et 1967. Aux législatives de 1962, le PCF obtient sept députés sur neuf ; il en a huit aux premières élections après la naissance du département (mars 1967). De 1958

---

1. Ce chapitre a été rédigé à partir d'une étude conduite pour les communistes du département de Seine-Saint-Denis. Frédéric Sire a participé au travail de constitution de la base de données électorale et sociodémographique.

à 1981, cinq circonscriptions restent continûment communistes : Saint-Denis, Aubervilliers, Bobigny, Pantin et Aulnay.

En 1971, le PCF est à la tête de vingt-deux des quarante communes du nouveau département, contre six au PS et douze à la droite. Les municipales de 1977 accentuent le tableau : les listes dirigées par des communistes recueillent plus de 53 % des voix contre 12 % au PS et 32 % à la droite. À l'issue de ces élections, les communistes dirigent vingt-sept municipalités, le PS six et la droite en a sept. Cette année-là, les villes PC regroupent un peu plus d'un million de personnes, soit près de 80 % de la population du département ; au même moment, les dix-sept villes communistes du Val-de-Marne abritent 47 % de la population du département. En 2008, en Seine-Saint-Denis, les onze villes communistes et leur 440 000 habitants environ représentent 32 % de la population départementale (35,7 % pour les douze villes PC du Val-de-Marne).

À la fin des années 70, encore, l'hégémonie communiste reste entière, malgré la nette remontée du PS après 1971 : aux législatives de 1978, les neuf députés de Seine-Saint-Denis sont tous communistes. La Roche tarpéienne, dit-on, est près du Capitole... Le recul électoral communiste se fait par seuils. Pour le PC, le premier choc est, comme partout, celui de 1981. Certes, les communistes résistent mieux que sur le plan national : aux législatives de juin 81, le PCF reste à 36,3 % contre 37,9 % en 1978 et 41,5 % en mars 1973. Mais entre 1968 et 1978, le PS est passé de 8,2 % à 19,4 %. En avril 1981, François Mitterrand a distancé Georges Marchais dans dix villes communistes : Villepinte, Aulnay, Montfermeil, Gagny, Rosny, Neuilly-Plaisance, Noisy-le-Grand, Sevran, Clichy-sous-Bois, Pantin. On notera que les sept premières villes de cette liste vont passer à droite en 1983-1984 ; les trois autres suivront, même si Sevran a été reconquise par le PC en 2001 et Villepinte, en 2008, par une « apparentée ».

Les législatives de 1986 s'avèrent cruelles, de façon inattendue. Le PCF s'était longtemps plaint à juste titre d'un scrutin majoritaire qui minorait fortement sa représentation parlementaire dans toute la région capitale. Or le scrutin de liste retenu en 1986, en atténuant fortement l'effet des personnalités locales, tire le score départemental vers le niveau national. Entre 1981 et 1986, le PCF perd la moitié de son pourcentage d'exprimés. Le retour au scrutin uninominal majoritaire à deux tours, en 1988, permet au PCF de récupérer une part de son recul (il repasse de 18,6 % à 26,7 %) et de faire élire six députés sur treize. Le regain est plus net en Seine-Saint-Denis que sur le plan national et le PCF se prend alors à rêver tout haut d'une « remontée de son influence ». Il le fait d'autant plus que les cantonales de 1988 ont été satisfaisantes, à peu près au niveau de 1982 (36,8 % en 1988 contre 37,2 % six ans plus tôt) et que les municipales de 1989 ont été plus favorables (une seule perte : celle de Dugny) que celles de 1983 (cinq pertes, plus deux en 1984, lors d'élections partielles).

Les législatives de 1993 vont toutefois marquer un second seuil négatif. Entraîné par la déconfiture nationale du PS (celui-ci perd la moitié de ses voix sur le département par rapport à 1988), le PCF retombe à 20 %, ce qui correspond à un recul plus fort que sur le plan national. Il conserve certes ses six sièges de 1988. Mais quelque chose s'est déréglé que plus rien ne parvient à enrayer. Aux cantonales de 1994, le PCF recule davantage dans le département que sur le plan national, même si la solidité de ses bases maintient sa représentation au Conseil général. Le département ne profite même pas de la courte période de rémission que le PCF connaît nationalement après 1994 : les résultats de Robert Hue à la présidentielle sont décevants, notamment dans les villes de fort vote communiste traditionnel (Robert Hue fait même moins qu'André Lajoinie à Saint-Denis, Bagnolet, Île-Saint-Denis, Aubervilliers). Aux législatives pourtant porteuses de 1997, les communistes retrouvent tout juste leur résultat médiocre de 1993.

L'effondrement présidentiel de 2002 est d'autant plus retentissant pour la Seine-Saint-Denis. Aux élections législatives qui suivent, le PCF résiste mieux qu'il ne le fait dans l'ensemble du territoire métropolitain (indice 80 pour un indice 50 sur le plan national). Mais en perdant quatre points sur 1997, les communistes se trouvent désormais très nettement au-dessous de la barre des 20 %, ce qui altère – au moins mathématiquement – leur capacité à revendiquer la qualité de force de gauche la mieux à même de rassembler au second tour. De fait, l'évolution la plus récente fragilise encore l'implantation départementale du PC, plus fortement en Seine-Saint-Denis que dans le Val-de-Marne voisin. La séquence électorale des législatives 2002, des régionales 2004 et des cantonales 2004 est de 10,8 %, 10,4 % et 16,1 % pour le Val-de-Marne ; elle est de 16,1 %, 14,4 % et 14,3 % pour la Seine-Saint-Denis. Alors que le Val-de-Marne maintient un certain écart entre l'influence nationale et l'influence locale, au profit de l'implantation départementale, on assiste en Seine-Saint-Denis à une homogénéisation qui tire vers le bas les résultats départementaux.

Toutes élections confondues, la moyenne électorale du PCF est de 28 % environ dans les années 80, de 22 % dans les années 90 et de 14 % dans la première partie des années 2000. Dans les mêmes intervalles chronologiques de temps, la moyenne des socialistes est de 23 %, 15 % et 25 %. Le mouvement général a manifestement été complexe, mais le rapport des forces s'est inversé. Pour le PCF, le temps est-il passé de l'hégémonie à la dépendance ?

DE L'HOMOGÉNÉITÉ À L'HÉTÉROGÉNÉITÉ

La Seine-Saint-Denis a été façonnée par le premier tiers du xxe siècle : industrielle, ouvrière, pauvre, communiste. C'est parce ce territoire constituait une sorte de « bantoustan rouge » (entre 40 % et 49 % de voix communistes entre 1945 et 1962), que le département a été dessiné par les architectes politiques du découpage francilien. Faute de reconquérir la banlieue rouge, comme l'espérait le parti gaulliste en 1959, autant s'attacher à circonscrire l'influence communiste.

Or l'homogénéité initiale a été rompue par un triple éclatement, sociologique, territorial et politique[2]. Entre 1962 et 1995, le département a perdu les trois quarts de ses effectifs salariés dans les activités de production. Au gré des replis industriels, la déprolétarisation s'est déployée, à la mesure de la prolétarisation qui fonda les caractéristiques sociologiques du territoire. L'essor des ségrégations spatiales, accentuées à partir des années soixante-dix, a désagrégé un territoire que la grande croissance d'après-guerre avait en partie homogénéisé. Enfin, à la situation de quasi monopole communiste de la représentation politique, a succédé une phase de concurrence ouverte, moins entre la gauche et la droite (comme c'est le cas dans le Val-de-Marne), qu'entre les familles de la gauche elle-même.

En un peu plus de trois décennies, s'est donc opéré un double passage : de l'homogénéité à l'hétérogénéité ; de l'hégémonie assurée à la concurrence pour l'hégémonie. Le bastion industriel s'est effrité. Depuis le début des années 1970, le département connaît un mécanisme aux allures irrépressibles. Il est apparu comme un département de croissance démographique ralentie, de solde migratoire négatif, dont la population ne progresse lentement que grâce à un taux de natalité plus élevé et à un vieillissement moins accentué qu'ailleurs (le recul des jeunes y est moins fort et il compte moins de retraités). Il s'est présenté par ailleurs comme un département à

2. Solange Montagné Villette (sous la direction de), *Seine-Saint-Denis : les mutations*, L'Harmattan, 2004.

forte population étrangère (18,7 % en 1999, pour 11,9 %
sur le plan régional et 5,6 % sur le plan national), qui se
déprolétarise plus que les autres et même se « dépopularise »
(recul de l'ensemble ouvriers-employés), sans pour autant se
« moyenniser ». Un département globalement pauvre, qui se
développe, mais qui connaît le divorce croissant entre le type
des emplois créés (davantage consommateurs de capitaux
et de capacités) et la structure de la population active et des
qualifications. Le résultat est une hausse des postes qualifiés,
occupés par une main d'œuvre extérieure au département,
ce qui produit un faible taux d'activité interne, un éclatement des inégalités territoriales et la poussée du chômage.

Évolution ouvriers + employés de 1982 à 1999 (%)	
Sevran	0,5
Noisy-le-Sec	-1,3
Le Blanc-Mesnil	-1,8
Aubervilliers	-2,2
Bobigny	-2,5
Drancy	-2,8
Pierrefitte-sur-Seine	-3,1
La Courneuve	-3,1
Stains	-3,3
Villepinte	-4,1
Tremblay-en-France	-4,4
Pantin	-5,2
Saint-Denis	-5,7
Bagnolet	-5,8
Romainville	-5,8
Villetaneuse	-6,1
Noisy-le-Grand	-6,1
Montreuil	-7,2
Saint-Ouen	-8,1
L'Île-Saint-Denis	-11,8

Au département sociologiquement et politiquement homogène a ainsi succédé un département sans unité et de faible

identification politique. Ce département est dominé par trois grands enjeux de développement : le contraste entre trois pôles de développement périphériques (Plaine de France, Roissy, Marne-la-Vallée) et un centre en situation d'incertitude ; un réseau de transport structuré à l'ancienne, dont les dysfonctionnements obèrent le potentiel économique qu'il peut représenter ; un département sous influence croissante de Paris et qui s'insère dans une région Île-de-France dont il maîtrise peu le développement.

Les municipalités dirigées par le PC ont été particulièrement marquées par ces évolutions. Le poids du chômage y est ainsi très lourd : entre 1982 et 1999, alors qu'il a crû de 7,8 % dans l'ensemble du département, il a augmenté de plus de 10 % dans six villes communistes (Stains, La Courneuve, Bobigny, Villetaneuse, Aubervilliers, Pierrefitte). Ce n'est qu'à Tremblay que la hausse du chômage s'est trouvée inférieure à 5 %, au niveau du croît national. Tremblay est aussi la ville du département contenant le moins de RMIstes ; partout ailleurs, ce pourcentage est élevé. Douze villes qui ont été à direction communiste en 1977 sont au-dessus de la moyenne départementale et cinq d'entre elles (La Courneuve, Aubervilliers, Stains, Bobigny et Villetaneuse) passent même la barre des 10 %. Sur ce fond de précarité, les sociabilités locales, qui ont longtemps soutenu l'imprégnation communiste, se transforment à marches forcées. Les communes gérées par le PC conservent bien sûr leur ancrage populaire, mais la décroissance du total des ouvriers et des employés y est forte, souvent au-dessus de la moyenne départementale de reflux de ces catégories les plus populaires.

Quant à l'expansion de la population étrangère elle est supérieure à la moyenne départementale à Pierrefitte, La Courneuve, Stains, Bobigny, Aubervilliers, Saint-Ouen et Blanc-Mesnil, seules Saint-Denis, Tremblay et Villetaneuse présentent un recul de la part de leur population étrangère.

Le PCF séquano-dyonisien a faiblement perçu la nature des évolutions en cours et les enjeux qu'elles dessinaient. Dans l'univers communiste du « bastion », l'impression a longtemps dominé que le recul n'était que conjoncturel et que les méthodes d'hier pouvaient suffire à enclencher une nouvelle marche en avant. Alors que le PC des années soixante et soixante-dix s'efforçait plus ou moins adroitement de mobiliser des segments sociologiques nouveaux, le PC des années quatre-vingt a volontairement choisi de s'adresser d'abord à « son » électorat. Or la stratégie défensive, en matière électorale, peut ralentir les effets des grandes translations sociales ; elle ne les annule pas. Le parti communiste de la banlieue rouge s'était identifié au peuple de l'accumulation primitive urbaine, celui de la grande industrie mécanicienne et de la première croissance périurbaine. Les années soixante-dix font entrer dans une nouvelle étape de la sociabilité populaire, recomposant les classes et les territoires dans un même mouvement. Quels sont donc les contours du « peuple » qu'il s'agit d'agréger de nouveau et comment y parvenir ?

LA CONTESTATION DE L'HÉGÉMONIE

Les communistes de la Seine-Saint-Denis ont été par ailleurs pénalisés par un dispositif stratégique local et national qui a fondé longtemps l'utilité du vote communiste (le plus efficace des votes à gauche), puis s'est retourné contre le PC : c'est la logique de « l'union de la gauche », dont l'apogée se situe aux municipales de 1977 et qui, *grosso modo*, se prolonge jusqu'à aujourd'hui. Cette logique est favorable, tant qu'une force politique se situe au-dessus de la barre des 25 % ; elle ne l'est plus, ou se retourne au profit d'autres, quand ce seuil est franchi vers le bas. Dans la dernière période, on a donc assisté à un phénomène qui n'a rien de paradoxal : dans ce département populaire, le PS a été profondément touché par la crise de la gauche gouvernementale entre 1983 et 1993 ; mais il a profité de l'usure nationale et locale du PCF et, à rebours, il a usé de son statut de force nationale hégémonique à gauche. On a donc assisté, sans surprise, à une irrégulière mais continue avancée du vote socialiste.

Dans la dernière décennie, se sont ainsi conjugués deux phénomènes qui, au final, ont précipité le déclin d'un communisme départemental profondément divisé depuis le milieu des années quatre-vingt. Des maires ont pris leur distance avec le « centre », à Montreuil, Saint-Denis, Pantin, Aubervilliers, Saint-Denis, Tremblay, Sevran ou Saint-Ouen. Sur le terrain de l'union de la gauche, le PC se trouve largement devancé par l'allié et rival socialiste, sauf dans les scrutins municipaux, où la capacité des socialistes à supplanter les équipes en place s'avère réelle (Pantin en 2001, Aubervilliers en 2008) mais limitée. Les scrutins présidentiels ordonnent le mouvement général : entre 1995 et 2002, le PCF perd plus de la moitié de son influence dans le département, alors que le PS progresse d'un quart de son niveau antérieur ; entre 2002 et 2007, le PC perd à nouveau un peu moins de la moitié de son score de 2002, tandis que Ségolène Royal réalise dans le département sa meilleure progression de toute l'Île-de-France.

Les législatives renforcent les évolutions définies par les présidentielles. Le gouffre qui sépare communistes et socia-

Écarts législatifs PC-PS en Seine-Saint-Denis	
juin-1968	31,7
mars-1973	26
mars-1978	18,5
juin-1981	5,8
mars-1986	-10,5
juin-1988	2,3
mars-1993	7,3
juin-1997	0,5
juin-2002	-6,5
juin-2007	-12,6

listes dans les années soixante se résorbe rapidement après 1973. Les élections de 1986 placent pour la première fois les socialistes en tête : le PS récupère pratiquement son score exceptionnel de 1981, tandis que le PCF, cette fois pénalisé par le mode de scrutin proportionnel, perd la moitié de son influence. Le rétablissement de la règle majoritaire replace le PC en tête, de justesse, en 1988, puis les communistes creusent à nouveau l'écart en 1993, profitant de l'essoufflement national du PS des dernières années mitterrandiennes. Rémission de courte durée : dès 1997, les socialistes ont redressé la barre et ils se remettent à distancer leurs rivaux de gauche, en juin 2002 et en juin 2007, dans des proportions identiques pour les deux scrutins.

À la concurrence socialiste, s'ajoute, dans les années 1990, celle de l'extrême gauche et, dans une moindre mesure, de l'écologie politique. La seconde est réelle mais cantonnée, dans ses scores et son incidence géographique. Les écologistes progressent essentiellement au début des années 2000, et notamment à l'Ile-Saint-Denis et à Pantin (où, directement ou indirectement, ils contribuent à faire perdre la mairie aux communistes en 2001), ainsi qu'à Montreuil, Pierrefitte, Sevran et Tremblay. En revanche, les Verts marquent le pas à Saint-Denis, Bobigny et Villetaneuse. Au total, les Verts se situent depuis le milieu des années 1990 dans une fourchette de 3,5 % à 9,5 %. Cela ne leur assure pas une position centrale, mais leur confère le statut d'une force d'appoint, dans la constitution de majorités à gauche.

Le vote d'extrême-gauche en Seine-Saint-Denis	
Présidentielle 1995	5,8 %
Municipales 1995	0,0 %
Législatives 1997	3,9 %
Cantonales 1998	0,4 %
Régionales 1998	6,8 %
Cantonales 2001	3,2 %
Municipales 2001	3,3 %
Présidentielle 2002	9,8 %
Législatives 2002	2,7 %
Cantonales 2004	3,5 %
Régionales 2004	5,7 %
Europénnes 2004	3,8 %
Présidentielle 2007	6,8 %
Législatives 2007	4,3 %

Plus perturbante encore est la concurrence de l'extrême gauche. Elle fait une première percée avec le score d'Arlette Laguiller à la présidentielle de 1995 et, surtout, s'installe dans le paysage départemental à partir de la fin des années 1990, sur la base des déboires de la « gauche plurielle ». Les régionales de 1998, puis la présidentielle de 2002 l'ancrent un peu plus, au détriment du PCF. Aux régionales de 1998, l'extrême gauche trotskyste dépasse les 8 % dans six villes communistes (Aubervilliers, La Courneuve, L'Ile-Saint-Denis, Romainville, Montreuil et Villetaneuse) ; en 2004, malgré la concurrence de la liste Euro-Palestine, elle dépasse encore les 7 % à Saint-Denis, Saint-Ouen, La Courneuve et Aubervilliers. Lors de la présidentielle de 2002, c'est dans l'espace traditionnellement alloué aux communistes que l'extrême gauche obtient ses meilleurs résultats, jamais inférieurs à 8 % ; en 2007, l'extrême gauche ne retrouve bien sûr pas ses scores de 2002, mais tous ses meilleurs résultats se comptent dans les villes communistes, Saint-Denis, Montreuil, Saint-Ouen, Tremblay, Villetaneuse et Bobigny. À l'élection présidentielle de 2002, Robert Hue avait devancé de justesse Arlette Laguiller ; en avril 2007, la secrétaire nationale du PCF est devancée par Olivier Besancenot. Depuis une dizaine d'années, en tout cas, les élections nationales placent l'extrême gauche départementale dans une fourchette de 2,7 % à 9,8 %.

La force de l'implantation départementale s'appuyait sur l'existence d'un communisme municipal bien rôdé, qui assumait en même temps des fonctions de régulation sociale et de représentation politique. Or les années 1980-1990 ont été celles de la déstructuration maximale de cet édifice communal.

Au début du nouveau siècle, les configurations sociodémographiques mettent en évidence trois types de villes communistes. Les villes à forte poussée des catégories intermédiaires (Montreuil, Saint-Ouen, Bagnolet) sont en même temps celles où le recul des catégories populaires d'ouvriers et d'employés est la plus forte (notamment Montreuil et Saint-Ouen). Mais la caractéristique générale du département (la fragilisation des couches populaires) se traduit par le maintien dans ces villes (surtout Montreuil et Bagnolet) d'une plage importante de pauvreté que ne réduit pas le départ des catégories plus démunies (Montreuil et Bagnolet ont une forte baisse de leur population entre 1982 et 1999). Plutôt que de villes en voie d'enrichissement, il vaut mieux parler de villes en mutations accélérées et sociologiquement clivées ou polarisées (pauvres et riches), comme le sont en particulier Montreuil et Saint-Denis.

Les villes pauvres à appauvrissement accentué comptent dans leurs rangs La Courneuve, Bobigny, Villetaneuse, Aubervilliers et Pierrefitte. L'évolution, qui renforce le côté populaire de certaines villes (Sevran voit se renforcer le poids de l'ensemble ouvriers et employés ; Blanc-Mesnil, Aubervilliers, Bobigny les voient reculer moins qu'ailleurs), ne donne pourtant pas des profils sociodémographiques parfaitement équivalents. Par exemple, Pierrefitte et Villetaneuse sont toutes deux des villes dont la population augmente et s'appauvrit ; mais le nombre des étrangers recule à Villetaneuse et augmente fortement à Pierrefitte, ce qui peut modifier les perceptions d'une situation sociale équivalente.

Enfin, Tremblay-en-France constitue à elle seule une catégorie à part. Bien que le niveau moyen de richesse de ses habitants soit nettement au-dessous des zones privilégiées de Paris et de l'Ouest francilien, Tremblay apparaît ouvertement comme une ville en développement à la fois démographique et économico-social.

Au final, si le PCF séquano-dyonisien conserve une assise non négligeable, son dispositif départemental se trouve fragilisé, au-delà même de la perte du Conseil général qu'il détenait en continu depuis 1967. L'entrée de nombreuses villes communistes dans la zone incertaine des 20-30 % de suffrages exprimés aux élections cantonales les met dans la situation où le vote utile à gauche tend à se déplacer. Les élections municipales de 1983 ont écorné une première fois le capital municipal du PCF, mais plutôt à la périphérie départementale, souvent dans des communes de conquête récente, arrachées à la droite dans les années soixante et soixante-dix. En 2001, avec Drancy et Pantin notamment, c'est le centre historique de la Seine-banlieue qui se voit remis en cause et, cette fois, la concurrence vient aussi bien de la droite que des socialistes, surclassés depuis la création du département. Une troisième fois, en mars 2008, la chute de Montreuil et d'Aubervilliers fragilise le secteur le plus convoité, celui des communes soumises directement à l'attraction parisienne. En deux consultations municipales, le PCF a perdu six villes, soit par l'effet de ses divisions internes (Romainville), soit sous la pression de coalitions plus ou moins nettes venant de la gauche, sous direction socialiste (Pantin, Aubervilliers, Pierrefitte) ou sous hégémonie des verts (Ile-Saint-Denis et Montreuil).

PC-PS : le vote cantonal en Seine-Saint-Denis		
Cantonales	PCF	PS
1982	37,2	26,2
1985	24,7	20,2
1988	36,8	24,9
1992	18,5	14,6
1994	27,3	18,9
1998	18,4	22,3
2001	21,5	21,3
2004	14,4	28,0
2008	24,0	24,9

Depuis 1981, le PCF voit se combiner la désagrégation progressive de son noyau électoral et la montée des concurrences qui érode peu à peu ses franges et, à terme, déstabilise le noyau lui-même. Jusqu'au début des années 1990, le PCF maintient son écart avec le PS sur le plan cantonal et, en 1988, il parvient même à le creuser un peu plus qu'il ne

L'équilibre municipal en Seine-Saint-Denis (nombre de municipalités)					La composition du Conseil général (nombre de conseillers généraux)				
	PCF	PS	Droite	Verts		PCF	PS	Droite	Verts
1971	22	6	12						
1977	27	6	7						
					1982	25	6	9	
1983	20	6	14		1985	21	7	12	
					1988	21	7	12	
1989	19	6	15		1992	21	7	12	
					1994	21	7	12	
1995	18	10	12		1998	22	9	9	
2001	13	8	17	1	2001	20	9	10	1
					2004	15	14	10	1
2008	11	11	16	2	2008	13	17	10	

l'avait fait six ans auparavant. Cette année-là, les communistes retrouvent presque leur pourcentage cantonal de 1982, ce qui conforte l'espoir d'une relance. Il est aussitôt déçu dans les scrutins suivants : en 1992, le PCF recule de 6,2 % et de près de 10 % en 1994. En 1998, pour la première fois, dans un contexte médiocre pour la gauche dans son ensemble, les socialistes distancent leurs partenaires de la gauche plurielles, puis creusent l'écart en 2004. La série cantonale de 2008, comme celle de 2001, est relativement équilibrée pour les deux grandes forces de gauche du département. Mais la dynamique est du côté socialiste : si le sort de la Présidence se joue de justesse, dans deux cantons de Saint-Denis et de Montreuil, le succès socialiste est pour une large part ancré dans l'évolution longue des rapports des forces à gauche. Les efforts d'aménagement entrepris autour du Conseil général et dans les municipalités, pour casser l'image négative du département, n'ont pas pu inverser une mécanique bien rôdée.

Au bout du compte, la résistance de l'implantation communiste a été meilleure dans le Val-de-Marne que dans la Seine-Saint-Denis. Dès le départ, le Val-de-Marne s'avère partagé entre la droite et la gauche, le communisme bien installé dans les anciennes communes industrielles du département de la Seine et le gaullisme plus à l'aise dans les communes

Les municipalités communistes de la Seine-Saint-Denis et du Val-de-Marne				
	1977		2008	
	Seine-Saint-Denis	Val-de-Marne	Seine-Saint-Denis	Val-de-Marne
Nombre	27	17	11	12
Population administrée	1 048 249	575 963	442 683	437 549
Part dans la population départementale	79,3 %	47,4 %	32,0 %	35,7 %

favorisées du nord-est et dans les confins en expansion. Dans ce territoire où gauche et droite s'équilibrent, le PC, qui n'a jamais été hégémonique (moins de la moitié de la population administrée par un maire communiste en 1977), maintient *grosso modo* ses positions : la population administrée fléchit de 47 % à 36 % et, sur les cinq villes perdues entre 1977 et 2008, deux (Arcueil et Orly) l'ont été du fait des dissidences et non d'une défaite électorale face à la droite ou au PS. Dans la Seine-Saint-Denis, au contraire, le reflux est massif, en nombre de mairies contrôlées et en effectifs de population administrée. En 1977, le PCF gère 27 communes et près de 80 % de la population départementale ; en 2008, les chiffres sont de 11 mairies communistes (dont Villepinte, reconquise par une « apparentée ») et de 32 % de population administrée.

DÉCRYPTAGE.
LA CLASSE, LA GAUCHE,
LE PARTI

À la Libération, devenu le « premier parti de France », le PCF frôle la barre des 30 % des suffrages exprimés et, sans retrouver jamais ce niveau exceptionnel, il est la force de référence à gauche, positivement ou négativement, jusqu'à la fin des années soixante-dix. L'âge d'or est définitivement clos en 1981. Si l'on observe la moyenne obtenue par les communistes, quel que soit le type d'élection, ils mettent trois décennies pour reculer de 25 % à 20 %, deux décennies pour passer de 20 % à 15 % et une décennie, chaque fois, pour passer de 15 % à 10 %, puis de 10 % à 5 %.

Moyennes des suffrages exprimés obtenus par le PCF	
1945-1958	25,2
1959-1978	20,3
1979-1988	14,1
1989-1998	9,4
1999-2008	5,7

Sans doute la moyenne cache-t-elle des mouvements complexes et des variations territoriales qui méritent une attention extrême. Le recul s'interrompt même à deux reprises, dans les années soixante et, dans une moindre mesure, au milieu des années quatre-vingt-dix. Mais la tendance générale est bien là, au déclin. Un déclin, au demeurant, qui affecte la gauche dans son ensemble...

Il est des moments où le PCF stagne ou s'affaisse, alors que la gauche globalement progresse : c'est le cas entre 1951 et 1956, entre 1973 et 1981 ou entre 2002 et 2007. En

Le PCF et la gauche (1936-2007)

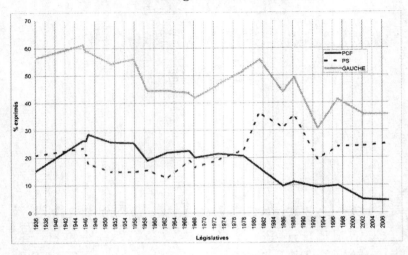

général, le Parti socialiste bénéficie de ce chassé-croisé. Dans d'autres périodes – plus rares il est vrai – le PCF bénéficie du flottement de la gauche non-communiste, par exemple dans la seconde moitié de l'année 1946, ou au tout début des années soixante. Il reste que, en longue durée, la courbe du vote communiste et celle du vote de gauche enregistrent les mêmes évolutions générales, dans le sens du recul. Depuis la fin des années soixante-dix, le vote de gauche inclut pourtant une composante écologiste non négligeable et, dans la dernière période, une poussée du vote d'extrême gauche. Mais leur émergence ne marque pas toutes les élections dans les mêmes proportions (elle est plus affirmée en scrutin présidentiel ou européen, qu'en scrutin législatif ou cantonal) et, en tout état de cause, elle ne compense pas jusqu'à ce jour le recul généralisé du communisme français.

Il y a donc, au fond, deux formes « d'exceptionnalité française » qu'il faut décrypter : celle qui a fait du PCF l'un des rares partis communistes solidement implantés dans le monde occidental ; celle qui le voit décliner, comme inexorablement, sans que sa disparition soit acquise et, surtout, sans que sa place soit si aisément occupée par d'autres forces, capables d'assurer les fonctions qui furent les siennes naguère.

LES BASES D'UNE IMPLANTATION

On a décrit, dans le chapitre sur « la France communiste », la manière dont le PCF s'est glissé dans des microsociétés spécifiques, et notamment dans les espaces bouleversés, au début du XXᵉ siècle, par la double expansion de l'industrie mécanicienne et de l'urbanisation moderne. Il en est résulté une imprégnation si forte que, bon gré mal gré, l'expérience ouvrière et le fait communiste se sont entremêlés pendant quelques décennies. L'ancrage sociologique n'a néanmoins pas suffi pour installer durablement et visiblement le communisme en terre française.

Il y a plus d'un quart de siècle, le démographe Hervé Le Bras et l'anthropologue politique Emmanuel Todd faisaient remarquer, dans un ouvrage stimulant et provocant intitulé *L'Invention de la France*, que la carte départementale de la population occupée dans l'industrie et celle du vote communiste ne se recoupaient que très imparfaitement. Ils en déduisaient, un peu hâtivement, que l'image du « parti de la classe ouvrière » relevait plus du « fantasme sociologique » que de la réalité. Leur conclusion était, bien sûr, exagérée.[1] Ce qui n'apparaît pas à l'échelle départementale s'observe à celle de territoires moins étendus. L'étude plus fine (le bassin d'emploi, la localité, le quartier...) a montré le lien solide qui s'établit, dès les années vingt, entre « l'habitus » ouvrier et la représentation communiste. En outre, historiens et sociologues ont cerné avec plus de précision la manière dont le communisme s'est attiré la sympathie de communautés prolétaires, stimulée par des « groupes inducteurs »[2] et organisée par la triple matrice d'insertion que constituèrent, pour le PCF, le syndicalisme, l'association et l'action municipale. Le représentant du personnel, le responsable d'association et l'élu territorial : trois figures qui ont permis l'accoutumance au communiste dans les espaces les plus populaires alors en expansion.

Mais si Le Bras et Todd mordaient le trait, ils disaient à leur manière qu'il ne fallait pas réduire l'explication du phénomène communiste à une construction purement sociologique. Dans la quasi-totalité du monde occidental, la croissance ouvrière ne produit pas de la radicalité communiste, mais une hégémonie social-démocrate que ni la Grande guerre ni le choc des révolutions de 1917-1923 ne parviennent à écorner ;

---

1. Une critique de la méthode de Le Bras et Todd : Hugues Lagrange et Sébastien Roché, « Types familiaux et géographie politique en France », *Revue Française de Science Politique*, numéro 6, décembre 1988.

2. C'est le sociologue Michel Simon qui, en 1964, a suggéré cette formule pour désigner les groupes sociaux qui servent de relais actifs à l'implantation du communisme dans des sociétés locales (« Les attitudes politiques ouvrières dans le département du Nord », *Cahiers internationaux de sociologie*, vol. 36, 1964).

en France, elle nourrit « l'explosion » du communisme politique entre 1934 et 1945. Au fond, nos deux chercheurs du
début des années quatre-vingt ne faisaient que redire à leur
manière ce que François Goguel remarquait dès les années
1950 : la carte du communisme politique se recoupe moins
facilement avec des cartes sociologiques qu'avec des cartes
proprement politiques.[3] S'il est une représentation départementale qui évoque le plus fidèlement l'ossature territoriale
du vote communiste, c'est moins celle des effectifs prolétariens que celle... des sociétés populaires en 1793-1794. Dans
une superbe étude sur *La découverte de la politique*,[4] Michel
Vovelle retrace patiemment la trame du militantisme plébéien, sans-culotte et jacobin, qui s'épanouit dans la période
du « Gouvernement révolutionnaire ». Or les cartes qu'il
nous livre ressemblent étonnamment, à quelques exceptions
près, à celle qui, de 1924 à nos jours, dessine la trame du vote
communiste en continu, même si les couleurs de remplissage
se sont singulièrement affadies.

En fait, le succès de l'insertion communiste en terre française s'explique, non par le jeu d'une seule cause, mais par
un entrelacs d'activités concrètes dont la jonction finit par
« faire système ». L'irruption du communisme français (voir
chapitre sur « La France communiste à l'apogée ») a été favo-
risée par la cristallisation de trois évolutions : l'accélération
des mutations sociales de la seconde révolution industrielle,
les effets de l'urbanisation sur la sociabilité populaire et la
crise de l'idée républicaine. Si cette irruption a pu se stabiliser, c'est parce que le communisme français a pu répondre à
trois grands types d'attentes collectives, bases d'identification
politique dans la longue durée.

La première, incontestablement, est une demande sociale.
La grande croissance qui sous-tend l'expansion industrielle
depuis 1896 a élargi les effectifs ouvriers et bouleversé les
conditions de reproduction de la classe. Les ouvriers de
l'après-guerre ne sont plus tout à fait, ni ceux de juin 1848,
ni même ceux du « socialisme des métiers » du dernier tiers
du XIXe siècle. En renforçant leurs rangs, les ouvriers ont peu
à peu consolidé leur identification collective. Dans tout l'espace européen, se sont combinées des modalités différentes
au travers desquelles le groupe ouvrier a cherché à imposer

3. Voir aussi Maurice Agulhon, « Le PCF et la tradition politique française »,
in « Penser le communisme français », *Communisme*, n° 45-46, 1996.

4. Michel Vovelle, *La découverte de la politique. Géopolitique de la Révolution française*, La Découverte, Paris, 1993.

sa reconnaissance, dans des sociétés qui n'étaient pas prêtes à reconnaître sa place. La création d'institutions proprement ouvrières, de l'association d'entraide au syndicat, en passant par la coopérative et l'éducation populaire, a été ainsi une manière d'exprimer, aux yeux de tous, la force de l'en-commun prolétaire. Le combat pour la reconnaissance des droits spécifiques du travail, du droit de coalition jusqu'au droit de suffrage et à la liberté d'association politique, a été une autre facette, qui a contribué à souder un authentique mouvement ouvrier. Le mariage de la république sociale et de la révolution a été enfin un troisième moteur pour l'affirmation de soi du monde ouvrier.

Dans l'Europe du Nord-Ouest et en Scandinavie, les deux premières pistes ont, plus fortement que les autres, accompagné l'émergence et la structuration du mouvement ouvrier. À leur manière, en apparence divergente, le travaillisme anglais, la social-démocratie allemande et le syndicalisme révolutionnaire latin ont travaillé à la mise en place d'organisations, politiques ou non, qui ont installé l'espace ouvrier dans sa fierté, mais aussi dans une certaine clôture à l'égard des autres mondes sociaux. Là, le « nous » des ouvriers s'oppose à tous les autres, réunis dans un « eux » indistinct. La France, elle, a vu plutôt se combiner, en concurrence ou en coopération, les deux autres pistes capables de rassembler en une force convergente les strates dispersées de l'existence ouvrière. En fait, le xixe siècle a tissé les liens d'une synergie unissant le monde ouvrier et la République, la gauche et le mouvement ouvrier. Cette liaison historique n'est pas allée d'elle-même car la République et le peuple ouvrier ont eu du mal à se reconnaître l'une l'autre. Les barricades de juin 1848, la « trahison » des républicains bourgeois et des premiers socialistes, puis l'écrasement de la Commune ont creusé des gouffres, élargis plus encore par la difficulté de nombre de républicains à comprendre que la loi générale ne suffisait pas à régler les problèmes douloureux de la question ouvrière et qu'il fallait en passer par un droit social spécifique.

Au bout du compte, le dernier tiers du xixe siècle français a renoué les liens que la période 1848-1871 avaient distendus. Il ne l'a pas fait complètement : le syndicalisme révolutionnaire, un temps dominant dans la CGT, se distingue et parfois s'oppose au socialisme parlementaire, empêchant en France la formation du grand parti ouvrier que connaissent bien d'autres pays d'Europe occidentale. Mais la rencontre se fait, de façon large, entre socialisme et République. La République pérennise le suffrage universel masculin et installe la démocratie municipale : les bases sont ainsi créées d'une politisation populaire inédite. La mouvance républicaine se radicalise, et une frange même de la République se rallie au socialisme, à l'instar de Jean Jaurès. L'évolution n'a rien d'irénique : le radical Clémenceau finit par sombrer dans la frénésie antisyndicale, tandis que le syndicalisme révolutionnaire, tenté par l'anarchisme, conspue la République des bourgeois. Mais, bon an mal an, se met en place ce que le philosophe et dirigeant communiste italien Antonio Gramsci appellera plus tard un « bloc jacobin » : une alliance, autour du thème de l'égalité républicaine, des classes populaires et des couches moyennes. Sans doute, se noue-t-elle sur la base d'une dominante du second groupe, dans l'exaltation de la petite et moyenne propriété, « fruit du travail et de l'épargne ». Fût-elle déséquilibrée, l'alliance assure toutefois au monde ouvrier l'accès à une relative amélioration de ses conditions et à une première étape vers la reconnaissance et la fierté.

On a vu que la guerre de 1914-1918 et ses lendemains modifient les équilibres, au détriment du vécu populaire. Le poids de la guerre et les désillusions de la paix relancent l'amertume d'une classe ouvrière dans laquelle de nouvelles figures centrales s'imposent peu à peu, et notamment celle du « métallo » de la grande entreprise mécanicienne. Rien ne disait par avance que le socialisme « maintenu » serait inapte à intégrer la donne nouvelle et à gagner la sympathie des couches ouvrières nouvelles, comme ont su le faire ses voisins réformistes, en Angleterre, en Allemagne, en Belgique, en Suède, en Norvège ou en Autriche. Mais la SFIO qui refuse en 1920 le modèle russe est pénalisée doublement : ses cadres intellectuels et parlementaires peinent à saisir de l'intérieur les demandes des jeunes générations ouvrières ; le réformisme assumé du socialisme ouest-européen a du mal à s'adapter à une culture française toujours fortement nourrie du souvenir révolutionnaire. Presque partout en Europe, la radicalisation de l'immédiat après-guerre s'est essoufflée en quelques années, laissant la place aux pratiques plus tempérées de social-démocraties associées au pouvoir. En France, la radicalité sociale continue de trouver un écho dans le souvenir de la grande impulsion historique des sans-culottes et des jacobins. Jusqu'en 1936, la SFIO louvoie, récuse l'aventure « maximaliste » et continue pourtant de se réclamer de l'idée révolutionnaire et de la « dictature du prolétariat ». Mais, sur ce terrain, elle se trouve durement concurrencée par les jeunes du Parti communiste français.

Ceux-là, de génération plus récente et plus éloignés des prudences du socialisme parlementaire, savent très vite exprimer la demande conjointe des abandonnés de la croissance (les « mal-lotis ») et des secteurs liés directement à l'industrie la plus moderne, celle que l'après-guerre voue à la « taylorisation ». On en a rappelé plus haut les cheminements, dans une multitude d'expériences singulières qui permettent de parler « des » communismes au pluriel, mais qui sont unifiées par un discours combatif nourri de la grande espérance des lendemains qui chantent. Peu ou prou, les communistes sont alors les mieux à même de marier la parole qui « dit » l'existence ouvrière, dans sa dureté et sa fierté, et les images exaltant ce que devrait être une cité moderne, ne reléguant pas le travail à ses portes, mais le reconnaissant dans sa dignité et ses droits. Dans les images qu'ils véhiculent, se mêlent à tout moment le passé et le présent, la Grande révolution de 1789 et l'Octobre russe. Dans les toutes premières années, la rhétorique de la grande rupture soviétiste suffit à faire la jonction de l'expérience des luttes et de l'espérance sociale. Le communisme français, à sa manière, commence à réaliser, avant tout dans les périphéries urbaines, ce que réussit d'une tout autre façon la social-démocratie de l'Europe du Nord : affirmer dans l'espace politique, de façon autonome, l'exigence des nouveaux plébéiens.

Socialement implantés et identifiés, et totalement immergés dans une variante ancienne de la tradition révolutionnaire... La double fonction sociale et politique assure dès le début une certaine implantation aux nouveaux communistes français. Cette « primo-implantation » se retrouve à la fois dans la carte législative de 1924 (où le PCF se coule aussitôt dans la trace du vieux courant révolutionnaire plébéien) et dans les ébauches de l'implantation locale, amorcées dès les municipales de 1925. Le communisme « parle » immédiatement aux populations ségréguées de l'Est parisien, aux isolats ouvriers de la France industrielle, comme aux catégories multiples et délaissées d'une banlieue très vite colorée par le rouge. Tant que le PCF s'en tient aux deux registres de la représentation du groupe et de l'utopie sociale, il acquiert la confiance quasi indéfectible d'une partie du monde ouvrier. Mais il peut, dans certaines conjonctures, se fragiliser dans une autre partie de ce même monde ouvrier et il ne parvient guère à aller au-delà de son noyau prolétarien fondateur. Il est vrai que même les sectarismes de la période « classe contre classe » ne lui aliènent pas les blocs ouvriers de la mine et de l'acier, aux législatives de 1932. Sa progression n'en est pas moins freinée et une part du monde du labeur finit, face à la crise et au danger des grandes aventures réactionnaires, par préférer, malgré tout, les petits pas en avant des « sociaux-traîtres » aux lendemains prometteurs des « purs » révolutionnaires.

C'est quand le PCF se met à assumer une troisième fonction qu'il parvient à passer de l'archipel des implantations locales à l'enracinement national. Depuis la Révolution elle-même, l'aile gauche de la République est en permanence tiraillée entre deux tentations. On trouve certes, à gauche, la polarité très ancienne qui sépare la passion révolutionnaire et la tentation du compromis, le désir de la rupture et le sens de l'adaptation, les « réformistes » et les « révolutionnaires ». Mais, à l'intérieur même du désir de rupture sociale, qui fonde le parti pris de la gauche la plus à gauche, coexistent et s'affrontent parfois les tenants de l'unité révolutionnaire et ceux qui préfèrent faire la différence entre le « vrai » révolutionnaire et le « tiède ». Sans doute la frontière n'est-elle pas rectiligne entre l'une ou l'autre des sensibilités, et tel ou tel courant, comme tel ou tel individu, peut être enclin alternativement à l'une ou l'autre de ces tentations. Entre 1927 et 1934, en plein cœur de la ligne internationale « classe contre classe », le communisme est plutôt attiré par le souci de la distinction et par la priorité accordée à la dénonciation du « réformiste », du « social-traître », voire du « social-fasciste ».

À partir de 1934, la tonalité change. Peu importe, ici, de disserter sur la part respective de l'Internationale et du groupe dirigeant français dans la translation. Ce qui compte est que le PCF infléchit son discours. Il continue d'exalter la culture révolutionnaire et désigne en pointant le doigt vers l'est, vers la Russie des soviets, le contour mythifié d'une autre société possible. Mais il fait désormais, du rassemblement de la gauche et des démocrates, le pivot d'une alliance qui, à ses yeux, doit en même temps porter en avant la réforme sociale et sauver la République face aux menaces du fascisme européen. Jusqu'en 1934, les communistes célébraient le souvenir révolutionnaire et fustigeaient les révolutionnaires bourgeois. Par la suite, comme les radicaux de la grande époque, ils se mettent à défendre la révolution française « en bloc ». La dissidence communiste (celle des trotskystes honnis) peut dénoncer un glissement stratégique qui lui paraît constituer un pas supplémentaire vers un « Thermidor » fermant la porte de l'impulsion révolutionnaire. Ces oppositions, meurtries par la dérive stalinienne du mouvement communiste, ne voient pas que, par ce réinvestissement de la vieille culture révolutionnaire, le PCF du Front populaire continue d'occuper le champ de la rupture, mais dans un dispositif qui, au lieu d'extérioriser le mouvement ouvrier, s'attache à le réinsérer dans une dynamique qui le déborde.

L'ouvrier exalté dans son identité, mais non séparé... Par ce déplacement stratégique (de « classe contre classe » au

« front populaire ») et par cette rupture culturelle (de l'extériorité prolétarienne à l'intériorité plébéienne), les communistes installent sans le savoir les bases d'un nouveau « bloc jacobin », unissant les classes populaires de l'industrie et les couches moyennes de la ruralité, du commerce et de la fonction publique. Comme toujours, c'est une sorte de compromis social qui soude le bloc : dans les années trente et quarante, il s'appuie sur une extension sans précédent de l'État redistributeur et protecteur. Dans cette variante de compromis, une place symbolique et politique plus grande est ainsi accordée à la composante la plus populaire, de matrice ouvrière. L'ouvrier moderne, fier de lui-même, entre par la grande porte dans l'imaginaire national. Dans l'espace proprement politique, ce déplacement symbolique vers le monde industriel s'identifie à l'expansion communiste, permettant au jeune PCF de réunir deux fonctions jusqu'alors dissociées : il est à la gauche de la gauche et il s'affirme comme le représentant d'une classe enfin reconnue et stabilisée dans ses statuts et ses droits juridiques.

L'attraction électorale, qui pousse vers une force plutôt que vers une autre, est un phénomène complexe où s'entremêlent toujours des traits d'identification sociale, des grandes représentations du monde et de la société, religieuses, éthiques ou plus proprement politiques, et une certaine perception de ce qui est politiquement utile. Quand les trois dimensions fonctionnent ensemble, l'attraction électorale est maximale. Dès les années vingt, le PCF cristallise sur lui les deux premières ; entre 1934 et 1945, par le prisme du combat antifasciste puis de l'action résistante, il y ajoute la troisième. Dans la région parisienne, le plus fort de la synergie s'observe en 1936. Ailleurs, c'est 1945 qui marque le grand basculement : à cette date, le vote communiste apparaît comme le mieux défini par son ancrage populaire, comme le plus capable de prolonger la tradition révolutionnaire-démocratique des plébéiens et comme le mieux à même d'infléchir vers la gauche le vieux « parti républicain ».

Dans l'implantation originelle, la dimension sociale identitaire est dominante ; le vote est solide, moins dépendant de la conjoncture, mais limité dans son expansion, y compris dans le monde ouvrier. Quand la dimension sociale se double d'une dimension proprement politique, le vote s'élargit : il s'étend à la majorité de la classe et déborde en dehors d'elle. Le succès électoral suit la légitimation nationale d'une force et, en retour, il en pérennise la légitimité. Les électeurs dispersés s'agrègent autour d'un noyau ; la masse des suffrages rassemblés par le PCF à quatre reprises, en 1945 et 1946, devient un électorat. Bien sûr, ce réservoir électoral se mobilise plus ou moins, selon l'élection, la nature et l'intensité des conflits sous-jacents. Mais, sur la durée, il se mobilise. Entre 1945 et 1969, on constate qu'il résiste plutôt mieux dans les zones de fort vote communiste, dans les moments où le vote communiste fléchit nationalement ; au contraire, en phase de reprise, il s'accroît d'autant plus vite que le niveau de départ est plus modeste. Globalement, l'essentiel est qu'il se reproduit à peu près. On peut alors parler d'un « électorat communiste ». Il est activé, à chaque élection, par un réseau serré d'organisations : directement, par celles du parti lui-même ; directement ou indirectement par le syndicat et par la galaxie des organisations de masse. Un travail militant soutenu le mobilise ; une culture politique le structure, suffisamment dense et reproductible pour que l'on puisse parler, à l'instar de Pierre Fougeyrolas, d'une « conscience communiste ».

L'ESSOUFFLEMENT DU MODÈLE

À partir de 1934, les communistes se déplacent symboliquement, de la sans-culotterie radicale d'Hébert vers le jacobinisme populaire et gouvernemental de Robespierre, de « l'Exagéré » intuitif vers le jacobin discipliné des sociétés populaires. Chemin périlleux que celui de cette adaptation thorézienne... Difficile d'affirmer qu'elle pousse vers ce réformisme que dénoncent les disciples de Léon Trotski : le PCF refusera toujours, avec constance, de sacrifier le but (la prise du pouvoir) au moyen (l'intégration dans les institutions). Chaque fois que, pour le meilleur ou pour le pire, il faudra choisir entre l'influence immédiate et le respect de « l'identité », le PCF choisira le second terme. Pourtant, si l'évolution jacobine ne tire pas le parti vers les rivages du réformisme, elle le pousse vers un discours général de l'ordre et de la conformité. En France comme en URSS, le respect de l'autorité est présenté comme la seule manière de passer de l'infantilisme brouillon du « gauchisme » à la maturité d'un mouvement ouvrier enfin devenu adulte. Autorité démocratique, mais autorité valorisée comme telle, selon un modèle somme toute familial. Par là, Le Bras et Todd n'ont pas tort, quand ils soulignent que le communisme s'implante plutôt dans les terres qui furent autrefois celle de la famille communautaire du Centre et du Sud-ouest. Le modèle s'écarte de celui, davantage hiérarchique et contraignant de la « famille-souche » de l'Est et de l'Ouest, mais il contribue à renforcer les mentalités populaires contraintes, par la dureté des temps, à faire primer le collectif structuré sur l'individu qui ne peut rien sans le collectif qui l'enserre et le protège. Le beau film de Jean Renoir, *La Marseillaise*, illustre à merveille ce glissement culturel. On y exalte bien sûr la Grande Révolution, la générosité et la créativité populaires, le sens plébéien du bien commun et de la solidarité. Mais les révolutionnaires que l'on encense ne sont pas des braillards et des trublions : ils sont des femmes et des hommes d'ordre, qui donnent leur point de vue, mais se confient volontiers aux « bons » représentants. L'immersion totale dans la culture jacobine, renouvelée par la superposition de la France révolutionnaire et de la Révolution d'Octobre, assure au PCF son implantation définitive et son extension dans des territoires qui lui restaient rebelles avant 1939.

Or cette culture, encore largement créative entre 1934 et 1939, est aussi un univers de la reproduction à l'identique, où les bons et les méchants, les amis et les ennemis sont toujours les mêmes, siècle après siècle. Le jeu de la reproduction finit par enserrer le PCF, malgré qu'il en ait, dans une propension à l'immobilité. À tout le moins, il l'enferme dans la peur d'un mouvement dont ses dirigeants redoutent qu'il ne remette en cause les équilibres patiemment tissés dans les années de fondation. Pour une part, le ver est dans le fruit : le bon sens, la discipline, la continuation patiente de ce « que l'on sait faire » sont placés plus haut que tout ; sont dénoncés au contraire, comme des pièges de l'adversaire de classe, les appels à l'évolution ou à la modernisation. En 1955, Thorez en tête, le parti se raidit sur les thèses de la « paupérisation absolue » : malgré ce qu'affirme une partie de la gauche, notamment celle qui se regroupe en 1954-1955 autour de Pierre Mendès France, la condition ouvrière ne s'améliore pas, répète à l'envie le groupe dirigeant. L'ouvrier s'appauvrit, car si ce n'était pas le cas, seraient justifiées les thèses de ceux qui, en bons réformistes, prétendent améliorer les choses en se coulant dans les mécanismes du « système »...

Jusqu'aux années soixante, une telle immobilité relative n'obère que faiblement la dynamique électorale. En réalité, le PCF n'a pas de concurrent qui puisse lui disputer sérieusement le terrain. La SFIO a trop fait corps avec la Quatrième république et ses guerres coloniales pour ne pas en payer les frais. La « seconde gauche » des dissidences socialistes (PSA, puis PSU) ne sait pas convertir en votes la sympathie qu'elle recueille, notamment dans la jeunesse intellectuelle et les nouvelles couches salariées. Quant à l'extrême gauche trotskiste, vilipendée par les communistes du PCF, physiquement menacée et bousculée, elle ne peut plus agir qu'à la marge, soit intellectuelle, soit associative, notamment sous la forme de quelques lambeaux syndicaux, largement dépendants de la SFIO au demeurant.

Tout se met à bouger avec les années soixante, en deux temps. La première phase correspond aux années de croissance accélérée des « trente glorieuses », avec l'essor des industries de biens de consommation qui, dans le même mouvement, transforme la structure ouvrière en la déplaçant vers le haut et modifie les modes de consommation en réduisant la part des budgets orientée vers la reproduction de base, et notamment l'alimentation. Ces années d'amorce d'une troisième révolution industrielle sont celles de l'ultime croissance des effectifs ouvriers (et notamment de la « nouvelle classe ouvrière », dont les communistes récusent la notion) et celles de la très relative « moyennisation » qui accompagne le quatuor vertueux des *sixties* : salarisation, urbanisation, féminisation et scolarisation. « Moyennisation », terme barbare que n'ont pas retenu les dictionnaires... Il est employé ici, entre guillemets : fût-il imparfait, il dit assez bien que, sans faire disparaître les inégalités, le droit social et l'État-providence réduisent l'éventail des salaires et font massivement reculer les précarités qui, jusqu'alors, étaient le pivot d'identification des catégories ouvrières et, plus largement, populaires.

Dans cette première phase, le PCF s'en sort plutôt bien. D'une part parce que, après avoir théoriquement récusé l'idée d'une société qui change, les communistes s'efforcent d'en saisir un peu plus finement les mouvements, dans les années *d'aggiornamento* de Waldeck Rochet, secrétaire général post-thorézien de 1964-1969. D'autre part, parce que la crise de la SFIO et l'inflexion présidentialiste de 1958-1962 relancent un clivage droite-gauche qui favorise la force la plus performante dans chaque camp. À ce moment-là, l'avantage est donc, sans conteste possible, à un PCF qui s'est emparé, avec talent et obstination, du drapeau de « l'union de la gauche ».

Il est vrai que l'année 1968 marque une césure, mal perçue sur le moment. Le PCF a bien senti, dans les années soixante, la radicalisation combative du salariat, nouveau et ancien, qui relance la lutte sociale et l'action syndicale (dans laquelle la CGT, qui a bien passé les tumultes de la guerre froide, conserve le tout premier rang). Il est moins à l'aise avec les mutations de la sociabilité populaire, et notamment avec la montée de l'aspiration à l'autonomie ouvrière, la percée rapide d'un « je » qui commence à éroder la sacralisation traditionnelle du « nous » propre aux milieux populaires, ruraux comme urbains. Le fléchissement électoral de juin 1968 est sans doute conjoncturel et politique pour une large part, ce que confirme en partie la relance partielle des scrutins de 1969 puis de 1973. Ni le socialisme en crise de la SFIO, ni l'extrême gauche dispersée ne sont encore en état de profiter électoralement des failles du dispositif communiste. Toutefois, la déconvenue électorale de 1968 signale aussi, en creux, l'amorce d'un certain décalage, y compris en milieu ouvrier, entre le communisme politique et les nouvelles générations du labeur.

Le mouvement le plus perturbant a lieu plus tard, dans les années soixante-dix. Parce que se rétracte la classe dont le PCF a été le parti ? Après 1975, il est vrai, l'expansion ouvrière laisse la place au reflux : huit millions d'ouvriers en 1975 selon la classification de l'INSEE, sept millions en 2002[5] ; si l'on tient compte du chômage, 7,65 millions d'actifs occupés en 1975 et 6,15 millions un quart de siècle plus tard. Le fléchissement est réel, mais pas assez pour expliquer celui du vote. Il est vrai aussi que le mouvement vaut pour sa symbolique, tout autant que pour sa matérialité. Ce qui frappe l'imaginaire, ce n'est pas le lent affaissement des chiffres, mais l'accumulation des signes du repli. Les forteresses ouvrières tombent les unes après les autres, avec la crise de l'emploi et la mutation du tissu industriel. Renault éternue et la France s'enrhume, disait-on encore dans les années soixante-dix ; or Billancourt ne toussote même plus... Voilà longtemps que se résorbent les bataillons du textile et des mines. Ils sont suivis par ceux de la sidérurgie, de la métallurgie, de la navale, de la mécanique et de l'imprimerie. En quelques années, la grande entreprise à base ouvrière est en voie de disparition et les paysages usiniers sont en friche. Par rapport aux actifs non agricoles, il y a en proportion moins d'ouvriers que sous le Second Empire.

Et pourtant... Même moins nombreux, les ouvriers restent le groupe social le plus important, celui dont la reproduction est la plus forte. La machine à produire des inégalités sociales s'est à nouveau accélérée avec la fin des « trente glorieuses » : par rapport aux ouvriers, les enfants de cadres ont soixante-dix fois plus de chance de devenir cadre qu'ouvrier... L'espace ouvrier fléchit, pas celui des plébéiens. Les nouvelles couches salariées célébrées par Alain Touraine dans les années 1970, ne sont plus que 25 % de la population[6], alors que 20 % sont enfoncés dans la précarité et que 40 % environ constituent

5 Jean-Paul Molinari, « Ouvriers, classe ouvrière : entre déclin et redéploiement », in Paul Bouffartigue (sous la direction de), Le retour des classes sociales, La Dispute, Paris, 2004.

6. Louis Chauvel, « Le renouveau d'une société de classes », in Paul Bouffartigue, Le retour des classes sociales. Inégalités, dominations, conflits, La Dispute, Paris, 2004.

un groupe, pour l'instant relativement protégé, mais à tout moment menacé. La fin du prolétariat ? Les ouvriers ont certes connu que Michel Verret appelait joliment la « conquête de l'ordinaire » : le logement s'est élargi, l'équipement domestique s'est diversifié et les ouvriers côtoient, plus que par le passé, les autres fractions du monde du travail dans des espaces résidentiels plus composites.[7] Mais la distinction persiste, les ouvriers continuent de vivre sur le registre du manque ou, à tout le moins, du moindre accès aux ressources et aux biens. Loin des rêves sur le « groupe central », le regain des inégalités stimule de nouveau la polarisation sociale. Les ouvriers déclinent, mais le peuple grandit.

Le recul du nombre aurait pu n'avoir qu'un effet limité sur les flux du vote communiste. Pourquoi affecte-t-il donc autant l'espace sociopolitique du communisme français ? Sans doute moins par l'ampleur du reflux ouvrier que par sa sélectivité. Les anciens métiers déclinent, alors qu'ils étaient des vecteurs fondamentaux de la culture de classe, voire de l'action militante ; les « groupes inducteurs » de la plus forte expansion communiste sont de ce fait en recul (les cheminots, les mécaniciens). Le renouvellement de la main d'œuvre qualifiée s'opère par le départ massif des groupes les plus âgés, constitués par les anciens professionnels qui ont constitué l'armature du tissu communiste traditionnel. La transmission classique de l'expérience ouvrière enregistre ainsi des ruptures qui retentissent sur l'organisation elle-même. La conquête de la stabilité salariale – le trait marquant du premier XXe siècle – s'était identifiée avec l'expansion de la banlieue rouge ; le retour de la précarité et la désagrégation de l'unité salariale font éclater cette identification. Le PCF de l'entre-deux-guerres avait intuitivement perçu, mieux que le frère ennemi socialiste, l'émergence des nouveaux bataillons de la classe ; les communistes des *seventies* ont beaucoup plus de mal à le faire.

Le « peuple », désormais, est tiraillé entre deux pôles. D'un côté, le mouvement général est à la qualification ouvrière et l'insertion du groupe ouvrier dans un salariat qui le déborde ; de l'autre côté, il est à l'exclusion nouvelle des marginalisés voués à l'horizon des ghettos urbains. L'expansion communiste avait coïncidé avec le désenclavement social de la classe et avec sa réinsertion symbolique et juridique dans l'État de droit national. En même temps, l'amorce de redistribution des revenus par la puissance publique et la stabilisation juridi-

---

7. Michel Verret, *L'Espace ouvrier*, Armand Colin, Paris, 1979.

que de la condition ouvrière (conventions collectives et grille des qualifications) avaient parachevé l'unification générale du groupe ouvrier. Il n'y a certes pas de retour en arrière ; mais l'équilibre stabilisé à la Libération s'érode à partir de la décennie 1970. L'image sociale du communisme s'en trouve affectée : incarner un groupe expansif et conquérant est une chose ; assumer ses reculs en est une autre.

Il y a plus grave encore pour l'implantation du communisme français. L'acte civique mobilise des représentations, du symbolique. Or ce n'est pas seulement le cadre sociologique et juridique de la classe qui est en train de basculer. C'est plus généralement son cadre culturel, on pourrait dire mental, qui se transforme avec rapidité. Là encore, tout se passe comme si l'homogénéité relative du groupe ouvrier se trouvait atteinte par les deux bouts, du côté du groupe et du côté de l'individu. Du côté du groupe, les quatre dernières décennies ont bouleversé le sentiment d'appartenir à une classe sociale. Entre 1966 et 2002, l'identification à la « classe ouvrière » a reculé de 23 % à 14 %.[8] Touraine a montré qu'au début des années cinquante une fraction importante de la classe envisageait positivement un avenir ouvrier pour ses enfants : un sur trois seulement affirmait sa préférence pour une profession salariée non ouvrière. À la fin des années quatre-vingt, il en est un sur deux à souhaiter cet avenir non ouvrier à ses rejetons.[9] Recul de la conscience de groupe ; recul de l'affirmation fière de soi...

En outre, les sociologues et les anthropologues – pensons notamment aux travaux d'Olivier Schwartz[10] – ont particulièrement analysé le glissement dans le rapport de l'individu au groupe. Dans la classe à l'apogée, la structure fondamentale est celle du « nous », qui installe une hiérarchie allant de la communauté supérieure à l'individu. C'est l'écho prolongé de l'antique communauté villageoise, le prolongement mental d'une famille élargie, le cadre de vie ou de survie, de socialisation et de protection. Voyons-y le reflet d'une histoire où la solidarité du groupe a été la matrice de la reconnaissance et de l'accès à la dignité. Cette forte pente communautaire a laissé des traces dans toutes les facettes de la culture et de la personnalité. Le communisme s'y est coulé, a façonné cette façon d'être dans le cadre communal et en a tiré sa force d'identification. Le rapport au communisme a été une

8. Guy Michelat et Michel Simon, *Les ouvriers et la politique. Permanence, ruptures, réalignements*, Presses de Sciences Po, Paris, 2004.
9. Jean-Pierre Terrail, *Destins ouvriers, la fin d'une classe ?*, PUF, Paris, 1990.
10. Olivier Schwartz, *Le monde privé des ouvriers*, PUF, Paris, 1990.

manière d'exprimer la force du « nous » dans l'espace politique français. Or la culture du « nous » se maintient ; mais elle est rongée par l'irruption de la sphère du privé. Une fécondité plus forte que la moyenne mais moindre que par le passé ; une percée de l'habitat individuel ; un recul des socialisations collectives avec l'allongement de la scolarisation... L'exigence du « je » est entré en grand dans l'imaginaire des catégories populaires. En même temps que reculent les tentations sécurisantes de la conformité, grandit l'appel à l'autonomie de l'individu. En pâtissent dès lors toutes les pratiques assimilées à l'ancienne communauté. Le communisme en fait les frais, surtout dans les générations les plus jeunes.

Dans leur plus récent ouvrage sur *Les ouvriers et la politique*, Guy Michelat et Michel Simon montrent ce qui est devenu la dominante des deux dernières décennies : le sentiment d'appartenance à une classe sociale recule dans le groupe ouvrier et chez ceux qui lui sont proches et il se maintient, voire se renforce chez les non-ouvriers. De ce glissement, stimulé par la montée du chômage et de la précarité, procèdent un mouvement de désaffiliation (la place des ouvriers recule par exemple dans le mouvement associatif) et une évolution des représentations qui combine volontiers une hostilité persistante à l'idéologie libérale et une propension aux attitudes autoritaires et xénophobes. En 1988, nous disent les deux chercheurs, plus on présente d'attaches avec le groupe ouvrier (la base de structuration du vote communiste traditionnel), moins on adhère au libéralisme culturel, plus on est porté aux attitudes autoritaires et xénophobes. Or ces grandes évolutions mentales s'articulent, dans les catégories les plus populaires, avec un affaiblissement de l'autoposition sur un axe gauche-droite, notamment dans les groupes les plus jeunes.

BACKGROUND : LA FIN DU MOUVEMENT OUVRIER ?

Poussons encore au-delà du constat purement sociologique. En France comme ailleurs, les partis socialistes et communistes ont été des composantes politiques de ce que l'on a appelé le « mouvement ouvrier ». On en sait l'histoire originale, dans un pays où la centralité du conflit de classe l'a emporté sur tous les autres conflits possibles, centre/périphérie ou urbain/rural[11] et où la dynamique sociale

---

11. Charles Tilly (sous la direction de), *The Formation of National States in Western Europ*, Princeton University Press, Princeton, 1975.

s'est toujours entremêlée, de façon complexe, avec les représentations proprement politiques. L'espace du mouvement ouvrier ne s'y est pas structuré sur le modèle autonome du travaillisme (la subordination du politique au syndical), sans pour autant se couler dans le modèle inverse de la social-démocratie allemande.

Dans le mouvement syndical, la tentation travailliste s'est exprimée à plusieurs reprises, jusqu'après 1945, autour notamment de la SFIO et du syndicat Force ouvrière, sans pouvoir aller jusqu'au bout de ses souhaits. Quant au modèle social-démocrate allemand, à la limite, c'est dans la galaxie du communisme qu'il va trouver son expression la plus proche, avec la synergie qui reliera, pendant quelques décennies, le syndicalisme communiste – dans la CGTU puis la CGT – et les organisations du parti. On notera que, plus tard, dans les années soixante-dix, une partie de la mouvance socialiste rêvera en vain de parvenir à la même synergie, autour de la CFDT et du « nouveau parti socialiste ».[12]

Le communisme français, en tout cas, a trouvé dans l'enracinement solide de la CGT un des trois substrats de son implantation sociale, avec l'ancrage municipal et l'implication associative. Or la fin des années soixante-dix marque une rupture majeure. Conjoncturellement, elle voit la fin de la longue phase de « l'insubordination ouvrière »[13] qui s'amorce symboliquement avec la grande grève des mineurs de 1963, et qui vient buter sur le processus d'échec de la mobilisation sidérurgiste (1979-1984). La France ne connaît sans doute pas de choc analogue à celui de l'échec italien à la Fiat en 1980, ou à celui des mineurs britanniques en 1984-1985. Mais les indices de l'essoufflement et des dysfonctionnements se multiplient en un laps de temps réduit. Le tassement continu de l'action gréviste en est le premier indice[14] : les grèves hors Fonction publique se situent à une moyenne de 3,2 millions de journées non travaillées entre 1962 et 1967, de 2,0 millions entre 1969 et 1977 (sans compter, bien sûr, les 150 millions de 1968...) ; entre 1978 et 1986, le niveau

12. Jacques Girault, Franck Georgi, « Syndicalisme et socialisme : jalons pour une étude de la place des relations avec le syndicalisme dans l'implantation du socialisme », in Jacques Girault (sous la direction de), L'implantation du socialisme en France au XXe siècle. Partis, réseaux, mobilisation, Publications de la Sorbonne, Paris, 2001.

13. Xavier Vigna, L'insubordination ouvrière dans les années 68. Essai d'histoire politique des usines, Presses Universitaires de Rennes, Paris, 2007.

14. Guy Groux, Jean-Marie Pernot, La Grève, Presses de Sciences Po, Paris, 2008.

fléchit à 1,6 et à 0,7 entre 1986 et 1994. La désyndicalisation est le second symptôme du reflux. Le taux de syndicalisation s'était réduit de moitié entre 1948 et 1958, s'était stabilisé entre 1958 et 1967 et avait connu un net regain jusque vers le milieu des années 1970, plus sensible à la CFDT qu'à la CGT. Un nouveau déclin des effectifs s'amorce alors, dès 1973 à la CGT, à partir de 1977 à la CFDT.

C'est la CGT qui est la plus touchée par le phénomène. En 1946, elle revendique 5,8 millions d'adhérents, soit 53 % du nombre des salariés. La guerre froide lamine une première fois cette force : à la fin de la Quatrième République, les effectifs cégétistes sont ramenés autour de 1,5 millions. Un regain s'observe dans les années soixante qui voient la CGT franchir de nouveau le seuil des 2 millions. Comme pour le vote communiste, l'embellie est de courte durée. Entre 1976 et 1990, la centrale ouvrière est passée de 2,4 millions d'adhérents officiellement recensés à moins de 600 000.[15]

Tout aussi nette est la chute de l'influence cégétiste dans les élections professionnelles. Aux élections à la Sécurité sociale, la CGT obtenait 59,3 % en 1947 et encore 44,3 % en 1962 ; elle est à 28,1 % en 1983. L'écart avec la CFTC était de 33 % en 1947 et de moins de 10 % avec la CFDT en 1983. Au niveau local, la tendance est la même : en 1945-1946, lors des premières élections aux comités d'entreprise, la CGT totalisait plus de 80 % des suffrages exprimés ; en 2004-2005, elle est au-dessous des 24 %, à égalité avec la CFDT. Il est vrai que la CGT conserve la majorité relative dans toutes les branches industrielles, dans les transports et dans l'administration. Mais le doyen des syndicats, totalement renouvelé dans ses structures sociologiques et mentales, n'est plus la « courroie de transmission » qui en faisait le vivier associatif principal de la socialisation communiste.

La vie associative dans son ensemble est elle-même bouleversée. Tandis que recule l'engagement partisan et syndicaliste, l'association prospère, y compris sur le terrain civique. Dès les années soixante-dix, une nébuleuse d'associations prend le relais des clubs des années 1960, comme des « organisations de masse » antérieures. Le PCF s'appuyait, depuis les années vingt et trente, sur un réseau serré d'organisations qui s'enracinaient dans l'espace des périphéries urbaines ouvrières. Les nouvelles associations s'articulent moins au mouvement ouvrier classique qu'aux « nouveaux mouve-

---

15. Dominique Andolfatto et Dominique Labbé (sous la direction de), *Les syndiqués en France. Qui ? Combien ? Où ?*, Éditions Liaisons, Paris, 2007.

ments sociaux » analysés par Alain Touraine.[16] Les mobilisations féministes et le mouvement homosexuel, les premières
manifestations écologistes, l'émergence d'un nouveau mouvement paysan en marge de la FNSEA, l'action sur la condition pénitentiaire ou pour le droit des immigrés, les comités
de soldats... Autant d'impulsions, souvent virulentes, qui
échappent pour l'essentiel à l'encadrement, au vocabulaire
et aux méthodes qui sont devenues celles du mouvement
ouvrier. Cette mouvance hétéroclite, qui se retrouve à l'occasion, comme elle le fait autour du camp du Larzac en 1973,
concurrence la sociabilité de l'univers communiste, qui ne la
comprend pas, qui s'en méfie, la confondant, de façon indis-
tincte, avec ce « gauchisme » qui est pour le PCF l'incarna-
tion même de la « petite bourgeoisie ».

Une fois de plus, tout cela ne suffit pas à expliquer, comme
une fatalité, le déclin électoral du Parti communiste français.
Le recul du groupe ouvrier ? Le PCF ne s'est jamais appuyé
sur un groupe unique, fût-il dominant. Ouvrier, certes, puis-
qu'il s'insère d'abord dans les périphéries urbaines et les
isolats ouvriers ; mais plus largement plébéien, surtout à partir de 1934. Ouvert aux modernités de la grande expansion
industrielle et urbaine, le PCF a su imprégner son discours et
ses cultures propres des formes nouvelles de la culture populaire façonnées dans les années vint et trente. Mais il baigne à
ce point dans une étape de la « modernisation » des sociétés
occidentales, qu'il finit par se confondre avec elle, au point
de vouloir conjurer les évolutions ultérieures, comme s'il
préférait l'immobilité à un mouvement qui le remet en question. Quand les équilibres sociaux et les cultures qui leur sont
associées vacillent dans les années cinquante, le PCF se cabre,
vitupère le mendésisme puis la « seconde gauche », pourfend
à longueur de colonne la « nouvelle classe ouvrière », évo-
quée par Serge Mallet et qui fait les choux gras du jeune Parti
Socialiste Unifié issu de la crise de la SFIO.

À la fin des années soixante, alors qu'il commençait à
s'accoutumer aux formes nouvelles de la société salariale,
le mouvement de radicalisation politique qui culmine en
mai-juin 1968 le désarçonne une nouvelle fois. Le gauchisme
le hérisse, les nouveaux mouvements sociaux le prennent à
contrepied...

---

16. Alain Touraine, « Les nouveaux conflits sociaux », *Sociologie du Travail*,
1975 ; analyse plus globale dans Alain Touraine, Michel Wieviorka, François
Dubet, *Le mouvement ouvrier*, Fayard, Paris, 1984.

LA MONTÉE DES CONCURRENCES

Jusqu'aux années soixante-dix, les hésitations et les blocages du PCF ont un effet électoral limité, tout simplement parce qu'il n'a pas de concurrent sérieux dans l'espace de la gauche. La SFIO n'a jamais récupéré du choc de 1939 et n'a pas tiré le bénéfice de son insertion, ni dans le dispositif gaulliste de Londres, ni dans la mouvance résistante non communiste. Dépassée par le PC en 1945, elle passe mal le cap d'une Quatrième République à laquelle elle est indissociablement liée. Après 1958 et sa tentative de ralliement à la Cinquième république, elle entre trop tard dans l'opposition : le PCF, à l'aise dans une logique de bipolarisation droite-gauche, s'est déjà engouffré dans la thématique de l'union de la gauche. Vainqueur du bras de fer avec les frères ennemis de 1920, le PC n'a pas davantage de concurrent sur sa gauche. Les dissidences municipales d'avant-guerre ne sont plus qu'un souvenir à la Libération. Les rejetons du trotskysme ont été marginalisés dès la fin des années vingt, se trouvent encore affaiblis par la séquence 1936-1945 et leur regain du printemps 1947, autour de la grève Renault, est sans lendemain. Le mendésisme, lui, est trop au centre pour inquiéter sérieusement la dynamique communiste en 1954-1955 et la « seconde gauche », on l'a vu, est clouée au sol par son absence d'ancrage institutionnel et syndical. Enfin, le gauchisme de la fin des *sixties*, culturellement séduisant pour une partie de l'intelligentsia et de la jeunesse scolarisée, est handicapé par la montée de la thématique d'une union de la gauche qu'il ne cesse de dénoncer mais qui attire. La colère de la jeunesse radicalisée contre les « bonzes » syndicaux et politiques est jugée sympathique, mais elle ne tient guère face à la nécessité, malgré tout, de battre une droite au pouvoir depuis trop longtemps.

La donne politique bascule entre 1969 et 1971. La SFIO achève son long recul dans la débâcle présidentielle de Gaston Defferre au printemps de 1969. Par rapport à la « vieille maison », le Parti socialiste conquis par François Mitterrand, au congrès d'Épinay, marque une franche rupture culturelle. Il garde le contact avec une partie du centre (il intègre en 1971 le club Citoyens 60 fondé par Jacques Delors, ancien collaborateur de Jacques Chaban-Delmas) et conserve ses liens avec la social-démocratie européenne, dont il conforte l'aile gauche latine, tout en investissant totalement le champ culturel de la radicalité post-soixante-huitarde. Il investit les nouveaux mouvements sociaux en soutenant leur aile réformiste, s'appuie sur le *Nouvel Observateur* pour prendre langue avec la deuxième gauche, l'écologie, le régionalisme et le courant autogestionnaire et il se rapproche de la CFDT en expansion, attirant même dans ses rangs, en octobre 1974, environ 2 000 cédétistes séduits par la démarche des « Assises du socialisme ».

Ajoutons, pour faire bonne mesure, que l'accélération des mutations sociales, au temps des années soixante, s'est faite sur un fond de crise des vieilles utopies. Elle coexiste alors, certes, avec une authentique radicalisation idéologique ; mais les succédanés du bolchevisme (maoïsme, castrisme...), pas plus que le tiers-mondisme, ne sont pas à même de se substituer au modèle expansif mais épuisé que l'Union soviétique avait porté non sans mal. En ce sens, le mouvement de Mai 68 apparaît comme un concentré de contradictions, à la fois aube et crépuscule : les aspirations nées de trois décennies de mutations accélérées s'y font entendre, sans qu'elles parviennent à prendre une forme politique stabilisée. Les « nouveaux mouvements sociaux » (Touraine) des années 1970 (féminisme, écologie, autogestion...) prolongent ainsi la radicalité du premier vingtième siècle. Mais ni l'extrême gauche, ni le PC ne sont en mesure d'en exprimer la saveur politique. Les « gauchistes » que vitupère le PC s'enferment dans la répétition des vieux mythes révolutionnaires. Quant aux communistes, qui avaient su incarner naguère la modernité mécanicienne et l'expansion des périphéries urbaines, ils refusent la modernité des années 50, puis se trouvent désemparés par les mouvements des *seventies*, englués qu'ils sont dans leur modèle fondateur, prolétarien et bolchevique.

C'est en fait le « nouveau Parti socialiste » de François Mitterrand qui remporte la mise. Il s'immerge dans la radicalité ambiante (François Mitterrand n'adopte-t-il pas lui-même le vocabulaire de l'anticapitalisme ?) tout en offrant aux couches moyennes salariées un rôle privilégié de médiateurs (elles exercent une hégémonie spectaculaire sur le réseau des nouvelles associations) et la perspective d'une accession aux responsabilités, dans le cadre d'une forte politisation (le recul de l'abstention civique) et d'une montée régulière de la gauche. Au milieu des années 1970, il semble que l'on est parvenu enfin à l'équilibre d'une social-démocratie « à la française », en apparence plus dynamique que les bataillons fatigués du travaillisme anglais ou de la social-démocratie allemande. « L'union de la gauche » chère aux communistes reposait sur le rêve d'alliances sociales dans lesquelles les couches populaires ne seraient pas subordonnées – un bloc davantage salarial que jacobin, coloré par sa forte composante ouvrière. L'hégémonie nouvelle du PS sanctionne la place prépondérante acquise par les nouvelles couches moyennes sur le mouvement. S'il renforce son poids électoral dans le groupe ouvrier, le PS de ces années-là n'a plus les attributs d'un parti prolétarien : le recrutement ouvrier est faible et les catégories populaires sont sous-représentées dans l'organisation. Le « front de classe » que prône le Parti socialiste se veut le concurrent de « l'union du peuple de France » défendue par le Parti communiste ; en réalité, c'est une version bien édulcorée du bloc jacobin qu'il dessine alors.

Solidement ancré à gauche dans un discours martelant la thématique de « l'anticapitalisme » et du « front de classe », sans pour autant perdre ses contacts avec les courants réformistes les plus modérés, il ne reste plus au Parti socialiste qu'à tirer les bénéfices de la crise du soviétisme. Après l'éviction de Nikita Khrouchtchev, le 15 octobre 1964, l'URSS de la nouvelle « troïka » (Leonid Brejnev, Alexeï Kossyguine et Nikolaï Podgornyï) laisse un temps supposer que les nouveaux dirigeants de l'État soviétique vont poursuivre la voie d'une modernisation contrôlée, sous le contrôle renforcé de la *nomenklatura*. Les essais d'assouplissement économique du vieux système planifié et la confirmation de la détente peuvent, à la rigueur, nourrir l'idée d'un système s'adoucissant peu à peu, par le jeu de la croissance interne et de relations internationales apaisées. La crise tchécoslovaque de 1968 fonctionne comme un cruel rappel à l'ordre, suivi par un raidissement politique qui ne contredit pas la logique internationale de détente, mais qui redit, tout à la fois, que l'URSS n'entend pas écorner les bases européennes de sa puissance et que le régime soviétique n'est pas prêt à remettre en cause le système installé dans la seconde moitié des années vingt. Ce « stalinisme sans Staline » porte un coup fatal à un modèle déjà bien ébranlé par les révélations de 1956. De 1957 à 1974, dans le flux de la détente, l'URSS avait consolidé positivement son image. En 1974, dans cinq domaines sur sept, les Français qui la créditent positivement sont plus nombreux que ceux qui la rejettent, les libertés et la justice étant les seuls domaines à échapper à la règle. Dès 1974, avant même la nouvelle crispation internationale de la « guerre fraîche », la perception du monde soviétique enregistre les contrecoups de la « glaciation brejnévienne ».[17]

Contrairement à ce qu'esquissait la crise de 1976-1977, entre PCF et PC soviétique, le PCF se rapproche à nouveau de l'URSS. Le revirement est amorcé avec la formule du

17. Olivier Duhamel, Jean-Luc Parodi, « La dégradation de l'image de l'Union soviétique », *Pouvoirs*, n° 21, 1982.

« bilan globalement positif » entérinée en février 1979 ; il est concrétisé par Georges Marchais sur le dossier afghan en janvier 1980 ; il se répercute immédiatement sur les opinions recueillies par les sondeurs. Cette fois, à la différence des années précédentes, la mouvance du PCF est touchée par la dégradation. Sans doute les sympathisants communistes continuent-ils à dire majoritairement leur sympathie pour le régime soviétique. Mais leur jugement se différencie de plus en plus. Analysant « l'effet Kaboul »,[18] Olivier Duhamel et Jean-Luc Parodi soulignent deux ans plus tard le glissement des représentations : en 1978, 70 % des sympathisants estimaient que le PCF ne tenait « pas trop compte des intérêts de l'URSS » ; en 1982, ils ne sont plus que 47 %.

L'image de l'URSS a connu des fluctuations importantes selon les époques. Massivement positive en 1945, elle se retourne dès avril 1946, avant même la guerre froide.[19] Or l'inflexion de l'opinion ne bouleverse pas la donne électorale après 1947, pour deux raisons : l'électorat communiste reste suffisamment structuré pour qu'une majorité continue de manifester sa confiance dans le pays de Stalingrad et aucune force n'est en état, à gauche, d'attirer une part suffisante de la mouvance communiste dans son refus du modèle soviétique. Au milieu des années soixante-dix, la situation a changé du tout au tout : le modèle lui-même est épuisé, décourageant les espoirs d'une évolution positive venue de l'intérieur ; la stabilité du « noyau » électoral est érodée symboliquement, dégageant de leur « loyauté » antérieure les franges les moins structurées par la présence concrète du PCF ; le PS apparaît désormais comme une réponse possible à gauche, combinant les avantages d'un discours alors très à gauche et d'une respectabilité supposée, notamment en matière de libertés publiques.

Peut-être le PCF aurait-il pu, au début des années soixante-dix, enrayer les mécanismes négatifs en se démarquant du modèle soviétique lui-même et non de ses seuls excès répressifs. Il ne s'y engage que tardivement, avec trop peu de force et de continuité. Quand il s'y essaie avec plus de cohérence et de pugnacité, au milieu de la décennie 1970, il est trop tard pour freiner la machine socialiste. La rénovation manquée des années 1974-1977 altère au contraire la confiance d'une par-

18. Olivier Duhamel, Jean-Luc Parodi, « » Sur l'effet Kaboul... et quelques autres », *Pouvoirs*, n° 22, 1982.

19. Christine Manigand, « L'image de l'URSS avant l'entrée en guerre froide », *in* Élisabeth du Réau, *Regards croisés et coopération en Europe au XXᵉ siècle*, Presses Sorbonne Nouvelle, Paris, 1996.

tie de la mouvance électorale du communisme français. En septembre 1977, 54 % des électeurs communistes interrogés par l'institut Louis-Harris estimaient que le PC avait profondément changé ; ils ne sont plus que 29 % à le reconnaître en janvier 1980. À la fin des années soixante-dix, après la parenthèse de l'eurocommunisme, le PCF choisit de reprendre avec le PC soviétique le dialogue interrompu après 1976 et s'enferme dans un bras-de-fer avec son allié socialiste. Sans effet : à partir de 1974, tout laisse entendre que le vent de l'union de la gauche a basculé en faveur du Parti socialiste. Après 1971, le PS a renforcé substantiellement son encadrement militant,[20] il s'est ancré dans des terres jusqu'alors réfractaires au vote de gauche, dans le grand Ouest et les pays de la Loire, il a réussi sa percée en Île-de-France et a gagné largement les femmes, la jeunesse et les couches moyennes (en 1986, il continue de progresser dans les couches moyennes salariées alors qu'il recule partout ailleurs). Bien implanté dans les nouvelles formes de sociabilité, politiques ou non, le nouveau socialisme s'installe électoralement, grignote l'avance communiste dès 1973 et s'impose comme la force centrale à gauche en 1974 (43,3 % au premier tour de l'élection présidentielle pour François Mitterrand), en 1976 (aux cantonales, il obtient 26 % des suffrages exprimés, contre 15 % lors de l'élection précédente) et aux municipales de 1977. En 1978, l'hégémonie est acquise et, après la courte hésitation des européennes de 1979, elle est confirmée de façon éclatante en 1981.

Le PCF, on l'a vu, ne retrouvera plus sa place privilégiée. En 1988, il bénéficie certes de la perplexité de l'électorat législatif du PS, désorienté par l'ouverture au centre de François Mitterrand : une fois acquise confortablement la victoire présidentielle du leader socialiste sur la droite, une part de l'électorat socialiste se reporte sur les candidats du PCF lors des législatives qui suivent la dissolution de l'Assemblée de droite élue en 1986. En 1995 et en 1997, par ailleurs, le PCF engrange une part de la remobilisation de gauche, après le camouflet électoral de 1993. Mais, alors que l'on évoque à plusieurs reprises les difficultés, voire la crise d'un socialisme confronté aux contradictions du pouvoir,[21] le PS reste dominant à gauche : ainsi, de 1981 à 1993, il n'a jamais représenté moins de 60 % du total des voix de gauche.

---

20. Frédéric Sawicki, *Les réseaux du Parti socialiste. Sociologie d'un milieu partisan*, Belin, Paris, 1997.

21. Alain Bergounioux, Gérard Grunberg, *Les socialistes français et le pouvoir. L'ambition et le remords*, Fayard, Paris, 2005.

Le vote présidentiel de l'extrême gauche du PCF et du PS
(1969-2007)

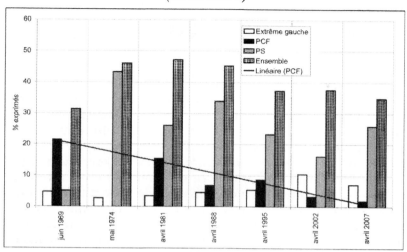

Il est vrai que, contrairement à ses espoirs des années quatre-vingt, le PS français n'est pas parvenu à occuper la place de ses voisins britannique ou allemand. Le niveau exceptionnel atteint aux législatives de juin 1981 (37,5 %) n'est jamais retrouvé par la suite. Mais si l'impact socialiste se trouve contesté, ce n'est plus par le Parti communiste français. Le vieil allié radical n'est pas plus en état de conduire cette contestation, même s'il parvient à bousculer les socialistes aux

Le vote législatif de l'extrême gauche du PCF et du PS
(1967-2007)

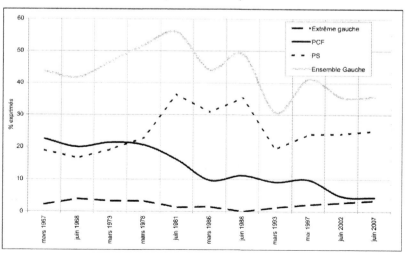

élections européennes de 1994, avec Bernard Tapie (12 %), et à les embarrasser à la présidentielle de 2002, avec Christine Taubira (2,1 %). À la charnière des décennies 1980 et 1990, les écologistes (le parti des Verts est créé en 1984) semblent en état de récupérer une part non négligeable de l'électorat socialiste déçu. Aux élections européennes de juin 1989, la liste écologiste obtient plus de 10 % des voix, soit à peu près ce que les socialistes ont perdu entre deux consultations. Lors des régionales de 1992, l'ensemble des formations écologistes recueillent même environ 14 % des suffrages exprimés. En fait, le scrutin régional marque le point culminant de leur progression : les législatives de 1993 les ramènent à 7 %. Leur poids dans la gauche demeure, notamment aux européennes (la liste conduite par Daniel Cohn-Bendit obtient 11,1 % en 1999) ; en 2002 encore, Noël Mamère dépasse même légèrement le seuil des 5 % à l'élection présidentielle. Mais l'écologie politique, qui a manqué l'opportunité du tout début des années 1990, n'est plus perçue comme l'alternative possible à un socialisme présumé déclinant.

Il n'en est pas de même de l'extrême gauche. Longtemps marginalisée sur le plan électoral, elle commence à s'affirmer dans les années quatre-vingt-dix, dans l'espace libéré par le déclin du PCF. La fin de la décennie 1980 est celle de son immersion dans les nouvelles radicalités suscitées par la crise sociale. Pour l'essentiel trotskyste depuis la fin des années 1970, l'extrême gauche française a investi fortement les mouvements étudiants et lycéens (mouvements anti-CPE en 2006), syndicaux (FSU, SUD), antifascistes (Ras l'Front), féministes (Cadac) et la galaxie des « sans » (AC !, DAL, Droits devant !).[22] Jusqu'au milieu des années 1990, l'effet électoral de cette stratégie d'implication sociale demeure limitée (entre 1 % et 3 % pour la totalité des formations d'extrême gauche). L'impulsion première s'observe en 1995, avec les 5,3 % obtenus par la candidate de Lutte Ouvrière, Arlette Laguiller. Les régionales de 1998, en pleine « gauche plurielle » confirment le mouvement, LO et la Ligue Communiste Révolutionnaire totalisant alors plus de 7 % des suffrages exprimés. Le point culminant est atteint en avril 2002, à l'élection présidentielle : alors que le PS recule et que le PCF s'enfonce, les trois candidats de la mouvance trotskyste (Arlette Laguiller pour LO, Olivier Besancenot pour la LCR et Daniel Gluckstein pour le Parti des Travailleurs) dépassent le seuil des 10 %. Entre 1995 et 2002, l'extrême gauche a dou-

22. Xavier Crettiez, Isabelle Sommier, *La France rebelle*, Éditions Michalon, Paris, 2006.

blé ses suffrages et a progressé plus que la moyenne dans 272 circonscriptions : dans 167 d'entre elles, le PCF obtenait un score supérieur à 10 % en 1988 et dans 146 les pertes du PC sont supérieures à la moyenne nationale. Au total, entre 1995 et 2002, l'extrême gauche a occupé l'espace d'une certaine radicalité, désertée par le PCF de la « gauche plurielle ». Dans l'opinion, les termes de gauche radicale et d'extrême gauche se sont confondus.

En 2007, l'ensemble de l'extrême gauche connaît le même recul global que le PC et les Verts, seul Olivier Besancenot conservant son score de la présidentielle précédente. La déconvenue globale dope en fait le jeune porte-parole de la LCR, qui a plus que supplanté la populaire « Arlette » dans l'opinion. Depuis 2007, il figure dans le peloton des personnalités de référence, considéré dans les sondages d'opinion comme le meilleur opposant de Nicolas Sarkozy par une part substantielle des personnes interrogées. Globalement, l'attraction de l'extrême gauche a dépassé celle du PCF. La faiblesse de son implantation de départ fragilise certes ses formations, y compris celle de la LCR, dans tous les scrutins localisés, des législatives jusqu'aux municipales. Il reste que l'extrême gauche progresse régulièrement dans tous les types d'élection. Lors des municipales de 2008, la LCR est parvenue à obtenir 4,6 % au premier tour dans les 87 villes de plus de 10 000 habitants où elle se présentait. Ses scores les plus flatteurs s'observent à la fois dans les villes de son implantation ancienne (Sotteville, Clermont-Ferrand...), mais aussi dans la ceinture rouge, à Saint-Ouen (7,6 %), à Ivry (7,8 %) ou à Gennevilliers (9,5 %).

Sociologiquement et géographiquement, l'extrême gauche s'installe dans les zones d'influence classique du PCF. En 2007, Olivier Besancenot obtient ses meilleurs scores dans le Nord-Pas-de-Calais, la Picardie, la Seine-Maritime et les Ardennes, ainsi que dans la Lorraine métallurgique, la Bretagne centrale et le Centre de la France. Sa carte électorale s'est greffée sur la vieille carte du PC[23] et ses zones d'attraction sociodémographique se rapprochent elles aussi de celles des communistes. Tout cela se produit sur un fond de dérèglements qui ne concernent pas que le communisme politique.

23. Jérôme Fourquet, « Une menace bien réelle. Évolution de la popularité et de l'implantation d'Olivier Besancenot », *Note* n° 2 de la Fondation Jean-Jaurès, juillet 2008.

LE PEUPLE, LA GAUCHE, LE COMMUNISME[24]

Le déclin du PCF s'amorce dans les années soixante-dix, alors que la société française connaît les derniers feux des « Trente Glorieuses ». Il s'accélère dans les années de déstabilisation économico-sociale que portent les décennies quatre-vingt et quatre-vingt-dix. Il s'accentue quand se fait la bascule d'un siècle à un autre. Dans la première phase, il est la première victime des inadaptations d'une tradition historique (celle de la culture radicale-plébéienne ou révolutionnaire). Dans la seconde, il combine les effets d'une crise planétaire du communisme politique (avec l'effondrement du soviétisme) et les hésitations d'une gauche portée par les espoirs populaires de l'union de la gauche, mais déstabilisée par l'exercice du pouvoir. Dans la troisième, il partage avec l'ensemble de la gauche politique les difficultés de recomposition qui sont les siennes face à une droite qui, elle, s'est restructurée. Mais il le fait dans une situation d'affaiblissement extrême, qui met le communisme politique en situation de fragilité maximale, dans un système politique de tendance bipartisane où émergent des offres concurrentes.

Quand la gauche française arrive au pouvoir, au printemps-été 1981, elle est à contrecourant d'une évolution qui se dessine depuis le milieu des années soixante-dix dans le monde occidental. La crise de l'État providence est avivée par l'expansion des logiques néolibérales, dans les pays développés du Nord. Le modèle du conservatisme thatchérien et de la « révolution libérale » reaganienne fait éclater partout les mécanismes de la redistribution, de la protection sociale et de la législation du travail. La déréglementation – maître mot des politiques publiques – précipite le déclin des équilibres fordistes installés dans les décennies précédentes. La précarité du travail, justifiée par les exigences de flexibilité, redevient la norme des nouveaux contrats, accentuée par « l'ethnicisation » de la classe. Quant à l'ascenseur social, il est en panne et la spirale des inégalités reprend son cours, après le ralentissement qu'elle avait enregistré dans la période antérieure. Le paradoxe français – la gauche française accède au pouvoir au moment où déferle la vague néolibérale dans l'ensemble du monde industrialisé – donne à l'évolution un caractère retardé et moins violent. Mais la tendance est la même, avec ses deux conséquences cruciales : la percée du chômage et l'irruption de la « nouvelle pauvreté ».

---

24. Ce passage reprend des analyses publiées dans Paul Bouffartigue (sous la direction de), *Le retour des classes sociales*, *op. cit.*

En outre, alors que l'installation de la Cinquième République s'était accompagnée d'une hausse de la participation civique (le recul généralisé des taux d'abstention, à tous les types d'élection), l'accession de la gauche socialiste aux responsabilités se traduit par un processus inverse et continu. À la fin des années 90, le total des non-inscrits et des abstentionnistes se rapproche d'un seuil des 50 % qui aligne la France sur l'exemple étasunien. Dans le même temps, le système politique français se trouve perturbé par l'irruption, à partir de 1983, du phénomène Front national. À la périphérie des zones les plus fragilisées puis dans ces zones elles-mêmes, Jean-Marie Le Pen attire un électorat qui déborde largement l'espace traditionnel de l'extrême droite. Sociologiquement composite, l'électorat du Front attire suffisamment d'ouvriers et d'employés pour devenir l'un des votes les plus populaires de l'échiquier politique français. La rupture avec la période précédente est ainsi majeure. Les années 60 avaient conjugué deux phénomènes : la radicalisation des comportements sociopolitiques (l'exacerbation politique de l'exigence de transformation sociale) et le regain d'une conflictualité gauche-droite que la guerre froide avait antérieurement perturbée. Les deux décennies suivantes ne font pas disparaître le clivage fondateur de la vie politique française. Gauche et droite continuent de s'opposer avec une virulence verbale intacte, mais dans le cadre général d'une crise politique qui fragilise les coalitions en place, à droite comme à gauche.[25]

Enfin, quand les années 1993-1995 marquent une inflexion contredisant la dominante libérale de la période précédente, la gauche n'en saisit pas toutes les opportunités. Pourtant, la conflictualité sociale connaît un sensible regain, sous les auspices de ce que l'on désigne, de plus en plus, comme le « mouvement social ». À nouveau, les indicateurs de la combativité sociale sont à la hausse. La grève se fait plus dense : de 0,7 millions de journées non travaillées, on passe à 2,2 en 2008, sans compter le puissant mouvement de décembre 1995. Moins ouvrier, moins centré sur la seule question salariale, le « mouvement social » porte plus volontiers les questions réputées sociétales qui accompagnent les efforts de réorganisation libérale (le combat des « sans », le Pacs, les demandes féministes, l'action des précaires...). Or il entretient des relations complexes avec le politique : ouvertement installé dans l'espace public, affirmant volontiers sa critique globale des

---

25. Etienne Schweisguth, « Déclin et recomposition des cultures politiques », *in* Serge Berstein (sous la direction de), *Les cultures politiques en France, op. cit.*

gestions dominantes, fortement porté vers le discours général de société, il n'en est pas moins structurellement méfiant à l'égard du système politique dans son ensemble. Il reprend en cela la vieille tradition du syndicalisme révolutionnaire.

Dans une société où se recomposent les sphères de la vie sociale, où s'imbriquent l'économique et le social, le mouvement social intervient avec éclat sur la scène publique. Mais sans projet global sur lequel s'appuyer, il reste faiblement reconnu dans le champ de la politique instituée. Il trouve dans « l'altermondialisme » une forme de globalisation qui touche aux frontières « du » politique, mais répugne à s'inscrire dans le champ de « la » politique. Alors que l'utopie égalitaire tendait à agréger le mouvement ouvrier de jadis et lui donnait force politique, le mouvement social de la seconde moitié des années quatre-vingt-dix se déploie dans un moment où les grandes représentations de l'avenir sont en crise (crise du progrès, crise de l'utopie, crise du communisme...). De cette faiblesse et des carences projectives qui en résultent, découle le phénomène majeur : présent dans l'espace public, le mouvement social n'est pas pleinement un acteur politique, comme pouvait l'être son prédécesseur historique, le mouvement ouvrier.

Ces trois processus affectent massivement les formations de la gauche. À la fin des années 70, leur progression globale (entre 41 % et 44 % de 1958 à 1968, 46 % en 1973, 49 % en 1978) se note avant tout dans les couches moyennes salariées (+ 18 % entre 1967 et 1978) et chez les ouvriers (+ 16 %). Elle profite avant tout au Parti socialiste, qui l'emporte sur le PCF dans toutes les catégories moyennes et vient le concurrencer directement dans le groupe ouvrier (28 % contre 34 %). Au total, le PS attire un quart de la population active, contre un cinquième pour le PC. Le second tour de la présidentielle, le 10 mai 1981, sonne ainsi comme l'apogée d'une évolution qui semble enfin conjuguer la dynamique sociale et la traduction électorale, la gauche sociologique et la gauche politique : ce jour-là, selon la Sofres, 62 % des cadres moyens et employés et 72 % des ouvriers auraient voté pour François Mitterrand.

Il n'a pas fallu longtemps pour que la dynamique favorable s'inverse. Quand François Mitterrand descend triomphalement la rue Soufflot, en mai 1981, Margaret Thatcher a commencé son bras-de-fer avec les trade-unions britanniques et Ronald Reagan s'est engagé dans sa grande « révolution conservatrice ». Dès la fin 1982, le gouvernement Mauroy, doit ralentir son œuvre réformatrice et il s'engage dans une « rigueur » que ses successeurs pousseront jusqu'à l'austérité. Alors que l'action de l'État piétine, le tissu industriel se transforme, dans un contexte économique de plus en plus inter-nationalisé : la déstructuration confirmée de la sidérurgie, en 1984, est en France l'équivalent de la saignée minière de la Grande-Bretagne thatchérienne. Impuissant à enrayer le déclin industriel, déboussolé par la dégradation des franges populaires les plus fragilisées, le syndicalisme voit son image, son efficacité et ses effectifs reculer, en même temps que les indices de la combativité salariale.

La gauche politique enregistre très vite les effets de cette évolution délicate. Dès les européennes de juin 1984, les ouvriers ne sont plus que 52 % à se porter sur des listes de gauche et les cadres moyens et employés, qui avaient porté l'expansion antérieure de la gauche, tombent à 42 %. Les législatives de 1986 redressent en partie la situation, mais sans revenir aux niveaux précédents (55 % des ouvriers, cadres moyens et employés votent à gauche). Plus rien n'en-raye le mouvement de contraction. Dans le second septennat de François Mitterrand, aux législatives de 1993, la gauche est à son étiage : au soir du premier tour, le 21 mars, les son-dages « sortie des urnes » laissent entendre que seulement 34 % des ouvriers et 37 % des cadres moyens et employés se sont portés sur la gauche. Le milieu des années 90 et la crise de la droite provoquent un regain, mais sans contredire la tendance longue. Sans doute la gauche de 1997 est-elle lar-gement majoritaire dans le groupe ouvrier et elle l'emporte chez les professions intermédiaires et les employés (51 % et 53 %). Mais l'abstention, massive (32 %), touche avant tout les catégories populaires, tandis que le Front national recueille 23 % du vote ouvrier et 18 % du vote employé. Seul le PS fait mieux que le Front en milieu ouvrier. Sans avenir, la classe se rapproche de la plèbe plus que du peuple ; la figure du chef, tutélaire et unifiante, peut alors assumer la fonction qui revenait naguère au projet – utopie ou construction poli-tique – et à l'organisation collective.

Les classes populaires ne se sentent plus représentées par la gauche.[26] Il est vrai que les partis qui la composent sont eux-mêmes de moins en moins populaires. L'évolution a tou-ché le Parti socialiste depuis longtemps : la disparition de la vieille SFIO s'était traduite, dès les années 70, par le reflux des professions indépendantes traditionnelles, par la percée des nouvelles couches moyennes et le tarissement du recru-tement ouvrier. En 1998, les adhérents du PS appartenaient à près de 80 % aux professions libérales, cadres supérieurs et

26. Henri Rey, *La gauche et les classes populaires. Histoire et actualité d'une mésen-tente*, La Découverte, Paris, 2004.

catégories intermédiaires, tandis que les employés et ouvriers n'atteignaient pas 20 % des effectifs. L'évolution n'est pas de même ampleur pour le PCF, qui reste à 42 % composé d'ouvriers et d'employés. Mais en 20 ans le pourcentage des adhérents ouvriers est passé de 46 % à 21 %. L'ensemble constitué par les professions libérales, les cadres supérieurs et les professions intermédiaires est devenu majoritaire dans le parti. Phénomène à double sens : la composition sociologique du PCF se rapproche de celle de la population française ; il a toutefois perdu la coloration de « parti de la classe ouvrière » qui faisait son identité et sa fierté.

Le sentiment d'abandon et la carence de représentation conjuguent leurs effets dans les catégories populaires, dessinant une nouvelle configuration de l'espace public. La fin du XXᵉ siècle semble avoir clos le cycle ouvert par l'affirmation de l'industrie et par l'expansion de la démocratie représentative. L'entre-deux-guerres avait, certes, perturbé une première fois l'équilibre démocratique assuré par le suffrage universel et le triomphe de la représentation en Europe. La défaite du fascisme et les quelques décennies de croissance économique et de relative distribution sociale avaient cependant permis aux classes populaires d'accéder à la garantie d'un statut, de la protection sociale et de l'expression politique (la place de la social-démocratie et, en pays latin, du communisme). Par là, les couches populaires s'étaient vues intégrées dans l'espace public. La crise longue amorcée dans les années 70 a mis à bas cet équilibre, replongeant une part significative d'entre elles dans la précarité et la marginalité, réelle ou supposée.

Tassement du sentiment d'appartenance et recul du vote de gauche sont ainsi les deux faces du même processus de délitement. Les XIXᵉ et XXᵉ siècles avaient fondé les ouvriers en classe ; la fin du XXᵉ siècle n'a pas fait disparaître les ouvriers, mais elle a étiolé la classe plus ou moins réunie par l'espérance d'un avenir radieux. En tout état de cause, les trois dernières décennies ont brisé le lien politique qui reliait, dans les représentations comme dans les urnes, le phénomène communiste et le monde ouvrier. Au début des années soixante, un tiers environ des ouvriers affirmaient dans les sondages leur propension au vote communiste ; en 1973, ce pourcentage était monté à 37 %, nettement devant le PS (27 %) et la droite gaulliste (21 %), tandis que l'extrême gauche, avec ses 4 %, laissait indifférents l'immense majorité des contingents prolétariens. À la présidentielle de 1988, encore, François Mitterrand rassemblait à lui seul 43 % du vote ouvrier au premier tour. En 1995, la situation est complètement renversée : les ouvriers votent majoritairement à droite, le premier vote ouvrier est celui du Front national (27 %), suivi du PS (21 %) et du PCF, à égalité avec le RPR (15 %). Cette année-là les ouvriers ne sont que 7 % et les employés 8 % à voter en faveur de la candidate de Lutte Ouvrière. En 2002, nouveau changement de décor... Robert Hue est surclassé par l'extrême gauche dans toutes les catégories : il obtiendrait 3 % du vote ouvrier et 4 % du vote employé contre 16 % et 17 % en faveur des trois candidats trotskystes. En 2007, le recul de l'extrême gauche réduit les pourcentages mais ne modifie pas les équilibres : chez les ouvriers, 9 % choisissent l'extrême gauche contre 1 % pour la candidate du PCF ; chez les employés, les chiffres sont de 7 % et de 3 %.

Résumé/épilogue.
La fin de l'exceptionnalité ?

Il y eut, dans la force et la durabilité de l'influence communiste en France, quelque chose qui relevait de l'exceptionnel, pour un parti communiste inséré dans une vieille nation occidentale. Issu de l'aile gauche du mouvement ouvrier et socialiste, qui est depuis longtemps rétive à toute lecture « révisionniste » du marxisme fondateur, le communisme politique a trouvé dans l'expérience russe le modèle lui paraissant à même de prendre la relève du socialisme ouest-européen, trop discrédité à ses yeux par le ralliement à « l'Union sacrée » en 1914. De cette impulsion inédite, est sorti un phénomène politico-social original, dont on doit prendre en compte la diversité, sans estomper les traits communs qui rapproche ses composantes : il faut savoir penser, en même temps, « le » communisme et « les » communismes[1] du xxe siècle. Partout, se sont mis en place des groupements militants actifs, mais la plupart du temps très minoritaires. Contrairement aux espérances des bolcheviks russes, la révolution d'Octobre n'a pas ouvert le cycle ininterrompu de la « révolution permanente » et le reflux de l'ondée révolutionnaire qui s'étale entre 1917 et 1923 a plutôt contribué à renforcer l'isolement des fractions qui choisissent l'exemple de Moscou contre ceux de Londres ou de Berlin. Même la Seconde Guerre mondiale et le prestige dont bénéficie l'URSS ne renversent pas la vapeur. L'intégration prudente dans les mécanismes de « l'État-providence » est, au final, apparu plus réaliste que le choix d'un modèle volontariste et entaché, pendant trois décennies, par la marque sanglante du stalinisme.

1. Michel Dreyfus et *alii*, *Le siècle des communismes*, Éditions de l'Atelier, Paris, 2000.

Un électorat structuré

On sait que, en France, l'histoire en a décidé autrement. Le jeune PCF, au départ surpassé par les socialistes « maintenus » qui ont refusé le choix de Moscou, a fini par devenir hégémonique à gauche. Sans doute, cela renvoie-t-il à une écologie française de la révolution, une méfiance instinctive à l'égard du « tiède » et du « modéré » dans une part du mouvement plébéien démocratique. Cela ne suffit pas à comprendre pourquoi, en France comme en Italie, c'est le communisme politique qui a réussi à se placer au cœur des configurations de gauche. En fait, l'implantation électorale du communisme en terre française est le résultat d'un enchevêtrement de processus, dans lequel l'initiative des hommes a joué un rôle au moins aussi grand que le poids des structures. Exception que celle de ce communisme solidement implanté ; mais l'exception n'est pas un mystère...

Le vote communiste est tout d'abord passé de l'archipel électoral dispersé à l'électorat structuré. Ce passage est le résultat d'une évolution par laquelle le vote en faveur du PCF se met à assumer trois fonctions, au départ séparées. Il y a dans le vote communiste une part d'expression identitaire : un groupe social, plus ou moins refermé sur lui-même, trouve dans le vote PCF une manière d'exprimer son identité, voire son altérité. Tel est le moteur de la propension au vote communiste des périphéries urbaines de l'entre-deux-guerres et des isolats ouvriers, dans les zones de forte concentration ouvrière (le modèle « d'Halluin-la-Rouge). Il s'y ajoute une dimension politico-culturelle, qui renvoie à la tradition politique[2] : dès 1924, le PCF se coule dans les territoires du mouvement plébéien révolutionnaire issu de 1789-1794. Sur la base de ces deux matrices, le vote communiste s'installe, à un niveau non négligeable (nationalement, entre 8,4 % et 11,4 %), mais il reste archipel. Pour qu'il franchisse un seuil, il lui faut encore assumer une troisième fonction, plus proprement politique : s'adosser à une formule qui lui permet de traduire, dans l'espace institutionnel, l'exigence d'un « bloc jacobin ». L'antifascisme, du « front populaire » à la « Résistance nationale », place le PCF au centre d'une construction où il n'apparaît plus en position externe ou subordonnée.

Entre 1936 et 1946, s'installe un électorat, relativement cohérent, regroupé autour d'un noyau solide qui lui donne son originalité sociologique et symbolique : la France com-

---

2. « La tradition politique », *Pouvoirs*, n° 42, 1987.

muniste est une « conscience » communiste. Cet électorat garde ses territoires privilégiés et ses espaces répulsifs, qui sont autant de terres de mission, mais il est désormais élargi et, surtout, reproductible. Jusqu'en 1958, il est plutôt stable, bénéficiant de l'exceptionnalité des « Trente Glorieuses » : son noyau est un salariat d'exécution qui se trouve, pour la première fois de son histoire, protégé par ses statuts et par la règle de droit. Pendant quelques décennies, stabilité salariale et stabilité électorale du communisme se confondent, quasiment imperméables aux va-et-vient de la guerre froide. Ils le font d'autant mieux que le PCF est pour un temps sans concurrent, le radicalisme ne jouant plus son rôle dans les terres semi-rurales « jacobines » et la SFIO ayant perdu la main entre 1939 et 1944. Toute proportion gardée, le PCF assume les fonctions d'intégration sociale qui sont le fait des social-démocraties dans l'Europe du Nord et du Nord-Ouest. Il a réussi ce que le socialisme d'avant 1914 n'avait pu obtenir pleinement : être « le » grand parti ouvrier. Il s'appuie sur une CGT hégémonique dans le monde du travail, qui lui assure ses arrières syndicaux, et il utilise la grande impulsion keynésienne de l'après-guerre, en essayant de la marquer de son empreinte dans son espace municipal et de la radicaliser par le poids de la lutte ouvrière et salariale.

Dans cette période (et cela reste en partie vrai jusqu'à la fin des années soixante-dix), la dimension identitaire du vote ne disparaît pas. Notamment dans les banlieues irriguées par la sociabilité communiste, le vote en faveur des candidats du PCF est une manière d'exprimer l'ethos ouvrier, d'autant plus dense que le nombre des attributs ouvriers est plus grand.[3] L'importance de cette dimension joue un rôle ambigu : elle protège le vote communiste des aléas de la conjoncture, en réduisant l'impact des reculs nationaux dans les zones de vote communiste dense ; en sens inverse, elle limite les capacités d'expansion du vote, dans les périodes d'avancée. Ainsi apparaît dès les années quarante-cinquante ce trait structurel : un recul du vote communiste peut être suivi d'un regain électoral ; il ne parvient pas pour autant à revenir au niveau antérieur. Le niveau de novembre 1946, abandonné dès 1951 ne sera plus atteint, même dans la conjoncture favorable de 1956 ; le niveau de 1956, dépassé par le bas en 1958, ne sera plus atteint, même dans la période porteuse de 1962-1968.

---

3. Guy Michelat, Michel Simon, *Classe, religion et comportement politique*, Presses de la FNSP, Paris, 1977.

LE BLOC SE FAILLE

L'identitaire est le premier touché par la translation longue de sociabilité qui, entre 1954 et 1968, fait reculer le modèle prolétarien classique et émerger un modèle salarial qui refaçonne les identifications sociales. L'intégration par les statuts et, dès le milieu des années cinquante, l'accession ouvrière à des modes de consommation matérielle et culturelle différents érodent l'étrangeté de la classe par la « conquête de l'ordinaire ». Le mendésisme ne parvient pas à mordre sur la classe, alors que le gaullisme, lui, détourne en 1958 une part de l'espace ouvrier communiste, la moins structurée dans la durée. Le PCF, redoutant la dilution de l'identité ouvrière, refuse les mutations qui affectent la classe, puis se résout à les affronter, rassuré qu'il est, au début des années soixante, du fait que son hégémonie politique à gauche n'est pas écornée et qu'elle est même renforcée par le système majoritaire et bipolarisant de la Cinquième République. Mais s'il perçoit assez bien les transformations du sous-bassement matériel de l'existence ouvrière (ce qu'il récusait au milieu des années cinquante), il peine à saisir leur dimension mentale et leur effet sur les représentations.

La décennie soixante-dix va ainsi cumuler trois évolutions négatives, qui vont commencer de défaire l'équilibre construit entre 1934 et 1945. Tout d'abord, la croissance numérique du monde ouvrier s'interrompt et se retourne en 1975 et, dans la grande croissance des périphéries urbaines, notamment en grande agglomération, la centralité prolétarienne recule face à l'émergence des nouvelles couches moyennes salariées. Les réseaux de sociabilité qui tissaient l'univers communiste se défont lentement. Dans un premier temps toutefois, la CGT résiste bien, tente de s'adapter au nouveau cours des choses, sous la houlette de Georges Séguy, tout en devant faire face à la concurrence des héritiers « gauchisés » du syndicalisme chrétien. Conflit de Lip (1973-1977) contre conflit de Rateau (1974) : somme toute, le modèle cégétiste de l'action sociale, plus classique, moins brouillon, moins teinté d'utopie résiste assez bien, jusqu'aux années 1970 tout au moins.[4]

Seconde évolution perturbante : la crise du soviétisme. L'URSS est au sommet de sa puissance, mais le modèle soviétique vacille, surtout quand les chars russes déçoivent à Pra-

---

4. René Mouriaux, *Le syndicalisme en France*, , La Découverte, Paris, 3e édition, 2008.

gue l'espoir d'une évolution accélérée vers une démocratie assumée. La glaciation brejnévienne sonne la fin de toute illusion khrouchtchévienne, tandis que les modèles alternatifs se ternissent eux-mêmes, avec la brutalité de la révolution culturelle chinoise et un lent enlisement du socialisme cubain épuisé par l'embargo étasunien. Les années soixante-dix accélèrent la fin des utopies stimulées par le début du siècle. L'eurocommunisme, au milieu de la décennie, est trop bref pour infléchir le cours des choses et marquer les consciences : dès 1977-1978, il s'essouffle, sous le double coup de l'échec des formules unitaires en France et en Italie (union de la gauche et compromis historique) et de l'amorce internationale de la « guerre fraîche ».

Troisième évolution, la plus importante : l'émergence d'un concurrent à gauche. L'élection présidentielle de 1969 a semblé ouvrir une phase étonnante, « à l'italienne », celle de la disparition électorale du socialisme français. Le PCF, comme en Italie, va-t-il être la seule force à gauche ? La formule de Malraux, « entre nous et les communistes, il n'y a rien », ne serait-elle pas en train de devenir réalité ? Or, en quatre ans, le socialisme français va trouver dans le mitterrandisme les ressources d'un spectaculaire regain. Il y parvient au prix d'une rupture brutale avec la tradition de la « vieille maison », incarnée par l'inamovible Guy Mollet qui avait dominé l'espace socialiste pendant deux décennies. En sept ans, de 1971 à 1978, le nouveau Parti socialiste rattrape son retard sur le PCF et, de 1978 à 1981, s'opère le transfert d'hégémonie, sans coup férir. Dans ces *seventies* dominées par l'esprit conquérant de la gauche salariale, le PCF ne parvient plus à imposer la perspective d'un keynésianisme porté au plus loin des conquêtes sociales possibles. Le PS, comme le PC, est copropriétaire du programme commun signé en juin 1972 : « l'union du peuple de France » du PCF ne peut faire la différence avec le « front de classe » du PS.

LA DÉSAGRÉGATION

Les années quatre-vingt et quatre-vingt-dix amplifient le phénomène jusqu'à déstructurer en profondeur l'électorat communiste. Ce qui s'agrégeait jusqu'alors se désagrège, à marches forcées... Là encore, une triple évolution entraîne inexorablement vers le bas l'implantation communiste. Le sous-bassement, désormais, est celui de la crise du mouvement ouvrier. Elle n'est pas propre à la France où elle prend une forme moins violente qu'outre-Manche, mais elle se déploie, comme ailleurs. Le recul ouvrier et le reflux des gros bataillons du prolétariat industriel se répercutent sur l'expression collective de la classe. Celle-ci passe en quelques années de la combativité de groupe au ressentiment individualisé. Or, si la combativité et l'esprit de lutte sociale ont historiquement nourri le mouvement ouvrier, le ressentiment alimente au contraire l'amertume, le repli sur soi et la tentation du grand renversement, l'attrait des horizons politiques inédits, voire longtemps repoussés, comme celui de l'extrême droite. Ce vaste arrière-plan marque la fin de la dimension identitaire du vote communiste et, ce faisant, fait éclater son noyau électoral. Pendant quelques années, après 1981, la direction communiste veut croire que le reflux électoral n'est que provisoire et qu'il est possible, disent les responsables, de reconquérir « notre » électorat. Illusion : il reste des électeurs, mais le noyau qui soudait un électorat s'est délité. Voilà en tout cas, le facteur identitaire étant en voie de régression, le vote communiste plus sensible que jamais au poids de la conjoncture.

Il l'est d'autant plus que le Parti socialiste s'est installé dans son rôle de parti central. Jusqu'à la fin des années quatre-vingt, il se prend même à croire à la possibilité de devenir le grand parti de toute la gauche, l'équivalent français des grandes social-démocraties d'Europe, voire du Parti démocrate américain. L'apogée électorale de 1981 ne sera toutefois plus retrouvée et, à partir de 1982, le tournant socialiste vers la « rigueur » relance le vieux débat qui traverse la social-démocratie européenne depuis 1917. Le socialisme doit-il entériner idéologiquement et culturellement l'acceptation de la norme marchande, jusqu'aux conclusions tirées par la social-démocratie allemande à Bad-Godesberg en 1959 (« le marché autant que possible, l'intervention publique autant que nécessaire ») ? Les socialistes doivent-ils vivre éternellement avec le « remords du pouvoir »[5] ou doivent-ils en assumer ouvertement les contraintes ? Les hésitations du PS auront un double effet sur le PCF. Pour une part, elles laissent une courte marge de manœuvre aux communistes : en 1988, elles leur assurent les bénéfices d'une relance inespérée aux législatives qui suivent la réélection de François Mitterrand, puis, en 1993, elles limitent les effets d'un nouveau recul législatif, alors que le PS s'effondre.

Mais la capacité de relance ou de moindre recul reste contrainte. Ou plutôt, le PCF des années 1990 se trouve confron-

---

5. Alain Bergounioux, Gérard Grunberg, *Le long remord du pouvoir. Le Parti socialiste français, 1905-1992*, Fayard, Paris, 1992.

té à un double mouvement, contradictoire. La crise qui déstructure son électorat affecte désormais son noyau : en1986 et, dans une moindre mesure en 1993, il perd d'autant plus que son implantation est forte. Dans une part de son électorat ouvrier et chez les plus jeunes, le PCF participe du discrédit de la gauche gouvernementale, quand bien même il a pris ses distances avec elle.

Les indices d'évolution *selon l'intensité du vote communiste en 1978*		
1978	1986/1981	1993/1988
Plus de 30 %	57	77
De 25 à 30 %	60	81
De 20 à 25 %	60	78
De 15 à 20 %	61	88
De 10 à 15 %	70	95
De 5 à 10 %	68	97
Total France métropolitaine	60	82

La fragilité est d'autant plus grande que la France connaît, depuis le début des années quatre-vingt, un bouleversement de ses repères symboliques qui affecte la grande distinction fondatrice de la droite et de la gauche. Sur le long terme, l'électorat communiste s'est caractérisé, davantage que les autres électorats, par sa propension à se situer massivement sur l'axe droite-gauche, à gauche ou même très à gauche. Or les années quatre-vingt se mettent à nouveau à dévaloriser un mode de classement des opinions dont les années soixante avaient fait le principal critère de distinction de la vie politique. On continue certes de se classer sur l'échelle droite-gauche, dans une proportion inchangée chez les personnes âgées, de façon moins dense dans les générations plus jeunes. Mais, quand bien même on se classe, on récuse de plus en plus la pertinence de la distinction entre des notions de droite et de gauche que l'on juge très majoritairement « dépassées ». L'électorat communiste évite ce tropisme ? Pour une part, mais une part seulement : 39 % des électeurs communistes en 1997 (62 % pour l'ensemble de l'échantillon) estimaient dépassé le clivage fondateur. L'évolution idéologico-politique des trente dernières années explique cette translation dans les grandes représentations. Dans le premier tiers de la décennie, les observateurs se mettent à disserter sur la dilution des grandes oppositions fondamentales, insistant sur la montée à gauche des items partiellement favorables à la libre concurrence et, corrélativement, au recul des thèmes de la nationalisation, présumés trop proches de l'expérience soviétique déconsidérée. Dans l'ensemble, l'électorat communiste résiste plutôt bien à ces évolutions, mais ses franges s'étiolent, de plus en plus persuadées que les différences entre la gauche et la droite ne sont pas aussi importantes qu'on le croyait naguère. Au final, les incertitudes dans l'opinion nourrissent, tout à la fois, la montée massive de l'abstention en milieu populaire, la fragilisation du vote de gauche et, à l'intérieur de la gauche, celle du vote jusqu'alors le plus fortement ancré dans les repères de gauche.

Recompositions

Les ingrédients sont ainsi réunis d'un décrochage continu du vote communiste. Le déclin du noyau « identitaire » renforce le poids des conjonctures politiques, dans un corps électoral plus « calculateur » qu'il ne l'était autrefois. Les vecteurs les plus structurants du vote perdurent, comme l'appartenance de classe ou la religion, mais concernent des individus en nombre réduit. Il arrive que la conjoncture ait un effet positif : pour le PCF, c'est le cas entre 1993 et 1998, cinq années de répit où les communistes bénéficient de l'effondrement du PS, de l'amélioration d'image que suscite la personnalité du successeur de Georges Marchais, Robert Hue et du retournement antilibéral d'une partie de l'opinion de gauche. À partir de 1993-1995, on assiste en effet à une remontée de la combativité (surtout dans le secteur public il est vrai) et d'une relance des idées et des mots désormais ouvertement critiques à l'égard de l'inflexion libérale des années quatre-vingt. Le mouvement puissant et coloré de la fin 1995 (« Tous ensemble ! Tous ensemble ! Ouais ! ») cristallise et symbolise ce regain critique porté par la figure du « mouvement social ». La rue en novembre-décembre 1995, l'engagement de franges intellectuelles, puis l'extension de l'altermondialisme dans la période suivante dessinent la trame d'un cours politique nouveau.

Or le champ politique se relance sur de tout autres bases. Le PS, terrassé en 1993 mais requinqué par la bonne prestation de Lionel Jospin à la présidentielle du printemps 1995, est le grand bénéficiaire du désarroi de droite. En 1997, la gauche retrouve une majorité législative et les socialistes le contrôle du gouvernement. Comme en 1981, les communistes considèrent qu'ils ne peuvent rester en marge du mouvement et entrent dans le gouvernement formé par Lionel Jospin. Dans l'esprit de la direction, la présence communiste est une garantie confortant l'ancrage à gauche du nouveau pouvoir socialiste. En apparence, le raisonnement n'est pas sans fondement : Lionel Jospin se démarque à plusieurs reprises de son homologue, travailliste et « social-libéral », Tony Blair, très influencé par les théories très modérées de John Rawls et d'Ulrich Beck. En pratique, le gouvernement Jospin peine à imposer l'image d'une voie originale, franchement plus à gauche que les gestions socialistes des quinze années précédentes.

Évolution d'une présidentielle à l'autre		
Niveau législatif de 1988	2002/1995	2007/2002
Tranches de communes	Indices	Indices
Plus de 40 %	49	61
De 30 à 40 %	48	58
De 25 à 30 %	42	58
De 20 à 25 %	42	56
De 15 à 20 %	41	56
De 10 à 15 %	40	57
De 5 à 10 %	40	57
Moins de 5 %	37	57
Total	43	57

Le PCF compte bien tirer les bénéfices de son engagement dans la « gauche plurielle ». Il y gagne un nombre respectable d'élus régionaux en 1998, à l'apogée de la mobilisation de gauche... et une série de camouflets, municipaux et nationaux. Les élections municipales de 2001 sont l'occasion d'un nouveau fléchissement, moins catastrophique numériquement qu'en 1989 et 1995, mais qui met désormais en cause la texture même du communisme municipal. Quant aux consultations nationales, elles montrent un PC qui s'érode par tous les bouts. Les présidentielles de 2002 et 2007 structurent le mouvement : à deux reprises, le PCF perd chaque fois à peu près la moitié de son potentiel. À deux reprises, la perte est un peu moins forte dans les zones de force, mais les écarts tendent à devenir négligeables, comme le montrent les indices d'évolution dans les communes de plus de 3 500 habitants.

L'évolution législative dans la même série de communes est plus significative encore. En 1997, le PCF progresse d'autant plus sur l'élection précédente que son niveau de 1988 était faible. Dans les zones de force, l'évolution est ralentie et elle est même négative dans la tranche 25 %-30 % de 1988 : dans ces territoires, la crédibilité du vote à gauche est entretemps passée du côté des socialistes. Entre 1997 et 2002, le PCF recule quel que soit le niveau antérieur, plutôt moins dans les espaces de ses meilleurs scores antérieurs. Entre 2002 et 2007, en revanche, l'évolution la plus négative est dans la

Évolution d'une législative à l'autre			
Niveau de 1988	1997/1993	2002/1997	2007/2002
Tranches de communes	Indices	Indices	Indices
Plus de 40 %	103	77	93
De 30 à 40 %	104	66	103
De 25 à 30 %	97	61	84
De 20 à 25 %	107	55	105
De 15 à 20 %	103	56	90
De 10 à 15 %	104	47	98
De 5 à 10 %	113	41	106
Moins de 5 %	120	37	98
Total	111	53	91

même tranche des 25 %-30 %. Dans une situation d'exacerbation de la tension gauche-droite, le PCF fléchit quand, dans un territoire donné, des concurrents socialistes apparaissent comme mieux à même de porter la gauche à la victoire.

Le bipartisme

En cela, le PCF est une des premières victimes de l'évolution générale vers un modèle bipartisan. Historiquement, depuis le XIXᵉ siècle, la vie politique française fait coexister la bipolarisation droite-gauche des comportements politiques et la parcellisation extrême des organisations qui s'y inscrivent. Longtemps, la grande simplification à l'anglo-saxonne du grand parti de la gauche et du grand parti de la droite est restée de l'ordre du mythe politique. De fait, le bipartisme français reste imparfait, régulièrement contredit par l'émergence de forces suffisamment attractives pour le contester.

Par exemple, en 2002, 40 % des suffrages se sont portés sur des candidats qui refusaient les alliances autour d'un parti dominant, tandis que les deux candidats du PS et de l'UMP devaient se partager un très modeste 36 % des exprimés. Mais un demi-siècle de Cinquième République a accentué la tendance à promouvoir, à gauche comme à droite, la force présumée la mieux à même de rassembler des majorités et de s'inscrire dans une alternance au pouvoir jugée incontournable. Examinant l'évolution des votes présidentiels et législatifs, Gérard Grunberg a souligné la force du tropisme bipartisan. Depuis 1981, le PS et le RPR/UMP regroupent, aux scrutins présidentiels, entre 36,1 % (2002) et 57,1 % (2007) des suffrages exprimés ; aux élections législatives, les pourcentages vont de 39,2 % (1993) à 65,5 % (2007), selon une progression continue.[6]

Dans cette évolution bipartisane, les élections de 2007 ont marqué une étape importante, liée à une présidentialisation accentuée des institutions. Il est significatif que l'ensemble de la séquence électorale de 2007-2008 se soit inscrite dans le mouvement indiqué par la présidentielle. À l'issue des consultations du printemps 2008, le PS et l'UMP contrôlent 75 % des communes de plus de 15 000 habitants et 60 % des sièges de conseillers généraux, contre 40 % en 2001. Le Parti socialiste à lui seul réalise aux cantonales deux fois le score de toutes les autres forces de gauche, tandis que l'UMP lamine la représentation d'un centre réduit à la portion congrue.

Électoralement, le PCF est ainsi dans une situation d'extrême fragilité. Ses résultats bruts ne sont pas des plus négligeables : selon le type d'élection, son potentiel se situe entre 2 % et 9 % des suffrages exprimés. Ses élus approchent du seuil des 10 000 et son réseau municipal continue de susciter bien des convoitises. Mais l'ensemble des indicateurs est au reflux : depuis 2001, le PCF a perdu au moins un quart de sa réserve d'élus. À l'Assemblée, il ne dispose d'un groupe parlementaire que grâce à une alliance « technique » avec les Verts.

L'évolution du vote législatif par circonscription confirme le trait. Le PCF recueille moins de 5 % dans 402 des 547 circonscriptions métropolitaines où il a présenté des candidats. Au premier tour, il ne dépasse le seuil des 25 % assurant la présence au second tour et l'hégémonie à gauche que dans 15 de ces circonscriptions. Dans les villes qu'il continue d'ad-

6. Gérard Grunberg, « Vers un espace politique bipartisan ? », in Pascal Perrineau (sous la direction de), Le vote de rupture. Les élections présidentielle et législatives d'avril-juin 2007, Presses de Sciences Po, Paris, 2008.

Le vote communiste législatif dans les circonscriptions						
	1988	1993	1997		2002	2007
Niveau d'influence	Nombre de circonscriptions			Niveau d'influence	Nombre de circonscriptions	
Plus de 25 %	42	22	38	Plus de 25 %	27	15
De 15 à 25 %	76	53	56	De 15 à 25 %	20	20
De 10 à 15 %	115	83	100	De 10 à 15 %	21	24
De 5 à 10 %	229	279	274	De 5 à 10 %	75	86
Moins de 5 %	97	118	82	De 3 % à 5 %	130	142
				Moins de 3 %	214	260
France métropolitaine	559	555	550	France métropolitaine	487	547

ministrer, il gagne depuis 1983 la très grande majorité des primaires voulues par le PS ; mais celui-ci, lentement mais sûrement, grignote le capital municipal des communistes, leur ravissant même le fleuron symbolique de la Seine-Saint-Denis, malgré une résistance plus qu'honorable du vote communiste départemental global. L'espace s'est resserré, en même temps que les couleurs de la carte se sont éclaircies. En 1988, le PC trouvait la moitié de ses électeurs législatifs dans cent-quinze circonscriptions ; en 2007, ils se regroupent dans quatre-vingt-quatorze d'entre elles.

Les départements par niveau d'influence du PCF								
	1978	1981	1986	1988	1993	1997	2002	2007
Moins de 5 %	0	4	14	10	13	9	61	69
De 5 à moins de 10 %	9	25	43	39	54	50	26	21
De 10 à moins de 15 %	15	24	28	30	20	27	7	6
De 15 à moins de 20 %	27	18	8	11	7	8	1	0
De 20 à moins de 25 %	21	13	3	4	1	1	1	0
De 25 à moins de 30 %	16	9	0	2	1	1	0	0
Plus de 30 %	8	3	0	0	0	0	0	0

Jusqu'en 1978, le vote communiste est largement nationalisé. En 1978, aucun département français n'est au-dessous des 5 % de votes communistes ; en 2007, ils sont soixante-neuf dans ce cas. La dénationalisation s'inscrit dans un processus quasi-continu depuis 1981, à peine tempéré par quelques rémissions, comme en 1988 et en 1997. Aujourd'hui, la dénationalisation s'accompagne d'une délocalisation. L'archipel résiste dans ses zones de force, mais ces zones s'étiolent elles-mêmes.

Un espace à occuper ?

Sur le fond, il n'y a plus d'électorat communiste à proprement parler : il y a des électeurs, mais plus d'électorat. Il s'en est constitué un, à partir du milieu des années trente, quand se sont conjugués les trois facteurs d'agrégation décrits ci-dessus : le facteur sociologique ou « identitaire » ; le facteur symbolique de l'utopie ou de la « Sociale » ; le facteur politique du grand rassemblement de la gauche, voire de la République. L'identité sociale s'est diluée, la capacité d'espérance sociale s'est tarie et l'appel au rassemblement n'a guère de porter quand on est devenu soi-même un petit parti, menacé par ceux-là dont on moquait naguère le périmètre restreint.

Indéfini socialement et symboliquement, le Parti communiste voit son utilité politique contestée par les deux bouts. L'utilité majeure est passée entre les mains d'un PS qui est devenu hégémonique en 1981 et qui dispose désormais du pouvoir de redistribution des miettes locales du pouvoir. La fonction de contestation hors-système est en train de glisser vers une extrême gauche revigorée par l'échec des participations ministérielles de 1981-1984 et, plus encore, de 1997-2002. Le parti socialiste peut être déstabilisé par ses hésitations stratégiques et ses confits internes de leadership, il est vraisemblable que, le jeu de la présidentialisation et du bipartisme aidant, il conservera sa place centrale dans les prochaines années. L'extrême gauche incarnée par Olivier Besancenot a contre elle l'absence d'un enracinement local qui a été dès le début un atout pour le communisme français. Mais elle bénéficie de ce dont ne dispose plus le PC : l'image d'une force nouvelle et expansive. Il n'est pas sûr qu'elle ait les moyens politiques d'occuper l'espace qui était celui du PCF, mariant la tradition contestataire du mouvement ouvrier et l'implication gestionnaire de l'esprit républicain. Elle a toutefois assez de force pour restreindre toute possibilité de relance d'un vote communiste significatif.

Dans un essai récent[7], Marc Lazar souligne ce qui lui paraît être un paradoxe surprenant : « Alors même que le parti

7. Marc Lazar, *Le communisme, une passion française*, Perrin, Paris, réédition 2005.

communiste connaît un déclin mortel, le communisme, dans la multiplicité de ses variantes, notamment trotskistes, pèse d'un poids non négligeable en France ». Le constat est juste, mais il n'y a pas de paradoxe. Ce que Marc Lazar désigne comme le communisme n'est rien d'autre que la manifestation, dans l'ordre politique, de la persistance du courant plébéien, démocratique et révolutionnaire, qui travaille les représentations populaires et irrigue une large partie de la gauche depuis deux siècles. On sait que l'histoire, notamment celle des révolutions manquées et des constructions nationales « par en haut », a donné à ce courant la part congrue dans la plupart des démocraties occidentales. En France, au contraire, les caractères fondamentaux d'une Révolution réussie, « bourgeoise » dans son horizon et plébéienne dans ses ressorts, ont donné à la tradition révolutionnaire une force et un soubassement populaires sans précédent.

Au xxe siècle, surtout après 1934, le communisme a été la principale expression politique de ce courant. Jusqu'à la seconde Guerre mondiale, il en partage les territoires électoraux avec une SFIO qui garde ses références doctrinales à la dictature du prolétariat et se réclame continûment de la rupture révolutionnaire. Après la guerre, la domination écrasante du PCF épuise toute tentative socialiste de disputer au PCF le magistère sur le flanc gauche. Sans rompre avec la doctrine ancienne du socialisme, la SFIO engagée dans la « gestion loyale du capitalisme » finit par se rattacher franchement, dans les faits sinon toujours dans les mots, à la tradition réformiste de la social-démocratie européenne. Formellement, le PS français n'a jamais connu l'ébranlement doctrinal de ses voisins européens : pas de Bad-Godesberg à la française. Pourtant, au bout du compte, le choix de Londres ou celui de Moscou, en 1920, était bien une manière de désigner la ligne de frontière entre deux philosophies de la société et de la gauche.

Faute de renouvellement, le PCF a érodé peu à peu les bases qui lui avaient permis d'agréger un électorat conséquent et, ce faisant, de maintenir le vieux courant populaire et critique en situation hégémonique à gauche. Ce qui s'est effacé, c'est une expression politique particulière de la culture plébéienne de souche révolutionnaire. Ce n'est pas le communisme en général ; a fortiori ce n'est pas le courant critique qui le déborde. L'extrême gauche, les altermondialistes, les anticonsuméristes, les surgeons de l'anarchisme, les tenants de la contre-culture occupent à leur manière un espace que le déclin électoral du PCF a laissé politiquement vacant. Mais pour que la vacance soit comblée, encore faut-il que soit, d'une manière ou d'une autre assumée la triple fonction que le PCF d'hier a su prendre en charge : fonction sociale (l'unification du « peuple » dispersé et la promotion des dominés), fonction symbolique (l'espérance de la Sociale) et fonction politique (la garantie d'un rassemblement à gauche qui assure, tout à la fois, l'exigence majoritaire et le respect des valeurs fondatrices).

Qui peut, en assumant la fonction, occuper par là-même l'espace ? Le PCF lui-même peut se prévaloir de son histoire, de ses militants, de son ancrage territorial. Mais il est desservi par son affaiblissement continu et, surtout, par l'extrême complexité des composantes critiques qui excèdent désormais largement l'espace du communisme et même celui du mouvement ouvrier. L'extrême gauche, elle, peut mettre en avant son antistalinisme d'hier, sa jeunesse, son dynamisme, son immersion dans les mouvements critiques des deux dernières décennies et son éloignement du pouvoir, dans les longues années difficiles de 1983 à nos jours. Mais l'atout de l'éloignement gestionnaire est en même temps un obstacle, redoublé par l'absence d'ancrage électoral (le jeune Parti communiste, après 1920, est parti avec un capital bien plus conséquent) et par la répugnance à occuper le terrain de la gauche dans son ensemble. Quant au mouvement critique non-partisan, il a la force de la « multitude », la convergence des multiples ruisseaux du combat antisystème. Mais, pour l'instant, la multitude n'a jamais pu s'imposer comme acteur politique, tant qu'elle ne s'est pas constituée en « peuple ».

Difficile de dire aujourd'hui si des dynamiques politiques permettront ou non que soit occupée la place qui fut naguère celle du PCF dans l'espace électoral. Une seule chose semble assurée d'ores et déjà. Pendant longtemps, le PCF n'a eu sur sa gauche que des forces marginales ; ce n'est plus le cas aujourd'hui. Il a, par ailleurs, sur sa droite, un Parti socialiste fragilisé par la difficulté qui est la sienne à préciser ses choix stratégiques, mais porté par la logique bipartisane du système politique français. L'histoire, on l'a dit, n'a pas de leçon et ne s'écrit pas à l'avance. Pourtant, si la situation actuelle s'installe dans la durée, l'organisation communiste actuelle pourrait bien être vouée à un choix limité, force supplétive du parti dominant à gauche ou aiguillon de majorités dans lesquelles son rôle serait drastiquement minoré.

Dans tous les cas, quand bien même demeureraient un sigle et une organisation, elles ne relèveraient plus tout à fait de l'histoire du « Parti communiste français », cette synergie originale entre une structure partisane, un état social et le corps politique français.

ANNEXES

SOMMAIRE

Tableau 1. Le PCF et la gauche depuis 1936

Élection	Date	Abstentions % inscrits	Extrême gauche % exprimés	PCF Voix	PCF % inscrits	PCF % exprimés	PS % exprimés	Ensemble Gauche % exprimés	Écologistes % exprimés	Gauche et écologistes % exprimés
Législatives	avr-1936	15,8		1 473 734	12,5	15,2	20,8	56,3	0,0	56,3
	oct-1945	20,3		5 024 174	20,4	26,2	23,4	61,3	0,0	61,3
	juin-1946	18,1		5 199 111	21,1	26,2	21,1	58,8	0,0	58,8
	nov-1946	21,9		5 489 288	21,9	28,6	17,9	58,9	0,0	58,9
	juin-1951	19,8	0,7	4 910 547	20,0	25,7	14,9	54,2	0,0	54,2
	janv-1956	17,3	0,4	5 454 589	20,4	25,4	14,8	56,0	0,0	56,0
	nov-1958	22,9		3 882 204	14,3	19,0	15,5	44,4	0,0	44,4
	nov-1962	31,3		4 003 553	14,5	21,8	12,5	44,5	0,0	44,5
	mars-1967	19,1	2,2	5 039 032	17,8	22,5	19,0	43,7	0,0	43,7
	juin-1968	20,0	3,9	4 434 832	15,7	20,0	16,5	41,7	0,0	41,7
	mars-1973	18,8	3,3	5 085 108	17,0	21,4	19,2	46,7	0,0	46,7
	mars-1978	16,7	3,3	5 791 525	16,8	20,6	22,8	51,7	2,2	53,9
	juin-1981	29,1	1,3	4 003 444	11,3	16,1	36,3	55,8	1,1	56,9
	mars-1986	21,5	1,5	2 663 259	7,3	9,7	30,8	44,1	1,2	45,3
	juin-1988	33,8	0,0	2 680 028	7,2	11,1	35,3	49,1	0,4	49,5
	mars-1993	26,6	1,3	2 273 569	6,4	9,1	19,4	30,8	8,4	39,1
	mai-1997	31,6	2,2	2 485 040	6,4	9,8	23,9	41,2	5,8	47,0
	juin-2002	35,6	2,8	1 216 178	3,0	4,8	24,1	35,5	5,7	41,2
	juin-2007		3,5	1 115 663	2,6	4,4	25,0	35,7	4,1	39,8

Présidentielles	juin-1969	21,8	4,7	4 779 539	16,6	21,5	5,1	31,3	0,0	31,3
	mai-1974	15,1	2,7		12,4	15,5	43,4	46,1	1,3	47,4
	avr-1981	18,3	3,4	4 412 949	5,5	6,9	26,1	47,2	3,9	51,2
	avr-1988	18,0	4,5	2 042 717	6,7	8,7	33,9	45,3	3,8	49,1
	avr-1995	20,8	5,3	2 624 755	2,3	3,4	23,2	37,3	3,3	40,6
	avr-2002	28,4	10,4	960 480	1,6	1,9	16,2	37,6	5,2	42,9
	avr-2007	16,2	7,1	707 268	11,9	20,6	25,9	34,9	1,6	36,4
Européennes	juin-1979	38,8	3,1	4 101 261	6,2	11,2	23,7	47,5	4,5	51,9
	juin-1984	42,8	3,8	2 211 305	3,8	7,8	20,8	39,5	3,4	42,9
	juin-1989	50,3	2,4	1 392 561	3,5	6,9	23,6	33,8	10,7	44,4
	juin-1994	46,2	2,7	1 334 234	2,2	5,2	14,5	38,9	5,0	43,9
	juin-2004	57,2	3,6	900 396			28,9	38,5	7,4	45,9
Cantonales	juin-1961	43,5	2,7			18,6	16,8	0,0	0,0	0,0
	mars-1964	43,4	2,3			21,6	16,6	0,0	0,0	0,0
	sept-1967	42,7	2,0			26,3	21,6			0,0
	mars-1970	38,2	3,1			23,8	14,8	0,0	0,0	0,0
	sept-1973	46,6	1,0	1 877 371	11,8	22,7	21,9	53,9	0,0	53,9
	mars-1976	34,6	0,7	2 368 230	14,5	22,8	26,6	56,5	0,0	56,5
	mars-1979	34,6	0,9	2 405 655	14,2	22,5	27,0	55,3	0,5	55,8
	mars-1982	31,6	0,6	1 968 505	10,5	15,9	29,9	49,6	0,4	50,1
	mars-1985	33,3	0,6	1 437 238	8,1	12,5	24,9	41,3	0,8	42,1
	mars-1988	50,9	0,4	1 186 574	6,4	13,3	30,2	47,8	1,6	49,5
	mars-1992	29,8	0,9	1 177 266	6,3	9,5	19,0	34,3	10,0	44,3
	mars-1994	39,6	0,6	1 240 046	6,6	11,5	22,6	40,9	3,5	44,4
	mars-2008		0,4	1 156 408	5,6	8,9	27,0	43,9	4,6	48,5

Tableau 2. Communes de plus de 3 500 habitants par tranches d'influence PCF, résultats de 1981 à 2008

	Base	Présidentielles				
	Présidentielle 1981	1981	1988	1995	2002	2007
Nbre	Tranches de communes	% exp	% exp	% exp	% exp	% exp
38	Plus de 40%	45,6	29,1	26,4	15,6	10,4
157	Entre 30 et 40%	34,1	18,7	20,0	9,5	5,6
135	Entre 25 et 30%	26,7	12,9	13,9	6,0	3,5
239	Entre 20 et 25 %	22,3	10,2	11,8	4,9	2,7
457	Entre 15 et 20 %	17,2	7,1	9,0	3,5	2,0
595	Entre 10 et 15 %	12,5	4,9	6,9	2,6	1,5
400	De 5 à 10 %	8,2	3,1	4,9	1,9	1,0
94	Moins de 5 %	3,4	1,2	2,6	1,0	0,6
2115	Total	16,3	7,1	8,8	3,7	2,1

	Base	Législatives						
	Présidentielle 1981	1981	1986	1988	1993	1997	2002	2007
Nbre	Tranches de communes	% exp	% exp	% exp	% exp	% exp	% exp	% exp
38	Plus de 40%	55,4	39,0	47,1	42,2	43,1	32,1	37,9
157	Entre 30 et 40%	44,5	27,4	36,3	29,2	30,7	21,0	21,1
135	Entre 25 et 30%	31,8	18,7	21,2	18,9	22,5	14,7	11,5
239	Entre 20 et 25 %	26,9	15,4	18,9	14,5	15,1	8,5	7,7
457	Entre 15 et 20 %	18,7	10,7	11,8	9,0	9,5	4,3	4,2
595	Entre 10 et 15 %	11,3	6,5	7,2	6,1	6,8	2,7	3,0
400	De 5 à 10 %	7,0	3,9	4,7	4,5	4,9	2,0	2,1
94	Moins de 5 %	2,7	1,6	2,0	2,1	2,5	0,9	0,9
2115	Total	17,6	10,5	12,0	9,9	11,0	5,9	5,3

	Base	Européennes				
	Présidentielle 1981	1984	1989	1994	1999	2004
Nbre	Tranches de communes	% exp	% exp	% exp	% exp	% exp
38	Plus de 40%	32,5	33,7	32,5	25,6	25,6
157	Entre 30 et 40%	22,0	25,8	22,0	19,5	17,1
135	Entre 25 et 30%	13,0	15,5	13,0	12,2	9,8
239	Entre 20 et 25 %	10,3	12,3	10,3	9,8	7,9
457	Entre 15 et 20 %	7,1	8,3	7,1	7,3	5,4
595	Entre 10 et 15 %	5,0	5,5	5,0	5,5	4,3
400	De 5 à 10 %	3,2	3,5	3,2	3,8	3,3
94	Moins de 5 %	1,4	1,3	1,4	1,9	1,4
2115	Total	7,6	8,4	7,6	7,4	5,7

	Base	Régionales			Municipales	
	Présidentielle 1981	1986	1992	2004	1989	2008
Nbre	Tranches de communes	% exp	% exp	% exp	% exp	% exp
38	Plus de 40%	41,0	33,7	15,3	49,7	47,4
157	Entre 30 et 40%	28,8	25,8	12,9	48,9	35,6
135	Entre 25 et 30%	19,4	15,5	3,9	21,3	18,5
239	Entre 20 et 25 %	18,6	12,3	5,2	20,9	7,8
457	Entre 15 et 20 %	11,8	8,3	2,4	7,7	1,6
595	Entre 10 et 15 %	7,6	5,5	2,2	3,3	1,0
400	De 5 à 10 %	4,6	3,5	2,2	2,6	0,5
94	Moins de 5 %	1,7	1,3	0,7	0,6	0,1
2115	Total	11,7	8,4	3,4	11,0	5,5

Tableau 3. Communes de plus de 3 500 habitants par tranches d'influence PCF, résultats de 1986 à 2008

	Base	Présidentielles			
	Législatives 1986	1988	1995	2002	2007
Nbre	Tranches de communes	% exp	% exp	% exp	% exp
20	Plus de 40 %	32,5	34,1	17,3	11,9
86	De 30 à 40 %	21,0	22,8	11,3	6,8
84	De 25 à 30 %	18,6	19,5	9,2	5,2
121	De 20 à 25 %	14,6	16,3	7,4	4,3
160	De 15 à 20 %	11,6	13,2	5,5	3,2
382	De 10 à 15 %	8,6	10,2	4,0	2,2
838	De 5 à 10 %	5,3	7,2	2,8	1,6
532	Moins de 5 %	2,7	4,6	1,7	1,0
2223	Total	7,4	9,1	3,8	2,2

	Base	Législatives					
	Législatives 1986	1986	1988	1993	1997	2002	2007
Nbre	Tranches de communes	% exp	% exp	% exp	% exp	% exp	% exp
20	Plus de 40 %	43,8	52,2	44,0	45,8	33,2	41,0
86	De 30 à 40 %	33,3	41,5	33,5	34,4	21,6	22,3
84	De 25 à 30 %	27,7	36,5	29,7	30,1	18,8	18,1
121	De 20 à 25 %	22,5	30,4	24,6	25,9	17,9	18,2
160	De 15 à 20 %	17,5	21,0	16,8	17,6	12,6	10,7
382	De 10 à 15 %	12,3	13,8	10,4	10,9	4,9	4,9
838	De 5 à 10 %	7,0	7,7	6,5	7,2	3,0	3,2
532	Moins de 5 %	3,4	4,0	3,8	4,5	1,6	1,7
2223	Total	10,5	12,5	10,3	11,1	5,9	5,5

	Base	Européennes				Régionales		Municipales	
	Législatives 1986	1989	1994	1999	2004	1992	2004	1989	2008
Nbre	Tranches de communes	% exp	% exp	% exp	% exp	% exp	% exp	% exp	% exp
20	Plus de 40 %	43,2	40,4	32,5	29,9	39,0	14,9	69,0	60,4
86	De 30 à 40 %	28,9	25,6	22,4	19,0	31,6	15,8	56,6	41,3
84	De 25 à 30 %	24,7	21,3	18,8	17,2	24,8	13,5	46,7	28,8
121	De 20 à 25 %	19,6	16,7	15,2	12,3	19,5	7,5	42,0	30,6
160	De 15 à 20 %	13,9	11,9	11,0	9,2	13,9	5,5	23,5	11,7
382	De 10 à 15 %	9,9	8,2	8,1	6,2	9,6	2,8	9,9	2,1
838	De 5 à 10 %	5,9	5,3	5,8	4,4	5,9	2,5	3,7	1,2
532	Moins de 5 %	3,0	2,9	3,5	2,6	3,2	1,0	2,1	0,3
2223	Total	8,7	7,6	7,5	5,8	8,9	3,4	11,5	5,7

Tableau 4. Communes de plus de 3 500 habitants par tranches d'influence PCF, résultats de 1988 à 2008

	Base	Présidentielles			Législatives				
	Législatives 1988	1995	2002	2007	1988	1993	1997	2002	2007
Nbre	Tranches de communes	% exp	% exp	% exp	% exp	% exp	% exp	% exp	% exp
96	Plus de 40 %	23,4	11,5	7,0	46,4	36,0	37,0	28,4	26,6
144	Entre 30 et 40%	17,8	8,6	5,0	34,2	27,6	28,8	19,0	19,6
71	Entre 25 et 30 %	14,7	6,2	3,6	27,3	21,5	20,8	12,8	10,8
96	Entre 20 et 25 %	13,2	5,5	3,0	22,2	16,5	17,7	9,7	10,2
152	Entre 15 et 20 %	11,5	4,7	2,6	17,2	13,1	13,5	7,5	6,8
134	Entre 10 et 15 %	9,6	3,8	2,1	12,3	9,5	9,9	4,7	4,6
813	Entre 5 et 10 %	6,8	2,7	1,5	6,9	6,1	6,9	2,9	3,0
342	Moins de 5 %	4,6	1,7	1,0	3,4	3,6	4,3	1,6	1,6
2248	Total	8,8	3,7	2,1	12,0	10,0	11,0	5,9	5,3

	Base	Européennes				Régionales		Municipales	
	Législatives 1988	1989	1994	1999	2004	1992	2004	1989	2008
Nbre	Tranches de communes	% exp	% exp	% exp	% exp	% exp	% exp	% exp	% exp
96	Plus de 40 %	30,3	26,8	23,3	19,7	30,8	17,4	57,4	43,0
144	Entre 30 et 40%	22,3	19,3	17,2	15,0	23,4	10,0	46,4	32,6
71	Entre 25 et 30 %	16,8	13,8	12,9	10,2	17,0	5,7	37,9	21,0
96	Entre 20 et 25 %	14,1	12,0	10,9	9,0	14,7	5,7	25,5	10,6
152	Entre 15 et 20 %	11,3	9,9	9,3	7,4	11,1	4,2	15,4	3,4
134	Entre 10 et 15 %	9,3	7,7	7,7	6,0	8,7	2,6	6,2	1,9
813	Entre 5 et 10 %	5,5	5,1	5,6	4,3	5,6	2,6	3,2	1,1
342	Moins de 5 %	2,8	2,8	3,4	2,5	3,0	0,8	2,1	0,1
2248	Total	8,4	7,6	7,4	5,7	8,6	3,4	11,0	5,5

Tableau 5. Communes de plus de 3 500 habitants par tranches d'influence PCF, résultats de 1993 à 2008

	Base	Présidentielles			Législatives			
	Législatives 1993	1995	2002	2007	1993	1997	2002	2007
Nbre	Tranches de communes	% exp	% exp	% exp	% exp	% exp	% exp	% exp
87	Plus de 40 %	23,7	11,7	7,1	36,5	37,1	28,4	27,3
153	Entre 30 et 40%	17,9	8,7	5,1	27,8	29,1	19,5	19,7
96	Entre 25 et 30 %	14,7	6,2	3,6	21,5	20,8	12,8	10,8
71	Entre 20 et 25 %	13,2	5,5	3,0	16,5	17,7	9,7	10,2
152	Entre 15 et 20 %	11,5	4,7	2,6	13,1	13,5	7,5	6,8
381	Entre 10 et 15 %	9,6	3,8	2,1	9,5	9,9	4,7	4,6
813	Entre 5 et 10 %	6,8	2,7	1,5	6,1	6,9	2,9	3,0
342	Moins de 5 %	4,6	1,7	1,0	3,6	4,3	1,6	1,6
2095	Total	8,8	3,7	2,1	10,0	11,0	5,9	5,3

	Base	Européennes			Régionales	Municipales
	Législatives 1993	1994	1999	2004	2004	2008
Nbre	Tranches de communes	% exp	% exp	% exp	% exp	% exp
87	Plus de 40 %	27,2	23,6	20,0	17,4	42,9
153	Entre 30 et 40%	19,5	17,4	15,1	10,3	33,1
96	Entre 25 et 30 %	13,8	12,9	10,2	5,7	21,0
71	Entre 20 et 25 %	12,0	10,9	9,0	5,7	10,6
152	Entre 15 et 20 %	9,9	9,3	7,4	4,2	3,4
381	Entre 10 et 15 %	7,7	7,7	6,0	2,6	1,9
813	Entre 5 et 10 %	5,1	5,6	4,3	2,6	1,1
342	Moins de 5 %	2,8	3,4	2,5	0,8	0,1
2095	Total	7,6	7,4	5,7	3,4	5,5

Tableau 6. Communes de plus de 3 500 habitants par tranches d'influence PCF, résultats de 1997 à 2008

	Base	Présidentielles		Législatives		
	Législatives 1997	2002	2007	1997	2002	2007
Nbre	Tranches de communes	% exp	% exp	% exp	% exp	% exp
50	Plus de 40 %	12,3	7,7	46,6	34,8	34,2
105	Entre 30 et 40%	10,1	6,1	34,8	27,2	27,0
68	Entre 25 et 30 %	8,1	4,5	27,5	19,6	15,3
75	Entre 20 et 25 %	6,2	3,5	22,2	12,1	11,5
109	Entre 15 et 20 %	5,4	3,2	17,4	8,4	7,4
304	Entre 10 et 15 %	4,2	2,3	11,8	5,6	5,6
891	Entre 5 et 10 %	2,8	1,6	7,2	2,6	2,9
401	Moins de 5 %	1,5	0,9	3,5	1,4	1,5
2003	Total	3,8	2,2	11,4	6,0	5,8

	Base	Les européennes		Régionales	Municipales
	Législatives 1997	1999	2004	2004	2008
Nbre	Tranches de communes	% exp	% exp	% exp	% exp
50	Plus de 40 %	24,6	21,5	18,5	54,3
105	Entre 30 et 40%	20,6	17,5	13,0	43,9
68	Entre 25 et 30 %	16,3	13,1	10,0	25,3
75	Entre 20 et 25 %	12,8	9,5	5,0	16,5
109	Entre 15 et 20 %	10,8	9,0	5,2	7,2
304	Entre 10 et 15 %	8,3	6,3	3,1	2,4
891	Entre 5 et 10 %	5,8	4,4	1,9	1,0
401	Moins de 5 %	3,2	2,2	0,9	0,1
2003	TotalL	7,7	5,9	3,3	6,0

Tableau 7. Communes de plus de 3 500 habitants par tranches d'influence PCF, résultats de 2002 à 2008

	Base	Présiden-tielles	Législatives		Euro-péennes	Régio-nales	Munici-pales
	Législatives 2002	2007	2002	2007	2004	2004	2008
Nbre	Tranches de communes	% exp	% exp	% exp	% exp	% exp	% exp
16	Plus de 40 %	6,8	46,1	40,5	19,9	12,0	62,5
43	Entre 30 et 40%	6,1	33,7	30,2	17,4	11,0	43,9
41	Entre 25 et 30 %	4,7	27,8	22,7	13,5	11,0	32,4
33	Entre 20 et 25 %	4,9	22,1	17,7	13,8	7,7	34,6
32	Entre 15 et 20 %	4,4	17,5	14,4	12,3	8,8	24,6
71	Entre 10 et 15 %	3,4	12,0	10,9	9,3	4,8	14,6
225	Entre 5 et 10 %	2,6	6,7	6,2	7,2	3,1	4,4
1006	Moins de 5 %	1,5	2,5	2,6	4,1	2,3	0,9
1467	Total	2,2	6,7	6,2	6,0	3,5	6,6

Tableau 8. L'implantation électorale du PCF aux élections législatives par département

À partir de 1945, les calculs se font sur la base des départements dessinés en 1964. Après 1975, la Corse est elle-même divisée en 2 départements.

	1924	1928	1932	1936
Moins de 5 %	46	36	52	16
De 5 à moins de 10 %	21	24	22	36
De 10 à moins de 15 %	16	14	7	13
De 15 à moins de 20 %	1	6	8	10
De 20 à moins de 25 %	2	7	1	7
De 25 à moins de 30 %	2	2	0	6
Plus de 30 %	2	1	0	2
Total	90	90	90	90

	1945	1946 (1)	1946 (2)	1951	1956
Moins de 5 %	0	0	0	1	1
De 5 à moins de 10 %	3	2	2	4	4
De 10 à moins de 15 %	10	7	4	7	11
De 15 à moins de 20 %	15	14	11	14	11
De 20 à moins de 25 %	9	18	13	19	21
De 25 à moins de 30 %	26	21	23	18	21
Plus de 30 %	32	33	42	32	26
Total	95	95	95	95	95

	1958	1962	1967	1968	1973	1978
Moins de 5 %	1	0	0	0	0	0
De 5 à moins de 10 %	16	9	5	15	10	9
De 10 à moins de 15 %	17	13	18	17	14	15
De 15 à moins de 20 %	24	26	21	22	25	27
De 20 à moins de 25 %	23	17	21	21	23	21
De 25 à moins de 30 %	10	19	18	12	12	16
Plus de 30 %	4	11	12	8	11	8
Total	95	95	95	95	95	96

	1981	1986	1988	1993	1997	2002	2007
Moins de 5 %	4	14	10	13	9	61	69
De 5 à moins de 10 %	25	43	39	54	50	26	21
De 10 à moins de 15 %	24	28	30	20	27	7	6
De 15 à moins de 20 %	18	8	11	7	8	1	0
De 20 à moins de 25 %	13	3	4	1	1	1	0
De 25 à moins de 30 %	9	0	2	1	1	0	0
Plus de 30 %	3	0	0	0	0	0	0
Total	96	96	96	96	96	96	96

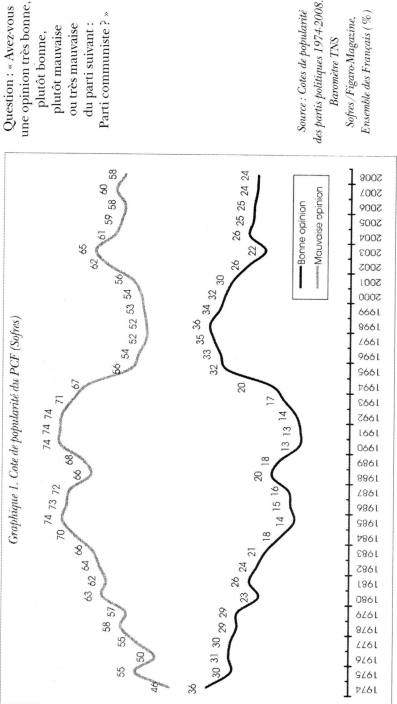

Question : « Avez-vous une opinion très bonne, plutôt bonne, plutôt mauvaise ou très mauvaise du parti suivant : Parti communiste ? »

Source : Cotes de popularité des partis politiques 1974-2008. Baromètre TNS

Sofres / Figaro-Magazine, Ensemble des Français (%)

Graphique 1. Cote de popularité du PCF (Sofres)

Tableau 9. Le vote législatif du PCF par région depuis 1945 (% exprimés)

	oct-45	juin-46	nov-46	juin-51	janv-56	nov-58	nov-62	mars-67	juin-68	mars-73	mars-78	juin-81	mars-86	juin-88	mars-93	mai-97	juin-02	juin-07
Île-de-France	33,8	33,2	35,1	31,8	32,9	25,6	30,7	29,9	26,5	27,1	23,7	19,5	10,3	13,4	10,1	10,2	6,2	5,5
Champagne-Ardennes	29,2	26,7	29,1	25,8	28,3	19,5	22,4	23,3	20,3	22,5	22,8	17,8	10,7	12,1	8,8	8,3	3,5	3,4
Picardie	31,8	32,2	35,0	32,2	31,3	23,8	24,7	27,5	25,8	28,0	27,6	23,1	13,2	15,9	10,9	11,3	8,1	5,8
Haute-Normandie	24,0	26,4	29,9	26,9	27,8	20,1	23,4	26,3	24,6	25,7	26,1	19,9	11,2	15,0	11,5	12,9	6,8	7,5
Basse-Normandie	9,2	12,1	15,5	11,2	13,6	8,2	10,7	12,2	10,1	11,7	10,7	6,6	4,9	5,3	5,2	7,0	3,6	1,9
Centre	26,0	26,2	28,3	25,7	27,3	19,9	23,0	21,9	20,4	21,3	20,7	14,4	10,4	10,6	9,2	9,8	4,4	4,5
Bourgogne	26,1	26,1	28,4	25,0	25,1	17,4	22,5	21,3	18,2	19,3	18,2	13,3	8,8	9,6	8,8	9,5	2,1	2,2
Nord-Pas-de-Calais	29,0	28,0	29,7	29,7	29,1	22,8	24,6	26,6	24,9	27,0	27,7	23,8	14,8	17,2	14,7	14,4	7,8	8,2
Bretagne	19,7	21,9	24,8	20,1	18,1	13,1	15,3	17,1	15,6	16,0	14,8	9,8	6,9	7,5	7,0	8,3	3,6	3,4
Pays-de-loire	11,2	11,9	13,9	11,9	12,5	9,3	11,7	14,0	10,8	11,7	12,2	7,6	5,8	5,9	5,0	5,6	2,1	1,9
Poitou-Charente	21,0	23,7	27,5	22,8	21,4	15,4	17,9	19,6	16,4	18,0	17,1	12,0	8,6	8,5	6,5	8,3	3,1	2,9
Lorraine	17,8	20,3	22,7	18,8	20,1	11,8	13,5	19,0	15,4	16,9	16,9	11,3	7,2	7,9	5,9	6,4	3,8	3,4
Alsace	10,6	12,6	13,4	10,9	11,8	6,9	6,8	9,1	7,2	7,9	6,6	3,2	1,8	2,3	2,2	2,3	1,0	0,6
Franche-Comté	26,8	21,3	23,5	17,6	15,6	10,2	13,3	15,1	12,1	14,0	14,9	9,9	6,3	7,2	5,0	6,8	2,6	2,9
Limousin	35,3	37,6	39,0	39,7	38,6	31,8	33,8	31,3	29,5	29,9	30,4	28,2	18,8	19,2	11,0	10,9	6,0	6,0
Aquitaine	21,2	21,6	24,2	22,2	21,5	14,9	18,0	17,6	15,5	17,6	18,7	14,1	9,2	9,5	9,3	10,3	5,2	4,3
Midi-Pyrénées	23,5	23,5	25,6	22,7	20,7	15,7	18,3	16,4	14,3	16,3	18,0	12,8	8,4	8,3	8,1	8,6	3,7	3,8
Auvergne	26,4	24,8	26,4	24,4	23,4	17,7	20,1	20,4	18,9	20,2	19,2	14,7	10,8	13,0	11,9	14,1	7,5	8,3
Rhône-Alpes	28,2	28,0	31,2	28,6	25,4	17,0	20,9	21,0	18,6	19,6	18,6	14,2	8,0	9,7	8,0	8,5	3,9	3,2
Languedoc-Roussillon	33,5	32,2	34,8	31,3	31,3	24,2	27,5	28,8	25,2	28,2	27,8	24,9	14,4	15,4	12,7	15,0	7,0	7,4
PACA	37,1	35,1	37,9	35,3	33,4	24,3	27,8	27,6	26,3	28,2	26,3	22,5	11,6	13,5	11,5	12,4	5,7	5,4
Corse	32,2	33,0	44,1	23,5	22,9	13,6	14,4	12,1	12,8	14,5	16,2	15,3	8,8	10,8	8,1	13,2	7,2	6,8
France métropolitaine	26,2	26,1	28,6	25,7	25,5	18,7	21,8	22,5	20,0	21,4	20,6	16,1	9,7	11,1	9,1	9,8	4,9	4,6

Evolution d'une élection à l'autre (indices)

	1946j/1945	1946n/1946j	1951/1946n	1956/1951	1958/1956	1962/1958	1967/1962	1968/1967	1973/1968	1978/1973	1981/1978	1986/1981	1988/1986	1993/1988	1997/1993	2002/1997	2007/2002
Ile-de-France	98	106	91	104	78	120	97	88	102	88	82	53	130	75	101	61	88
Champagne-Ardennes	92	109	89	110	69	115	104	87	111	101	78	60	113	73	94	42	98
Picardie	101	109	92	97	76	104	111	94	109	99	84	57	120	69	104	72	71
Haute-Normandie	110	113	90	103	72	117	112	94	104	102	76	56	133	77	112	53	110
Basse-Normandie	131	128	73	121	60	131	114	83	117	91	62	73	110	97	135	51	54
Centre	101	108	91	106	73	115	95	93	105	97	70	72	102	87	106	45	101
Bourgogne	100	109	88	101	69	129	95	85	106	95	73	66	109	92	108	22	104
Nord-Pas-de-Calais	96	106	100	98	78	107	108	94	108	103	86	62	116	86	97	54	105
Bretagne	111	113	81	90	73	116	112	91	102	93	66	71	108	94	118	43	94
Pays-de-loire	106	118	85	106	74	126	120	77	109	104	62	77	101	86	111	37	92
Poitou-Charente	113	116	83	94	72	116	110	84	110	95	70	72	99	77	127	38	91
Lorraine	114	112	83	107	59	115	140	81	110	100	67	64	110	75	108	59	91
Alsace	118	107	81	108	58	99	134	78	110	84	49	54	134	96	104	42	61
Franche-Comté	79	110	75	89	65	131	113	81	115	106	66	64	114	69	136	38	114
Limousin	106	104	102	97	82	106	93	94	101	102	93	67	102	57	99	55	100
Aquitaine	102	112	92	97	69	120	98	88	114	106	75	65	103	97	111	51	82
Midi-Pyrénées	100	109	89	91	76	116	90	87	114	110	71	65	99	98	105	44	102
Auvergne	94	106	92	96	76	114	102	93	107	95	77	74	120	91	118	53	112
Rhône-Alpes	99	111	92	89	67	123	101	88	106	95	76	56	122	82	106	46	83
Languedoc-Roussillon	96	108	90	100	78	113	105	87	112	99	90	58	107	83	117	47	105
PACA	95	108	93	94	73	114	99	95	107	93	85	52	116	85	108	46	95
Corse	103	134	53	97	59	106	84	106	113	112	94	58	122	75	162	54	95
France métropolitaine	100	109	90	99	73	117	103	89	107	96	78	60	115	82	108	50	93

Tableau 10. *Le vote présidentiel du PCF par région (% exprimés)*						
	juin-69	avr.-81	avr.-88	avr.-95	avr.-02	avr.-07
Ile-de-France	25,8	16,5	7,2	8,7	3,5	1,9
Champagne-Ardennes	21,8	16,1	6,4	7,9	2,9	1,7
Picardie	27,0	20,7	8,7	10,7	3,9	2,0
Haute-Normandie	24,5	17,6	7,8	10,7	4,1	2,5
Basse-Normandie	11,8	9,3	3,6	6,4	2,1	1,2
Centre	21,2	14,5	6,7	8,9	3,5	2,0
Bourgogne	21,0	13,5	6,2	8,6	3,4	1,9
Nord-Pas-de-Calais	27,4	22,1	10,8	12,7	5,1	3,2
Bretagne	16,8	10,6	4,6	7,8	3,0	1,6
Pays-de-loire	12,8	8,8	3,7	6,4	2,3	1,2
Poitou-Charente	18,3	12,6	5,6	8,0	3,0	1,5
Lorraine	16,7	13,6	4,9	6,5	2,6	1,4
Alsace	6,3	5,1	1,4	3,1	1,0	0,6
Franche-Comté	16,5	12,1	4,3	6,5	2,1	1,3
Limousin	32,4	22,7	12,1	13,5	6,0	3,4
Aquitaine	19,6	14,9	7,1	9,4	3,9	2,1
Midi-Pyrénées	18,9	14,8	6,5	8,7	3,6	2,0
Auvergne	22,5	15,1	9,6	10,4	4,5	2,6
Rhône-Alpes	20,2	14,1	5,9	7,4	2,9	1,7
Languedoc-Roussillon	26,6	21,5	10,0	11,1	4,6	2,5
PACA	26,8	20,7	8,6	9,4	3,8	2,3
Corse	16,0	16,2	8,1	9,7	5,0	3,4
France métropolitaine	21,5	15,5	6,9	8,7	3,4	2,0

Évolution d'une élection à l'autre (indices)

		1981/ 1969	1988/ 1981	1995/ 1988	2002/ 1995	2007/ 2002
Ile-de-France		64	44	121	41	55
Champagne-Ardennes		74	40	123	37	57
Picardie		77	42	123	36	53
Haute-Normandie		72	44	137	38	62
Basse-Normandie		79	39	179	33	58
Centre		69	46	133	40	58
Bourgogne		64	46	139	39	55
Nord-Pas-de-Calais		81	49	117	40	64
Bretagne		63	44	169	39	53
Pays-de-loire		69	42	173	36	54
Poitou-Charente		69	44	144	38	48
Lorraine		81	36	133	40	54
Alsace		80	27	225	31	62
Franche-Comté		73	36	151	32	64
Limousin		70	53	111	45	56
Aquitaine		76	48	132	42	55
Midi-Pyrénées		78	44	133	41	55
Auvergne		67	63	108	43	57
Rhône-Alpes		70	42	126	39	58
Languedoc-Roussillon		81	46	111	42	54
PACA		77	42	109	40	60
Corse		101	50	119	52	67
France métropolitaine		72	44	127	39	57

Tableau 11. *Le vote européen du PCF par région (% exprimés)*

	1979	1984	1989	1994	1999	2004
Ile-de-France	23,0	11,9	9,3	7,7	7,6	6,0
Champagne-Ardennes	20,4	10,2	6,6	6,0	5,8	3,5
Picardie	26,6	14,3	9,2	7,9	7,5	6,1
Haute-Normandie	23,3	12,4	8,5	8,2	8,1	5,8
Basse-Normandie	12,4	5,3	3,8	3,7	4,2	2,6
Centre	20,0	10,7	7,6	6,8	6,8	5,0
Bourgogne	18,0	9,9	7,0	6,6	6,8	4,2
Nord-Pas-de-Calais	26,9	16,6	11,7	11,3	9,3	9,2
Bretagne	14,8	8,1	5,6	5,4	5,7	4,5
Pays-de-loire	11,8	5,7	3,9	3,6	4,5	3,5
Poitou-Charente	18,2	9,4	6,0	5,2	5,9	4,5
Lorraine	15,7	8,1	5,2	4,8	5,0	3,0
Alsace	6,2	2,4	1,4	1,9	2,2	1,1
Franche-Comté	14,7	6,9	4,4	3,7	4,6	2,7
Limousin	30,6	20,2	14,2	11,9	10,5	8,2
Aquitaine	20,0	11,1	7,6	7,4	7,1	6,0
Midi-Pyrénées	19,6	10,6	7,2	6,4	6,6	5,6
Auvergne	20,6	11,8	8,8	8,5	8,7	7,1
Rhône-Alpes	18,6	9,4	6,8	6,0	6,3	4,2
Languedoc-Roussillon	29,4	17,0	10,9	9,8	8,6	8,2
PACA	26,3	14,4	9,6	7,8	7,7	5,8
Corse	18,8	15,9	10,8	7,7	10,0	11,5
France métropolitaine	20,6	11,2	7,8	6,9	6,8	5,4

Évolution d'une élection sur l'autre (indices)

	1984/ 1979	1989/ 1984	1994/ 1989	1999/ 1994	2004/ 1999
Ile-de-France	52	78	82	99	80
Champagne-Ardennes	50	65	91	95	60
Picardie	54	64	87	94	82
Haute-Normandie	53	69	97	98	71
Basse-Normandie	43	71	97	115	62
Centre	53	71	90	100	74
Bourgogne	55	71	94	103	62
Nord-Pas-de-Calais	62	70	97	82	98
Bretagne	55	68	97	106	78
Pays-de-loire	48	69	92	123	79
Poitou-Charente	51	64	86	113	78
Lorraine	52	65	91	105	59
Alsace	39	58	139	114	52
Franche-Comté	47	64	85	124	59
Limousin	66	70	84	88	78
Aquitaine	55	69	97	96	84
Midi-Pyrénées	54	68	89	103	84
Auvergne	57	75	97	102	82
Rhône-Alpes	51	72	88	105	67
Languedoc-Roussillon	58	64	90	88	96
PACA	55	67	81	98	75
Corse	84	68	71	130	115
France métropolitaine	54	70	89	98	78

Tableau 12. Les élections cantonales (série A)									
% exprimés									
	1949	1955	1961	1967	1973	1979	1985	1992	1998	2004
Ext Gauche			2,7	2,0	1,0	0,9	0,6	0,9	0,6	3,0
PCF	23,5	21,0	18,6	26,3	22,7	22,5	12,5	9,5	10,1	7,6
PS	16,8	17,0	16,8	21,6	21,9	26,9	26,4	19,0	23,7	27,9
Rad. de gauche	13,7	16,1	7,4		2,0	1,9		0,9	1,1	
Div Gauche		3,6	8,4	6,2	6,4	3,2	1,8	4,1	5,9	5,5
Ecolo						0,5	0,8	10,0	4,1	4,5
Centre- UDF	8,1	9,0	9,8	12,1	14,8	21,1	34,7	14,8	13,4	25,8
Gaullistes- RPR	25,4	5,5	12,8	14,5	12,7	12,3		14,6	13,7	
Div Droite	12,5	27,1	10,2	17,2	18,6	10,7	14,4	13,5	13,1	11,4
FN			2,8				8,8	12,3	13,7	12,5
Divers		0,2	10,5					0,2	0,6	1,4
Total PC-Ext. Gauche- Verts	23,5	21,0	21,3	28,3	23,7	23,9	13,9	20,4	14,8	15,1
PS	16,8	17,0	16,8	21,6	21,9	26,9	26,4	19,0	23,7	27,9
Total Gauche	37,2	40,7	37,1	34,5	32,1	29,0	15,7	25,3	21,7	20,6
Total Droite	46,0	41,6	35,6	43,8	46,1	44,1	57,9	55,2	53,9	49,7
Rapport PC/PS (%)	140	124	111	122	104	84	47	50	42	27
Rapport Gauche non soc/PS (%)	140	124	127	131	108	89	53	107	62	54
Sièges									
	1949	1955	1961	1967	1973	1979	1985	1992	1998	2004
Ext Gauche			28	25	9			2	8	
PCF	37	43	52	175	205	236	149	108	136	100
PS	279	279	271	465	423	539	424	309	646	823
Radicaux de gauche	277	393	211		68	78	17	33	36	44
Div Gauche	81	86	198	177	174	54		95	151	170
Ecolo								3	3	1
Centre- UDF	110	106	142	249	183	347	525	497	330	67
Gaullistes- RPR	389	72	166	220	244	172	400	467	303	447
Div Droite	334	519	212	399	467	350		430	341	280
FN			21	15				1	3	2
Divers			203	204		2	9	37		
Total PC-Ext. Gauche- Verts	37	43	80	200	214	236	149	113	147	101
PS	279	279	271	465	423	539	424	309	646	823
Total Gauche	674	801	760	842	879	907	590	547	977	1137
Total Droite	833	697	541	883	894	869	925	1395	977	796
Rapport PC/PS (%)	13	15	19	38	48	44	35	35	21	12
Rapport Gauche non soc/PS (%)	13	15	30	43	51	44	35	37	23	12

Tableau 13. Les élections cantonales (série B)							
	% exprimés						
	1970	1976	1982	1988	1994	2001	2008
Ext Gauche	3,1	0,7	0,6	0,4	0,6	0,7	0,4
PCF	23,8	22,8	15,9	13,3	11,4	9,8	8,9
PS	14,8	26,6	29,9	30,2	22,6	22,4	27,1
Radicaux de gauche		2,4	1,7		1,2	1,3	1,4
Div Gauche	10,5	4	1,6	3,8	5	6,2	6,1
Ecolo			0,4	1,6	3,6	6,6	4,4
Centre- UDF	14,3	20,3	18,8	19,4	15,5	12,3	4,4
Gaullistes- RPR	15,6	10,6	17,9	15,9	15,6	12,5	23,9
Div Droite	17,8	12,5	13	9,5	13,5	17	17,7
FN				5,5	9,9	10,2	5,1
Divers					0,9	1,1	0,4
Total PC - Ext. Gauche - Verts	26,9	23,5	16,9	15,3	15,6	17,1	13,6
PS	14,8	26,6	29,9	30,2	22,6	22,4	26,7
Total Gauche	52,2	56,5	50,1	49,3	44,4	47	48,5
Total Droite	47,7	43,4	49,7	50,3	54,5	51,9	50,3
Rapport PC/PS (%)	161	86	53	44	50	44	33
Rapport Gauche non soc/PS (%)	182	88	57	51	69	76	51
	Sièges						
	1970	1976	1982	1988	1994	2001	2008
Ext Gauche	22	4	1	16	16		
PCF	144	242	191	165	142	128	118
PS	263	513	504	515	526	494	643
Radicaux de gauche		84	61	41	41	40	48
Div Gauche	292	54	41	142	96	176	186
Ecolo				3	3	15	12
Centre- UDF	293	347	460	453	389	231	49
Gaullistes- RPR	206	172	323	369	353	338	515
Div Droite	389	350	364	330	358	568	390
FN				2	4	0	
Divers						7	6
Total PC - Ext. Gauche - Verts	166	246	192	184	161	143	130
PS	263	513	504	515	526	494	643
Total Gauche	721	897	798	882	824	853	1007
Total Droite	888	869	1147	1154	1104	1137	954
PS+UDR, RPR ou UMP	469	685	827	884	879	832	1158
% des sièges	29,1	38,8	42,5	43,4	45,6	41,8	59,1
Rapport PC/PS (%)	55	47	38	32	27	26	18
Rapport Gauche non soc/PS (%)	63	48	38	36	31	29	20

Tableau 14. Les maires communistes et apparentés 1965-1983 (répartition par taille de la commune administrée)

	1965		1971		1977		1983	
	Nombre de maires	Population administrée	Nombre de maires	Population administrée	Nombre de maires	Population administrée	Nombre de maires	Population administrée
Plus de 50 000 habitants	12	918 731	18	1 497 882	33	2 854 538	26	2 038 196
De 30 à 50 000 habitants	15	561 172	29	1 139 862	40	1 511 995	33	1 280 750
De 20 à 30 000 habitants	14	331 257	21	496 527	40	951 173	30	705 494
De 10 à 20 000 habitants	46	604 286	53	743 871	92	1 268 298	78	1 060 544
De 5 à 10 000 habitants	61	433 123	67	494 406	109	796 946	107	783 327
De 3 500 à 5 000 habitants	32	131 287	35	144 358	66	274 891	73	305 719
De 1 500 à 3 500 habitants	120	273 838	150	346 458	213	502 404	198	761 985
De 500 à 1 500 habitants	331	285 080	317	275 263	366	323 011	350	298 971
De 100 à 500 habitants	430	121 968	395	110 748	432	116 755	463	121 272
Moins de 100 habitants	71	3 769	66	3 665	74	4 629	103	6 484
Plus de 3500 habitants	180	2 979 856	223	4 516 906	380	7 657 841	347	6 174 030
Moins de 3500 habitants	952	684 655	928	736 134	1 085	946 799	1 114	1 188 712
Total	1 132	3 664 511	1 151	5 253 040	1 465	8 604 640	1 461	7 362 742

Les maires communistes et apparentés 1985-2008 (répartition par taille de la commune administrée)

	1989		1995		2001		2008	
	Nombre de maires	Population administrée	Nombre de maires	Population administrée	Nombre de maires	Population administrée	Nombre de maires	Population administrée
Plus de 50 000 habitants	21	1 582 496	17	1 250 767	13	849 375	9	530 844
De 30 à 50 000 habitants	26	1 023 466	26	1 009 249	18	704 325	19	734 702
De 20 à 30 000 habitants	21	492 689	15	349 368	8	203 286	8	215 184
De 10 à 20 000 habitants	58	779 019	48	671 687	43	584 575	45	623 568
De 5 à 10 000 habitants	76	550 753	80	570 048	66	472 750	71	516 057
De 3 500 à 5 000 habitants	52	219 208	42	175 800	45	189 635	36	151 940
De 1 500 à 3 500 habitants	166	391 115	131	319 090	124	298 298	113	264 448
De 500 à 1 500 habitants	263	224 286	218	189 388	204	184 253	179	155 953
De 100 à 500 habitants	359	93 286	246	64 605	226	62 652	206	54 865
Moins de 100 habitants	83	4 901	51	3 030	40	2 754	40	2 691
Plus de 3500 habitants	254	4 647 631	228	4 026 919	193	3 003 946	188	2 772 295
Moins de 3500 habitants	871	713 588	646	576 113	594	547 957	538	477 957
Total	1 125	5 361 219	874	4 603 032	787	3 551 903	726	3 250 252

Tableau 15. Les maires communistes et apparentés 1965-1983 (évolution d'une élection à l'autre, différence)

	1965-1971		1971-1977		1977-1983	
	Nombre de maires	Population administrée	Nombre de maires	Population administrée	Nombre de maires	Population administrée
Plus de 50 000 habitants	6	579 151	15	1 356 656	-7	-816 342
De 30 à 50 000 habitants	14	578 690	11	372 133	-7	-231 245
De 20 à 30 000 habitants	7	165 270	19	454 646	-10	-245 679
De 10 à 20 000 habitants	7	139 585	39	524 427	-14	-207 754
De 5 à 10 000 habitants	6	61 283	42	302 540	-2	-13 619
De 3 500 à 5 000 habitants	3	13 071	31	130 533	7	30 828
De 1 500 à 3 500 habitants	30	72 620	63	155 946	-15	259 581
De 500 à 1 500 habitants	-14	-9 817	49	47 748	-16	-24 040
De 100 à 500 habitants	-35	-11 220	37	6 007	31	4 517
Moins de 100 habitants	-5	-104	8	964	29	1 855
Plus de 3500 habitants	43	1 537 050	157	3 140 935	-33	-1 483 811
Moins de 3500 habitants	-24	51 479	157	210 665	29	241 913
Total	19	1 588 529	314	3 351 600	-4	-1 241 898

Les maires communistes et apparentés 1985-2008 (évolution d'une élection à l'autre, différence)

	1983-1989		1989-1995		1995-2001		2001-2008	
	Nombre de maires	Population administrée	Nombre de maires	Population administrée	Nombre de maires	Population administrée	Nombre de maires	Population administrée
Plus de 50 000 habitants	-5	-455 700	-4	-331 729	-4	-401 392	-4	-318 531
De 30 à 50 000 habitants	-7	-257 284	0	-14 217	-8	-304 924	1	30 377
De 20 à 30 000 habitants	-9	-212 805	-6	-143 321	-7	-146 082	0	11 898
De 10 à 20 000 habitants	-20	-281 525	-10	-107 332	-5	-87 112	2	38 993
De 5 à 10 000 habitants	-31	-232 574	4	19 295	-14	-97 298	5	43 307
De 3 500 à 5 000 habitants	-21	-86 511	-10	-43 408	3	13 835	-9	-37 695
De 1 500 à 3 500 habitants	-32	-370 870	-35	-72 025	-7	-20 792	-11	-33 850
De 500 à 1 500 habitants	-87	-74 685	-45	-34 898	-14	-5 135	-25	-28 300
De 100 à 500 habitants	-104	-27 986	-113	-28 681	-20	-1 953	-20	-7 787
Moins de 100 habitants	-20	-1 583	-32	-1 871	-11	-276	0	-63
Plus de 3500 habitants	-93	-1 526 399	-26	-620 712	-35	-1 022 973	-5	-231 651
Moins de 3500 habitants	-243	-475 124	-225	-137 475	-52	-28 156	-56	-70 000
Total	-336	-2 001 523	-251	-758 187	-87	-1 051 129	-61	-301 651

**Tableau 17. Communes ayant eu en continu
un maire communiste ou apparenté**

Depuis 1965		Depuis 197			
Département	Nombre de communes	Département	Nombre de communes	Département	Nombre de communes
Nord	18	Nord	27		
Pas-de-Calais	11	Pas-de-Calais	17		
Allier	10	Allier	11		
Corrèze	10	Corrèze	11		
Gard	9	Val-de-Marne	10		
Seine-Saint-Denis	9	Alpes-de-Hte-Pro	9		
Val-de-Marne	9	Bouches-du-Rhône	9		
Isère	7	Gard	9		
Bouches-du-Rhône	6	Meurthe-et-Mos.	9		
Meurthe-et-Mos.	6	Seine-Maritime	9		
Oise	4	Seine-Saint-Denis	9		
Seine-Maritime	4	Dordogne	7		
Hauts-de-Seine	4	Isère	7		
Aude	3	Oise	7		
Charente	3	Val-d'Oise	6		
Dordogne	3	Landes	5		
Rhône	3	Rhône	5		
Essonne	3	Somme	5		
Alpes-de-Hte-Prov.	2	Charente	4		
Ariège	2	Hautes-Pyrénées	4		
Landes	2	Hauts-de-Seine	4		
Nièvre	2	Corse-du-Sud	4		
Puy-de-Dôme	2	Alpes-Maritimes	3		
Somme	2	Ariège	3		
Val-d'Oise	2	Aude	3		
Alpes-Maritimes	1	Eure	3		
Ardèche	1	Moselle	3		
Calvados	1	Nièvre	3		
Cher	1	Puy-de-Dôme	3		
Eure	1	Yvelines	3		
Finistère	1	Essonne	3		
Haute-Garonne	1	Aisne	2		
Gironde	1	Ardèche	2		
Indre	1	Calvados	2		
Indre-et-Loire	1	Cher	2	Indre	1
Haute-Loire	1	Côtes-d'Armor	2	Indre-et-Loire	1
Lozère	1	Creuse	2	Jura	1
Haute-Marne	1	Gers	2	Haute-Loire	1
Meuse	1	Gironde	2	Loire-Atlant.	1
Morbihan	1	Loiret	2	Lot	1
Moselle	1	Meuse	2	Lot-et-Garonne	1
Pyrénées-Atlant.	1	Pyrénées-Orient.	2	Lozère	1
Htes-Pyrénées	1	Haute-Saône	2	Haute-Marne	1
Pyrénées-Orient.	1	Sarthe	2	Morbihan	1
Saône-et-Loire	1	Seine-et-Marne	2	Pyrénées-Atlant.	1
Seine-et-Marne	1	Var	2	Saône-et-Loire	1
Var	1	Finistère	1	Tarn	1
Haute-Vienne	1	Haute-Garonne	1	Vaucluse	1
Corse-du-Sud	1	Hérault	1	Haute-Vienne	1
49 départements	160			64	263
La moitié dans 7 départements		*suite de la liste «depuis 1977» colonne suivante*		La moitié dans 11 départements	

TABLE DES MATIÈRES

Achevé d'imprimer en décembre 2008
sur les presses de la Nouvelle Imprimerie Laballery
à Clamecy (58500)
pour les Éditions sociales

Dépôt légal décembre 2008
numéro d'impression : 812009
Imprimé en France